KB199409

천괴성天魁星 호보의呼保義 송강宋江

천기성天機星 지다성智多星 오용吳用

천한성天閑星 입운룡入雲龍 공손승公孫勝

천만성天満星 미염공美髯公 주동朱仝

천암성天暗星 청면수靑面獸 양지楊志

천공성天空星 급선봉急先鋒 삭초索超

천이성天異星 적발귀赤髮鬼 유당劉唐

천퇴성天退星 삽시호挿翅虎 뇌횡雷橫

천검성天劍星 입지태세立地太歲 완소이阮小二

천죄성天罪星 단명이랑短命二郎 완소오阮小五

천패성天敗星 활염라活閻羅 완소칠阮小七

지창성地猖星 모두성毛頭星 공명孔明

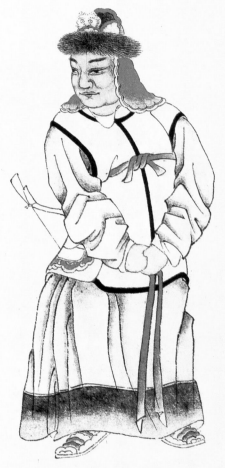

지광성地狂星 독화성獨火星 공량孔亮

지준성地俊星 철선자鐵扇子 송청宋清

地魔星云里金刚宋萬

지마성地魔星 운리금강雲裏金剛 송만宋萬

지요성地妖星 모착천摸着天 두천杜遷

地囚星旱地忽律朱貴

지수성地囚星 한지홀률무地忽律 주귀朱貴

지형성地刑星 채원자菜園子 장청張青

지장성地壯星 모야차母夜叉 손이랑孫二娘

『수호전』의 배경이 된 북송시대의 중국 지도.
빨갛게 표시된 곳이 소설의 주무대다.

수호전

2

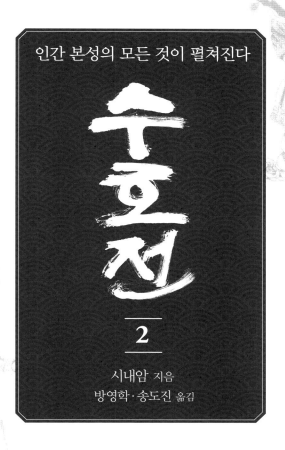

인간 본성의 모든 것이 펼쳐진다

수호전

2

시내암 지음

방영학·송도진 옮김

글항아리

차례

1권

제 9 회

눈꽃과 불꽃[1]

임충이 한가하게 산책하는데 뒤에서 누가 불러서 돌아보니 동경의 한 주점에서 심부름하던 이소이李小二였다. 나중에 주인과의 불화로 주점에서 재물을 훔치다 잡혀 재판을 받아야 했는데 임충이 송사를 면하게 도와주고 재물을 배상해서 풀려났다. 결국 동경에서 자리를 잡지 못하고 떠나게 되자 노자를 보태주었다. 도중에 다른 사람을 의지하여 따라다니다가 생각지도 않게 오늘 여기서 우연히 만난 것이다. 임충이 놀라 반갑게 말했다.

"소이야, 여기는 웬일이냐?"

1_ 제9장 임 교두가 산신묘에서 눈을 피하다林教頭風雪山神廟. 육 우후가 초료장에 불을 지르다陸虞候火燒草料場. 이 장은 중국 고등학교 언어교과서 소설 부문에 실려 있다.

이소이가 절하며 말했다.

"그 당시 은인의 도움을 받은 이후로 어느 곳에서도 소인을 받아주지 않고 의지할 사람이 없어서 여기저기를 떠돌다가 생각지도 않게 이곳 창주로 흘러 들어왔습니다. 처음에 객점 주인 왕씨가 소인을 고용하여 심부름을 시켰습니다. 소인이 부지런하고 음식도 잘 만들며 탕이나 차도 맛있게 끓여서 손님들이 좋아해 장사가 잘되었습니다. 나중에 주인에게 딸이 하나 있어 소인을 사위로 삼아 오늘까지 살고 있습니다. 지금 장인 장모는 모두 돌아가시고 소인 부부 두 사람만 남아 임시로 군영 앞에 주점을 열었습니다. 술값을 받으러 가다가 이렇게 우연히 은인을 만났습니다. 어떻게 여기에 오게 되셨습니까?"

임충이 얼굴의 금인을 가리키며 말했다.

"내가 고 태위에게 미움 받아 모함에 빠져 여기로 유배되었네. 지금 내게 천왕당 관리를 맡겼는데 나중엔 어떻게 될지 모르겠네. 뜻밖에 오늘 여기서 자네를 만나다니."

이소이가 임충을 집으로 청하여 앉히고 처를 불러 은인에게 절을 하도록 했다. 두 사람이 매우 기뻐하며 말했다.

"우리 부부에게 친척이 하나도 없었는데 오늘 은인이 오셨으니 하늘에서 내려오신 것과 다를 바 없습니다."

"나는 죄인이라 두 부부가 모욕을 당할까 두렵네."

"그런 말씀 하지 마십시오. 누가 은인 같은 유명한 분을 모르겠습니까? 빨랫감이 있으면 가져오세요. 빨아서 풀도 먹이며 깁고 꿰매도록 하겠습니다."

그날 임충에게 술과 음식을 대접하여 밤늦게야 천왕당으로 돌려보냈고 다음 날 또다시 청했다. 이리하여 점소이가 임충과 왕래하면서 때때로 탕도 보내고 마실 것도 보내 보살펴주었다. 임충은 이들 부부의 공양을 받자 항상 약간의 은자를 주어 장사에 보탬이 되도록 도왔다.

시간이 빠르게 흘러 가을이 지나고 초겨울이 되었다. 임충의 모든 겨울 저고리와 도포를 이소이 아내가 바느질했다. 하루는 이소이가 문 앞에서 음식을 준비하는데 어떤 사람이 주점 안에 휙 하고 들어와 앉았고 또 다른 사람이 따라 들어왔다. 먼저 들어온 사람은 군관 차림이었고 나중에 따라온 사람은 졸개로 보였다. 이소이가 들어가 물었다.

"술을 드시겠습니까?"

그 사람이 은자 1냥을 주며 말했다.

"돈을 미리 받아두고 좋은 술 3~4병 가져와라. 손님이 곧 도착하면 주문하지 않아도 알아서 과일과 안주를 가져오너라."

"관인께서는 어떤 분을 청하려 하십니까?"

"귀찮겠지만 네가 군영 안에 들어가서 관영과 차발을 모셔오너라. 누가 부르냐고 묻거든 '어떤 손님이 상의할 일이 있어서 주점에서 애타게 기다리고 있다'고만 말하여라!"

이소이가 대답하고 배소에 와서 먼저 차발을 청했고 다시 관영 집으로 가서 주점으로 불렀다. 그 손님이 관영, 차발과 인사를 나누었다. 관영이 말했다.

"처음 뵙습니다. 관인의 성함이 어떻게 되십니까?"

"여기 편지가 있으니 읽어보면 알게 될 것입니다. 먼저 술을 내오너라."

이소이가 서둘러 술을 내오고 야채와 과일 그리고 안주를 내놓았다. 그 사람이 따로 권배2를 시켜 잔을 들고 서로 자리를 양보하며 앉았다. 소이가 혼자 바쁘게 왔다 갔다 하며 시중드느라 정신없이 부산했다. 수행해서 온 사람이 술 데울 통을 달라고 하더니 직접 술을 데웠다. 대략 10여 잔을 마시고 다시 안주를 시켜 탁자에 놓았다. 그 사람이 말했다.

"우리는 술 데우는 사람도 있으니 부르지 않으면 들어오지 말아라. 나중에 필요하면 다시 부르겠다."

이소이가 대답하고 문 앞에 와서 부인을 불렀다.

"여보게, 저 두 사람 몹시 수상한데."

"어떻게 수상한데요?"

"두 사람 말투를 보니 동경 사람인데 처음에 관영과는 모르는 사이였다가 나중에 안주를 들고 들어가니까 차발 입에서 '고 태위'라고 말이 나오는 거야. 이 사람들 혹시 임 교두와 무슨 연관이 있는 것 아닌지 모르겠네? 입구는 내가 맡을 테니 당신은 내실 뒤에 가서 무슨 일인지 슬쩍 들어보라고."

"당신이 군영에 가서 임 교두를 찾아 확인해보면 되잖아요."

"당신 잘 모르겠지만 임 교두는 성질이 급한 사람이라 눈 한번 깜짝

2_ 권배勸杯: 술잔 이름. 술을 경배하거나 권하기 위해 만든 술잔으로 비교적 크고 아름답게 만들었다.

않고 사람을 죽이고 불을 지를지도 몰라. 만일 불러와서 보니 그 사람이 전에 말했던 무슨 육 우후라도 된다면 가만히 있겠어? 일이 벌어지면 당신과 나도 연루된단 말이야. 당신이 먼저 가서 들어보고 나중에 다시 판단하자고."

"그래야겠네."

들어가 두 시간 정도를 엿듣고 나와서 말했다.

"다들 머리를 맞대고 소곤거려서 뭐라고 말하는지 들을 수가 없었어요. 다만 그 군관 같은 사람이 같이 온 사람의 품에서 수건으로 싼 물건을 받아 관영과 차발에게 주더라고요. 수건으로 싼 것은 혹시 금이 아닌가 싶어요. 겨우 차발이 하는 말을 들었는데 '모두 저한테 맡기십시오. 무슨 수를 써서라도 그를 없애버리겠습니다'라고 하더라고요."

소이 부부가 얘기를 나누는데 내실에서 탕을 가져오라고 소리쳤다. 급히 안으로 들어가 탕을 바꿀 때 관영의 손에 편지가 들려 있는 것을 보았다. 소이가 탕을 바꾸고 반찬을 몇 가지 더 올렸다. 반 시진을 더 먹은 뒤 술값을 계산했고 관영과 차발은 먼저 돌아갔다. 얼마 후 두 사람도 고개를 숙이고 객점을 나갔다.

그들이 몸을 돌려 나간 지 얼마 지나지 않아 임충이 객점 안으로 들어왔다.

"소이, 그동안 장사는 잘했느냐?"

"은공, 잠시 앉으시죠. 제가 은인에게 중요하게 할 말이 있습니다."

"무슨 중요한 일이 있나?"

임충을 안으로 청하여 앉히고 말했다.

"금방 동경에서 온 수상한 사람이 여기서 관영과 차발을 불러 반나절 동안 술을 마셨습니다. 차발의 입에서 '고 태위'라는 세 마디 말이 나오기에 제 마음에 의문이 생겨 마누라에게 한 시진 동안 엿듣게 했습니다. 그들은 머리를 맞대고 조그만 소리로 소곤거려 잘 듣지 못했다고 하더군요. 이야기가 거의 끝날 무렵 차발이 '모두 저한테 맡기십시오. 무슨 수를 써서라도 그자를 없애버리겠습니다!'라고 했다네요. 그 둘이 관영과 차발에게 금을 건네고 술을 조금 더 마시다가 각자 돌아갔습니다. 무엇 하는 사람인지 모르겠습니다. 그들이 아무래도 수상하기도 하고 은인에게 무슨 일이라도 일어날까 두렵습니다."

임충이 물었다.

"그 사람 생김새는 어떻던가?"

이소이가 곰곰이 생각하며 대답했다.

"5척의 왜소한 체구에 얼굴은 희고 깨끗했으며 콧수염은 없고 30세쯤 되어 보였습니다. 같이 왔던 사람도 그다지 크지 않았고 얼굴은 자색이었습니다."

임충이 듣고 놀라며 말했다.

"그 30세라는 사람이 바로 육 우후다. 그 천한 도적놈이 감히 여기까지 찾아와서 나를 해치려 하다니. 만나기만 하면 피떡을 만들어버릴 테다!"

"미리 대비하셔야 합니다. 옛말에 '밥 먹을 땐 목 메일 것을 걱정하고, 걸을 땐 넘어질 것을 대비하라'고 했습니다."

임충이 대로하여 이소이 집을 나오자마자 먼저 거리에서 날카로운 칼을 사서 차고 온 거리와 골목을 찾아다녔다. 이소이 부부가 조바심으로 두 손을 쥐고 두 움큼의 땀을 흘렸으나 그날 저녁은 아무 일 없이 지나갔다. 다음 날 날이 밝자마자 세수하고 양치질을 마친 후 칼을 차고 다시 창주 성 안팎을 돌아다니며 골목마다 하루 종일 빙빙 돌며 찾았으나 배소 군영 안에서도 아무 움직임이 없었다. 다시 이소이를 찾아와 말했다.

"오늘도 무사하네."

"은인, 제발 아무 일 없기를 바랍니다. 그리고 스스로 알아서 조심하세요."

임충이 천왕당으로 돌아와 하루를 보냈다. 3~5일 동안 쉬지 않고 거리를 찾아 헤매었다. 며칠 동안 찾아 헤맸으나 아무런 소득이 없자 임충의 마음은 저절로 경계심이 느슨해졌다.

여섯째 날에 관영이 임충을 점고하는 곳으로 불렀다.

"자네가 이미 여기에 온 지도 꽤 되었는데 시 대관인의 체면에도 불구하고 자네를 배려하지 못했군. 여기서 동문 밖으로 15리쯤 가면 대군大軍 초료장草料場3이 있네. 매달 여물을 들이는 것 한 가지만 해도 관례에 따라 약간의 돈을 받을 수 있다네. 원래 늙은 병사가 관리하던 것이었네. 지금 자네를 발탁하고 늙은 병사는 대신 천왕당을 지키게 될 것이니 몇 푼이라도 벌어 쓰게나. 지금 차발과 함께 그곳에 가서 교대

3_ 초료장草料場: 군마나 기타 가축의 사료를 쌓아 저장하는 곳.

하게.”

“소인 지금 바로 가겠습니다.”

즉시 군영을 떠나 이소이 집으로 가서 말했다.

“오늘 관영이 나를 발탁하여 대군 초료장으로 가 그곳을 관리하라고 하는데 그곳은 어떤가?”

“이 일은 천왕당보다 나은 일입니다. 초료를 받을 때마다 관례대로 약간의 돈이 생깁니다. 옛날에는 뇌물을 쓰지 않으면 이 일을 맡을 수 없었습니다.”

“나를 해치지 않고 도리어 좋은 자리를 주니 무슨 속셈인지 모르겠군.”

“은인, 의심할 것 없습니다. 아무 일 없으면 그만입니다. 소인 집에서 멀지 않으니 나중에 시간 내서 은인을 찾아 뵙겠습니다.”

집 안에서 술을 준비하여 임충에게 대접했다.

임충이 이소이의 집을 나와 천왕당으로 가서 짐을 꾸렸고 칼은 허리에 차고 화창花槍4을 어깨에 걸쳐 들고 관영에게 이별하고 차발과 함께 초료장으로 갔다. 마침 엄동설한이라 먹장구름이 잔뜩 끼었고 점차 삭풍이 불더니 온 하늘 가득 하얀 눈발이 어지럽게 날리기 시작했다. 임충과 차발이 초료장으로 가는 도중에는 술을 사 마실 곳이 없었으므로 금방 도착했다. 와서 보니 주위는 모두 황토벽으로 둘러져 있었고 대문은 두 쪽 여닫이문이었다. 문을 열고 안을 보니 초가집 7~8칸은

4_화창花槍: 화창은 대의 길이가 5척이고 비교적 얇아서 창끝이 흔들리고 사물을 조준하기 어렵기 때문에 눈이 어지럽다. 그래서 화창이라고 한다.

창고이고 사방으로 마초더미가 쌓여 있었으며 가운데 두 칸짜리 대청이 있었다. 집 안으로 들어가니 늙은 군인이 안에서 불을 쬐고 있었다. 차발이 말했다.

"관영이 이 일을 임충에게 맡기고 너는 천왕당을 지키라고 했다. 지금 즉시 교대해라."

늙은 병사가 열쇠를 들고 임충을 데리고 다니며 분부했다.

"창고 안의 물건은 모두 관부의 봉인 표찰이 있다네. 여기 있는 초료더미들도 모두 하나하나 세어놓은 것이라네."

늙은 병사가 초료 더미를 세고 나서 집 안으로 데리고 들어갔다. 짐을 모두 싸고 말했다.

"화로, 솥, 그릇 등은 모두 자네에게 빌려주겠네."

"내 것은 천왕당 안에 있으니 필요하면 가져다 쓰시오."

늙은 병사가 벽에 걸린 호리병을 가리키며 말했다.

"술을 마시고 싶으면 초료장 동쪽 큰길로 2~3리를 가면 주점이 있네."

늙은 병사가 차발과 함께 군영으로 돌아갔다.

임충이 침상 위에 짐과 이불을 놓고 옆에서 불을 피웠다. 집 뒤에 숯이 있어 몇 개 가져다가 화로에 넣었다. 고개를 들어 초가 안을 바라보니 사방이 여기저기 부서졌고 삭풍에 심하게 요동쳤다. 속으로 생각했다.

'이 집에서 어떻게 한겨울을 지내나? 눈이 그치고 개면 성안으로 가서 미장이를 불러 수리해야겠다.'

불을 쬐어도 추위를 느끼자 다시 생각했다.

'아까 그 병사 말대로라면 2리 너머에 시장이 있다니 가서 술이나 사

다가 마셔야겠다.'

짐에서 약간의 은자 부스러기를 꺼내고 술 호리병을 화창에 매달고 화로 뚜껑을 덮었다. 삿갓을 쓰며 열쇠를 들고 나와 집 문을 열었다. 대문을 나와 초료장 문을 당겨 걸어 잠그고 열쇠를 든 채 동쪽으로 걸었다. 옥가루가 부서져 쌓인 것 같은 눈을 밟으며 구불구불한 길을 북풍을 등지고 걸었다. 눈발이 갈수록 굵어졌다.

반 리 길도 지나지 않아 낡은 사당이 보이자 멈추고 머리를 땅에 조아리며 말했다.

"천지신명께서 부디 보살펴주시도록 나중에 지전紙錢5이라도 태워야겠다."

또 잠시 걸어가니 멀리 집이 여러 채 보였다. 발걸음을 멈추고 울타리 안을 바라보니 집 밖에 술집임을 나타내는 깃발이 걸려 있었다. 안으로 들어가니 주인이 말했다.

"손님, 어디서 오셨습니까?"

"이 호리병을 아시오?"

주인이 바라보며 말했다.

"이 호리병은 초료장 늙은 병사의 것입니다."

"원래 그랬군."

"이미 초료장 일을 맡게 되셨으니 잠시 앉아 기다리십시오. 날도 추

5_ 지전紙錢: 제사 때 죽은 사람이나 귀신에게 사용하라고 태우는 엽전이나 지전 모양으로 만든 종이. 불사르거나 공중에 뿌리기도 하며 묘지에 걸어놓기도 한다.

운데 술 석 잔 대접할 테니 드시고 환영회라 생각하십시오."

주인이 익힌 소고기를 한 판 썰고 술 한 주전자를 데워서 대접했다. 다시 소고기를 사서 여러 잔을 마셨으며 호리병에 술을 사서 넣고 소고기 두 덩어리를 싸며 은자 부스러기를 지불했다. 술이 담긴 호리병을 화창에 매달며 소고기를 가슴 안에 넣고 '실례했소'라고 말하며 울타리를 나오니 여전히 삭풍이 불어왔다. 쏟아지는 눈발은 밤이 깊어갈수록 굵어졌다.

쌓인 눈을 밟으며 북풍을 뚫고 서둘러 초료장 문 앞으로 돌아와 열쇠로 열고 들어가 보고는 깜짝 놀랐다. 원래 천지자연의 이치는 공평무사하여 착하고 의로운 사람을 보호한다는 말이 있듯이 이 엄청나게 쌓인 눈 때문에 임충은 목숨을 구하게 되었다. 두 칸짜리 초가집이 쌓인 눈을 이겨내지 못하고 무너져버린 것이었다. 임충은 어떻게 해야 할지 잠시 생각하다가 먼저 화창과 호리병을 눈 위에 놓았다. 화로 안의 숯불이 번질까 두려워 부서진 흙 담을 들어내고 몸을 구부리고 들어가 더듬어보니 화로 안의 불은 모두 눈 녹은 물에 꺼져 있었다. 손으로 침상 위를 더듬어 간신히 솜이불만 꺼냈다.

밖으로 나오니 이미 날이 저물어 캄캄해졌다.

"불 피울 곳도 없으니 이제 어쩐다?"

여기서 반 리 거리에 있는 낡은 사당에서 몸을 쉴 수 있으리라는 생각이 났다.

'거기 가서 하룻밤 지내고 내일 날이 밝거든 다른 방법을 생각해보자.'

이불을 말아 든 다음 화창과 호리병을 들고 문을 세게 잡아당겨 잠그고 낡은 사당을 향해 걸었다. 사당 문 안으로 들어가 다시 문을 닫았다. 옆에 놓인 큰 돌을 들어 가져다가 문에 기대어 막았다. 들어가서 안을 보니 흙으로 빚어진 갑옷을 입은 산신山神이 신전 위에 모셔져 있고 좌우에 판관判官6과 도깨비가 서 있었으며 옆에는 종이가 잔뜩 쌓여 있었다. 두리번두리번 주변을 살펴보니 이웃도 없고 사당을 지키는 사람도 없었다. 창과 호리병을 종이 더미 위에 놓고 솜이불을 깔았다. 먼저 삿갓을 벗고 몸에 묻은 눈을 털었다. 위에 입은 흰색 저고리를 벗으니 절반 정도 젖어 있어 삿갓과 함께 공양물을 놓는 탁자에 올려놓았다. 이불을 당겨서 하반신을 덮었다. 호리병 안에 든 찬 술을 천천히 마시고 가슴 안에 넣어두었던 소고기를 안주로 먹었다.

술을 마시는 도중에 밖에서 타닥타닥 무언가가 터지는 소리가 들렸다. 벌떡 일어나 벽 틈으로 보니 초료장에 불길이 치솟아 활활 타고 있었다. 임충이 즉시 화창을 들고 불 끄러 가기 위해 문을 열려는데 밖에서 어떤 사람들 말소리가 들려왔다. 문 옆에 숨어 귀를 기울였다. 세 사람의 발소리가 점점 가까워지더니 사당 안으로 들어와 손으로 문을 밀었다. 그러나 문을 돌로 막아놓았으므로 아무리 밀어도 열리지 않았다. 세 사람이 사당 처마 밑에 나란히 서서 불을 바라보았다. 세 명 중 한 사람이 말했다.

"어떻습니까, 이 계책?"

6_ 판관判官: 당송 시대에 지방 관리의 공무를 돕던 관리다. 미신이나 전설 중에서 생사부를 관리하는 염라대왕의 부하다.

다른 한 사람이 대답했다.

"관영과 차발께서 애쓰신 덕에 성공했습니다! 동경에 돌아가면 두 분이 승진할 수 있도록 태위께 말씀드리겠습니다. 이제 장 교두는 더 이상 다른 핑곗거리가 없을 것입니다."

다른 한 사람이 말했다.

"이번엔 우리가 정말로 임충을 해치웠습니다. 고 아내의 병도 이제 꼭 나을 것입니다!"

"장 교두 그놈, 태위가 일부러 여러 번 사람을 보내 '너의 사위는 이제 없다'고 말했는데도 받아들이지 않았기 때문에 고 아내의 병이 더욱 깊어졌습니다. 그래서 태위께서 특별히 우리 둘을 보내 두 분에게 이 일을 맡아 해주기를 간절하게 바란 것입니다. 뜻밖에 오늘 드디어 끝냈습니다!"

"소인이 담장 안으로 넘어 들어가 사방의 마른 풀에 횃불을 10여 개나 던져놓았는데 임충 이놈이 어디로 도망갈 수 있겠습니까!"

"이제 조금만 더 지나면 다 타버릴 겁니다."

다른 사람이 듣고 말했다.

"설령 불길을 피해 목숨을 구했더라도 대군 초료장이 다 타버리면 죽을죄를 지은 터라 빠져나갈 구멍은 없습니다."

"이제 성안으로 돌아갑시다."

"다시 잠깐만 기다리시오. 뼈라도 한두 조각 주워 동경으로 가지고 간다면 태위와 고 아내가 부에서 보시고 우리더러 일을 잘했다고 말할 것이오."

임충이 세 사람의 목소리를 들어보니 하나는 차발이고 또 하나는 육 우후이며, 나머지는 부안임을 알았다. 등골이 서늘해서 생각했다.

'천지신명께서 임충을 불쌍하게 여기고 돌보아주었구나! 만일 초가집이 무너지지 않았다면 틀림없이 저놈들이 지른 불에 타 죽었을 것이다.'

솟아오르는 분노를 억누르며 문 앞의 돌을 가볍게 들어내 치우고 화창을 잡고 왼손으로 사당 문을 열어젖히며 고함을 질렀다.

"나쁜 놈들, 어딜 가느냐!"

세 사람이 급히 초료장으로 돌아가려고 하다가 임충을 보고 순간적으로 몹시 놀라서 제자리에 서서 꼼짝도 못했다. 임충이 손을 뻗어 창 끝으로 먼저 팍 소리가 나게 차발을 쓰러뜨렸다.

"사람 살려!"

육 우후가 비명을 질렀다. 몹시 놀라서 팔다리를 허우적거렸으나 달아날 수가 없었다. 부안은 열 발짝도 못 달아나서 쫓아온 임충에게 등 뒤에서 심장을 찔리고 쓰러졌다. 임충이 몸을 돌려 돌아오니 육 우후가 겨우 3~4보쯤 달아나고 있었다. 뒤에서 벼락같이 소리쳤다.

"간악한 놈아, 어딜 가느냐!"

가슴을 향하여 내려치자 눈 위에 쓰러져 뒹굴었다. 창을 땅 위에 꽂고 발로 가슴을 밟으며 몸에서 날카로운 칼을 꺼내 육겸의 얼굴에 대고 소리쳤다.

"죽일 놈아! 내가 애초에 너와 아무런 원한도 없었거늘 어째서 이렇게 나를 해치려 하느냐. 사람을 죽인 죄는 용서할 수 있어도 인간의 도리를 저버리는 너 같은 놈은 절대 용서할 수 없다!"

"소인이랑 상관없습니다. 태위가 시켜서 오지 않을 수 없었습니다."

임충이 화가 머리끝까지 치밀어올라 욕을 퍼부었다.

"간사한 도둑놈아, 내가 너와 어려서부터 사귀었는데 오늘 도리어 나를 해치러 여기까지 쫓아와놓고 어째서 너랑 상관없단 말이냐? 내 칼을 받아라!"

육겸의 웃옷을 찢고 날카로운 칼로 심장을 도려내니 일곱 개의 구멍으로 피가 터져나왔다. 심장과 간을 손에 들고 고개를 돌려보니 차발이 일어나 도망가려고 했다. 임충이 차발을 붙잡아 누르며 말했다.

"너 이놈은 원래 그렇게 나쁜 놈이 아니었더냐. 내 칼을 받아라!"

차발의 목을 잘라 창끝에 꽂았다. 돌아와서 부안, 육겸의 목을 모두 잘랐다. 날카로운 칼을 칼집에 도로 꽂아넣고 셋의 머리카락을 하나로 묶어 사당 안으로 들고 들어와 산신상 앞 탁자 위에 올려놓았다. 다시 흰 저고리를 입고 요대를 허리에 묶었다. 삿갓을 쓰고 호리병 안의 차디찬 술을 한 방울도 남기지 않고 모두 마셨다. 이불과 빈 호리병을 던져서 버리고 창을 든 채 산신묘 문을 나와 동쪽을 향하여 걸어갔다. 3~5리도 걷지 않아 근처 마을 사람들이 모두 물통과 갈고리를 들고 불을 끄러 오는 것을 보았다. 임충이 그냥 지나칠 수 없어서 사람들을 바라보며 말했다.

"여러분은 빨리 불을 끄시오. 나는 군영에 알리러 가겠소."

뒤도 돌아보지 않고 창을 든 채 걷기만 했다.

눈은 갈수록 세차게 내렸다. 임충은 두 경(4시간)에 걸쳐서 동쪽으로 걸었다. 그러나 입은 옷이 눈에 젖고 얇아 도저히 추위를 견딜 수가 없었다. 눈 속에서 바라보니 이미 초료장에서 멀리 떨어진 곳까지 와 있었다. 앞쪽으로 수종이 뒤섞인 숲이 나타났으며 멀리 나무가 드문드문 자란 곳에 몇 칸 초가집이 눈에 덮여 있었고 부서져 갈라진 벽 사이로 불빛이 새어나왔다. 초가로 와서 문을 밀고 들어가니 가운데 늙은 장객이 앉아 있고 주위에 4~5명의 젊은 농부가 불을 쬐고 있었다. 바닥 화로에서 장작이 활활 타고 있었다. 임충이 앞으로 걸어 들어가서 말했다.

"여러분께 인사드립니다. 소인은 유배지 군영에서 근무하는 사람입니다. 눈을 맞아 옷이 젖어서 불에 말렸으면 합니다. 부탁드립니다."

"우리는 상관없으니 알아서 말리시오."

젖은 옷을 벗어 조금 말렸는데 숯불 위에 데우고 있는 독 안에서 술 향기가 풍겼다.

"소인이 은자가 조금 있는데 귀찮겠지만 술 한잔 마시게 조금 나누어주십시오."

늙은 장객이 말했다.

"우리는 매일 밤 돌아가며 쌀 통가리를 지키고 있습니다. 지금 이미 사경이고 날씨마저 추워서 우리 마시기도 부족한데 당신에게 나누어주겠소? 꿈도 꾸지 마시오."

"추위라도 막을 수 있게 단 두세 잔이라도 안 될까요?"

"안 돼요. 더 이상 귀찮게 하지 말고 저리 가시오!"

술 냄새를 맡으니 더욱 마시고 싶어서 말했다.

"도저히 참을 수가 없소. 조금이라도 안 되겠소?"

"호의를 베풀어서 옷도 말리고 불도 쬐게 해주었더니 술도 내놓으라고? 꺼져라. 꺼지지 않으면 여기에 매달아놓겠다!"

"이놈들이 도리가 없는 놈들이구나!"

임충이 화가 나서 손에 든 창으로 훨훨 타는 숯을 찍어 늙은 농부 얼굴에 들이올렸다. 또 창으로 화로 안을 들쑤시니 늙은이 입 주위의 콧수염이 불꽃에 그슬렸다. 장객들이 모두 일어나자 창 자루로 마구 두들겼다. 늙은이는 달아나고, 나머지 장객들도 꼼짝 못하다가 두들겨 맞고 모두 달아났다.

"모두 달아났으니 어르신께서는 신나게 술이나 마셔야겠다."

방구들 위에 야자나무 바가지 두 개가 있는데 하나를 가지고 내려와 독의 술을 따라서 한동안 마시다가 반을 남겼다. 창을 들고 문을 나와 걸었다. 술에 취해 몸이 비틀거리니 흐트러진 걸음으로 제대로 걸을 수가 없었다. 얼마 못 가서 강한 삭풍에 밀려 개울 옆에 쓰러져 일어나려고 발버둥질쳤으나 그렇게 쉽게 일어날 수 있겠는가? 대저 술에 취한 사람은 쓰러지면 바로 일어나지 못하는 법이다. 임충은 결국 차디찬 눈 속에 쓰러지고 말았다.

한편 장객들이 장정 20여 명과 함께 몽둥이와 창을 들고 초가집으로 달려왔으나 임충을 찾을 수 없었다. 눈 위에 남은 흔적을 따라 가다가 화창을 던져놓고 눈 위에 쓰러져 있는 임충을 발견했다. 장객들이 한꺼번에 달려들어 붙들고 밧줄로 묶었다. 오경에 임충을 어디론가 압송했다.

투명장 投命狀1

표자두 임충이 그날 밤 술에 취해 눈 위에 쓰러져서 일어나려 발버 둥쳤으나 소용없었다. 결국 여러 장객에게 묶여 어느 장원으로 끌려갔 다. 한 장객이 장원에서 나와 말했다.

"대관인께서 아직 일어나지 않았으니 다들 저놈을 문루門樓 아래에 높이 매달아라."

차츰차츰 날이 밝아오고 임충도 그제야 술에서 깨어나 눈을 뜨고 바라보니 커다란 장원이었다. 적잖이 당황하여 크게 소리를 질렀다.

1_ 제10장 주귀가 강가 정자에서 신호화살을 쏘다朱貴水亭施號箭. 임충이 눈 오는 밤에 양 산박으로 올라가다林沖雪夜上梁山. 투명장投名狀: 어떤 조직에 가입하기 위해 제출하는 일 종의 충성 서약.

"누가 감히 나를 여기에 매달았느냐?"

장객이 고함 소리를 듣고 몽둥이를 손에 든 채 문간방에서 나와 소리쳤다.

"너 이놈 아직도 큰 소리냐!"

임충 때문에 콧수염이 타버린 늙은 장객이 말했다.

"다른 말 물을 것 없다. 쳐라. 대관인께서 일어나시면 그때 추궁하면된다."

장객들이 한꺼번에 덤볐다. 임충은 맞으면서도 저항할 수 없어서 소리만 질렀다.

"상관없다. 나도 할 말이 있다."

한 장객이 나와서 외쳤다.

"대관인께서 나오신다."

임충이 정신이 몽롱한 상태에서 보니 관인이 뒷짐을 지고 나와 복도 아래에 이르러 물었다.

"너희는 어떤 사람을 그렇게 때리느냐?"

"어젯밤 잡은 쌀 도둑입니다."

관인이 앞으로 나와 보고 임충인 것을 알자 다급히 소리쳐 장객들을 뒤로 물리고 손수 풀어주며 물었다.

"교두께서는 무슨 까닭으로 여기에 매달려 계십니까?"

장객들이 이 광경을 보고 당황하여 모두 물러났다. 임충이 바라보니 다른 사람이 아니라 소선풍 시진인지라 얼른 소리쳤다.

"대관인 나 좀 구해주시오!"

"교두께서 왜 여기에서 촌놈들에게 모욕을 당하고 계십니까?"

"한마디로 이루 다 말할 수가 없습니다!"

두 사람이 안으로 들어가 앉고 임충은 초료장에 불이 난 일을 자세하게 이야기했다. 시진이 이야기를 모두 듣고 나서 말했다.

"형님 운명도 참 기구하오! 오늘 여기 끌려온 것은 하늘이 내려주신 기회이니 안심하시오. 여기는 제 동쪽 장원이오. 잠시 쉬었다가 다시 앞날을 상의해봅시다."

장객을 불러 옷 바구니를 가져오게 하여 겉옷뿐만 아니라 속옷까지 모두 새 옷으로 갈아입혔으며 따뜻한 방 안에 앉아 쉬게 하고 술과 음식을 가져다 대접했다. 이때부터 임충이 시진의 동쪽 장원에서 5~7일을 머물렀다.

한편 임충이 차발, 육 우후, 부안 세 사람을 죽이고 대군 초료장에 불을 질러 태워버린 것을 창주 배소 관영이 상부에 보고했다. 창주 부윤이 크게 놀라 즉시 공문을 작성하여 임충을 체포하라는 공문을 하달했다. 관원들은 공인을 데리고 가서 향과 읍을 따라 지날 수 있는 주요 길목에 인접한 객점, 주점, 찻집에 임충의 생김새를 그린 벽보를 붙이고 상금 3000관을 걸어 주범 임충을 잡게 했다. 체포를 위한 수색이 날이 갈수록 심해지자 마을마다 이 때문에 소란스러워졌다.

임충은 시 대관인의 동장에서 이런 소식을 듣고 바늘방석에 앉아 있는 것 같았다. 시진이 돌아오자마자 임충이 말했다.

"대관인께서 소인을 여기에 머물게 하려고 하시지만 관아의 추적이 이토록 심하니 어찌할 방법이 없습니다. 집집마다 수색하고 있는데 만일 장원을 뒤지다가 저를 찾게 되면 대관인이 연루되어 곤란해질 겁니다. 이미 대관인께서 의로운 일을 위해 재물을 아끼지 않는 은혜를 주셨으나 다시 소인에게 약간의 여비를 빌려주신다면 다른 곳에 가서 잠시 몸을 피하고자 합니다. 훗날 죽지 않고 목숨을 건지면 하찮은 힘이라도 은혜를 갚는 데 바치겠습니다."

"형님께서 떠나고자 하신다면 제가 가실 만한 곳을 알고 있습니다. 편지 한 통 써드릴 테니 그쪽으로 가보시는 게 어떻겠습니까?"

"대관인께서 이처럼 소인에게 발붙이고 살 곳과 의지할 곳을 마련해주신다면 당연히 따르겠습니다. 그곳이 어디입니까?"

"산동山東 제주濟州 관할 지역에 있는 물의 고장으로 양산박梁山泊2이라 불리는 곳입니다. 둘레가 800여 리이고 가운데 완자성宛子城, 요아와蓼兒洼3란 곳이 있는데 지금 세 명의 호걸이 거기에 산채를 꾸렸습니다. 두목은 백의수사白衣秀士 왕륜王倫이고, 둘째는 모착천摸着天 두천杜遷이라 부르고, 셋째는 운리금강雲裏金剛 송만宋萬입니다. 그 세 사람이 졸개 700~800명을 거느리고 떼 지어 다니며 도적질을 하고 있습니다. 큰

2_ 실제 『수호전』의 무대가 된 양산박은 존재하고 있었지만 현실의 산채는 소설과 다르다. 깎아지르는 절벽은 없고 낮은 구릉으로 되어 있어 외부에서 공략하기에 별 어려움이 없다. 『수호전』처럼 수중 요새를 건설하여 정부와 맞선 곳은 산동 양산박이 아니라 절강성 항주의 서호西湖다.

3_ 수호 산채는 완자성이라고 부르고 양산박은 요아와라고도 불렸다. 수호 산채가 양산 호걸의 총본부다.

죄를 지은 많은 사람이 그곳에서 화를 피해 벗어나고자 몸을 의탁하면 모두 받아들이고 있습니다. 제가 세 두령과 교분이 두터운지라 일찍이 서신을 왕래하고 있었습니다. 지금 편지를 써서 형님께 드릴 테니 그곳에 가서 한패가 되는 것은 어떻습니까?"

"만일 그렇게만 된다면 가장 좋지요."

"하지만 창주 입구에 방문을 붙여놓고 군관 두 명이 그곳에서 지키며 검문하고 있습니다. 형님께서 반드시 그곳을 지나야 하는데……."

시진이 고개를 숙이며 잠시 생각하고 나서 다시 말했다.

"형님을 통과시킬 계책이 있습니다."

"만약 무사히 빠져나간다면 그 은혜 죽어도 잊지 않겠습니다!"

시진이 그날 장객을 불러 먼저 짐을 지고 관문 밖으로 나가 기다리게 했다. 시진이 말 20~30필을 준비시켜 활과 깃대 창을 들고 사냥매를 어깨에 얹으며 사냥개들을 몰아 인마를 요란하게 꾸미고 행차했다. 그 무리 안에 임충도 함께 섞여 일제히 말에 올라 관문 밖으로 향했다. 관문을 지키는 군관이 시 대관인과 모두 아는 사이였다. 원래 이 사람은 군관이 되기 전에 시진 장원에 있었기 때문에 매우 잘 아는 사이였다.

"대관인께서 이렇게 즐겁게 어디를 가십니까?"

시진이 말에서 내려 물었다.

"두 관인께서 무슨 일로 여기 계십니까?"

"창주 대윤께서 죄인 임충을 붙잡기 위해 공문을 내리시고 생김새를 그린 방을 붙여 이곳을 지키도록 했습니다. 지나가는 모든 사람을 기찰한 뒤에 성 밖으로 내보내고 있습니다."

시진이 웃으며 말했다.

"우리 일행 중에 임충이 섞여 있는데 어째서 알아보지 못하시오?"

군관도 같이 웃었다.

"대관인께서는 법도를 아시는 분이라 절대 데리고 다닐 리가 없습니다. 어서 말에 오르십시오."

"나를 이렇게 믿는단 말이오? 나중에 사냥한 짐승을 보내겠소."

인사를 하고 일제히 말에 올라 관문 밖으로 나갔다. 14~15리쯤 가니 먼저 출발한 장객이 기다리고 있었다. 시진이 임충을 말에서 내리게 하고 사냥꾼 옷을 벗게 한 다음에 장객이 가져온 자신의 옷으로 갈아입혔다. 임충은 요도腰刀4를 차고 붉은 술이 달린 삿갓을 썼으며 등에 짐을 지고 곤도袞刀5를 들었다. 시진과 작별하고 서둘러 출발했다.

시진 일행은 말을 타고 태연하게 사냥하러 갔다. 저녁에 돌아오는 길에 관문을 통과하면서 군관에게 사냥감을 나누어주고 장원으로 돌아왔다.

시 대관인과 헤어진 임충은 쉬지 않고 10여 일을 걸었다. 때는 늦겨울 날씨라 먹장구름이 잔뜩 끼고 삭풍이 매섭게 불면서 새하얀 눈발이 어지럽게 흩날리더니 온 천지가 눈으로 뒤덮였다. 쉬지 않고 눈을 밟으

4_ 요도腰刀: 도는 인류가 가장 먼저 사용한 냉병기 중 하나로 18반 병기 중 첫째 무기다. 한 면만 날이 서고 비교적 짧은 칼이다. 요도는 글자 그대로 허리에 차는 칼이다.

5_ 곤도袞刀: 날이 좁고 길며 손잡이가 긴 대도.

며 길을 재촉했다. 날씨가 점차 추워지고 하루가 저무는데 멀리 개울을 등지고 호숫가에 자리잡은 주점이 하염없이 내린 눈에 눌려 내려앉을 것처럼 보였다. 서둘러 달려가 눈을 털고 주렴을 젖히며 몸을 구부려 안을 들여다보았다. 많은 좌석 중에서 한 군데를 골라 앉아 곤도를 기대어 세우고 짐을 풀며 삿갓을 벗어 걸고 요도도 걸어놓았다. 주보가 와서 물었다.

"손님, 술은 얼마나 드시겠습니까?"

"먼저 두 병 주시오."

주보가 한 통을 가져와 술을 두 사발 따르고 탁자에 놓았다.

"안주는 뭐가 있소?"

"삶은 소고기, 통통한 거위, 연한 닭고기 등이 있습니다."

"먼저 삶은 소고기 두 근 썰어주시오."

잠시 후 주보가 큰 판에 소고기와 야채 몇 가지를 들고 와서 큰 술잔과 함께 놓고 술을 따랐다. 임충이 서너 잔을 마셨을 때 주점 안에 한 사람이 뒷짐을 지고 문 앞으로 나가서 눈 구경 하는 것을 보았다. 그 사람이 주보에게 물었다.

"술 마시는 사람이 누구냐?"

임충이 그 사람을 바라보니 머리에 챙이 긴 방한모를 쓰고 담비 털로 안을 댄 상의를 입었으며 노루 가죽으로 만든 좁고 목이 긴 신발을 신었다. 덩치는 장대하고 용모는 우람하며 두 주먹은 울퉁불퉁하고 누런 구레나룻이 삼지창처럼 세 갈래였으며 고개를 치켜들고 눈을 바라보고 있었다.

임충이 주보를 불러 술을 따르게 하고 말했다.

"주보, 자네도 한잔 들게나."

주보가 술을 한잔 마시기를 기다려 물었다.

"여기서 양산박까지 가려면 얼마나 더 가야 하나?"

"양산박을 가려면 몇 리 안 되지만 길이 없고 물길만 있습니다. 만약 그곳에 가시려면 배를 타야 건너갈 수 있습니다."

"양산박에 갈 수 있는 배를 좀 알아봐주시오."

"눈이 이렇게 많이 내리고 날도 저물었는데 어디에서 배를 구하겠습니까?"

"돈을 더 줄 테니 배를 찾아서 나 좀 건네주시오."

"구할 곳이 없습니다."

임충이 주보의 말을 듣고 시름에 잠겼다.

'이제 어떻게 해야 하나…….'

다시 몇 잔을 더 마셨으나 가슴이 답답하여 갑자기 지난 일을 떠올렸다.

'내가 전에 동경에서 교두로 있을 때는 매일 온 거리를 돌아다니며 술 마시고 놀았는데 오늘 고구의 함정에 빠져 얼굴에 문신하고 여기까지 밀려오게 될 줄 누가 상상이나 했겠나. 지금 집이 있어도 돌아갈 수 없고 나라가 있어도 의지하지 못한 채 이렇게 혼자 외로움에 떨어야 하는가.'

슬픈 감상이 가슴에 가득 차니 주보에게 필묵을 빌린 다음 술김에 흰 벽에 시 한 편을 써내려갔다.

동경 교두 임충은 의리를 중시하고	仗義是林冲
사람됨은 순박하고 충실하다네.	爲人最朴忠
강호를 달리며 명망을 드높이고	江湖馳譽望
경성에서 영웅의 풍모를 드러냈네.	京國顯英雄
신세가 서글퍼져 정처 없이 떠돌게 되어	身世悲浮梗
뿌리 뽑힌 쑥처럼 공명을 찾을 길 없네.	功名類轉蓬
나중에라도 뜻을 이루게 된다면	他年若得志
태산 동쪽에 위엄을 떨치리라!	威鎭泰山東

붓을 던지고 다시 술잔을 들었다. 막 마시려고 할 때, 담비 가죽옷 입은 사내가 앞으로 다가오더니 임충의 허리 가운데를 꽉 잡았다.

"너 정말 대담하구나! 창주에서 대죄를 짓고 여기로 왔느냐! 지금 관아에서 상금 3000관을 걸고 너를 잡으려 하는데 어떻게 할 테냐?"

"당신 내가 누군지 아시오?"

"너는 표자두 임충 아니냐?"

"나는 성이 장張이오."

그 사내가 껄껄 웃었다.

"헛소리 말아라. 지금 벽에 네가 이름 쓴 것을 보았다. 네 얼굴에 금 인도 새겨져 있는데 발뺌할 수 있을 것 같으냐!"

"정말 나를 잡으려느냐?"

사내가 임충을 바라보고 부드럽게 웃으며 말했다.

"내가 당신을 잡아서 뭐하겠소?"

주점 뒤에 있는 물가의 정자로 초청하여 주보에게 등불을 켜게 하고 임충과 인사를 하고 마주 앉았다.

"방금 형씨께서 양산박으로 가려고 배를 찾으시는데 그곳은 강도들의 산채입니다. 무엇하러 그곳에 가십니까?"

"솔직히 말씀드리면 지금 관아에서 소인을 잡으려고 안달이라 몸을 피할 곳이 없어 할 수 없이 도적이 되려고 산채에 가는 것입니다."

"그렇지만 반드시 누군가가 형씨를 추천해야 산적이 될 수 있습니다."

"창주 황해군의 친구가 추천하여 오게 되었습니다."

"그 사람이 소선풍 시진 아니시오?"

"당신이 어떻게 아시오?"

"시 대관인과 산채의 왕 두령이 서로 교분이 두터워 항상 서신을 왕래하고 있습니다."

원래 왕륜이 과거에 낙방하고 두천과 함께 시진에게 몸을 의탁했고 그의 장원에서 한동안 지내다가 떠날 때도 노자를 얻어 쓰면서 은혜를 입었다. 임충이 그 말을 다 듣고 사내에게 절하며 말했다.

"눈이 있으면서도 태산 같은 분을 못 알아보았습니다. 존함이 어떻게 되십니까?"

그 사내가 황급히 임충에게 답례하며 말했다.

"소인은 왕 두령의 눈과 귀 노릇을 하는 부하로 주귀朱貴라고 합니다. 원래 기주沂州 기수현沂水縣 사람입니다. 강호 사람들이 저를 한지홀률旱地忽律(마른 땅 위의 악어)이라고 부릅니다. 산채에서 저더러 여기에서 주점을 하는 척하면서 왕래하는 손님에게서 각종 소식을 염탐하는 직책을

제10회 투명장 ● 59

맡겼습니다. 그리고 재물을 가진 자가 있으면 산채에 보고하고 혼자 재물 없이 온 자는 놓아줍니다. 재물을 가지고 여기에 왔을 때 몸이 말라 가벼우면 몽한약으로 쓰러뜨리고 몸이 살쪄 무거우면 바로 죽여 살코기는 말리고 비계는 기름으로 달여 등불을 피우는 데 사용합니다. 방금 형씨께서 양산박 가는 길을 묻기에 감히 손을 쓰지 못했습니다. 나중에야 쓰신 성함을 보고 알게 되었습니다. 일찍이 동경에 다녀온 사람들이 호걸이라고 말하던 형씨를 뜻밖에 만나게 되었습니다. 이미 시 대관인께서 서신으로 추천하셨고 형씨의 명성 또한 온 천지에 떨쳤으니 왕 두령이 반드시 중용할 것입니다."

즉시 물고기와 고기반찬과 안주를 준비하여 대접했다.

둘이 정자에서 밤늦게까지 술을 마셨다. 임충이 물었다.

"어디에 배가 있어서 건넌단 말이오?"

"여기 배가 있으니 형씨께서는 안심하시오. 잠시 하룻밤 쉬었다가 오경에 일어나서 함께 산채로 갑시다."

둘이 각자 방으로 가서 쉬었다. 오경에 주귀가 깨웠다. 세수하고 이 닦고 다시 술 3~5잔을 마시고 밥과 고기를 먹었다. 아직도 날이 밝지 않았는데 주귀가 물가 정자의 창문을 열고 작화궁鵲畫弓(까치 형상을 한 활)을 꺼내 우는 화살을(발사했을 때 소리가 나는 화살) 먹여 맞은편 갈대가 꺾이고 부러진 곳에 쏘았다.

"이건 무슨 의미요?"

"산채에 신호를 보내는 화살이지요. 잠시 후면 배가 올 것입니다."

얼마 후 맞은편 갈대숲에서 졸개 3~5명이 배를 저어 다가와 정자에

댔다. 주귀가 임충을 이끌어 무기와 짐을 가지고 배에 탔다. 졸개들이 배를 저어 호수 안 금사탄金沙灘(금빛 모래사장)으로 들어갔다. 물가에 이르러 주귀와 임충이 육지에 올랐다. 졸개들이 짐을 지자 두 호걸은 칼을 들고 산채로 올라갔다. 몇몇 졸개가 배를 선착장으로 저어갔다.

임충이 물가를 바라보니 양쪽은 모두 아름드리나무가 자라고 있었으며 산허리에 단금정斷金亭6이 있었다. 다시 돌아서 가니 커다란 관문이 보였고 관 앞에 창, 도, 검, 극戟, 궁, 노弩, 과戈, 모矛 등을 늘어놓았고 사방에 모두 뇌목擂木7과 포석炮石이 널려 있었다. 졸개가 먼저 알리려고 올라갔고 두 사람이 관문으로 들어가니 길 양쪽으로 군대의 깃발이 펼쳐져 있었다. 다시 요새 두 곳을 지나 겨우 산채 입구에 도착했다. 사면이 모두 높은 산이고 지나온 세 개의 관문은 모두 웅장했으며 겹겹으로 둘러싸였다. 중간에는 거울 표면같이 고른 300~500장 크기의 평지가 펼쳐져 있었다. 산 어귀에 붙은 것이 산채 정문이었고 양쪽은 모두 곁채인 작은 집들이었다. 주귀가 임충을 데리고 취의청에 나아가니 가운데 교의交椅8에 백의수사 왕륜이 앉아 있었고 좌측에 모착천 두천, 우측에 운리금강 송만이 앉아 있었다. 주귀와 임충이 앞을 향해 인사를 했다. 왕륜이 거만하게 말 한마디 없이 인사도 받지 않자 임충

6_ 단금정斷金亭: 약탈한 장물을 나누는 곳.

7_ 뇌목擂木: 전투가 벌어졌을 때 높은 곳에서 밀어 적을 깔려 죽게 하는 쓰임새의 나무.

8_ 교의交椅: 옛날 의자로, 다리가 교차되면서 접을 수 있고 등받이가 있는 접이식 의자. 호상胡床, 교상交床이라고 했고 태사의太師椅라고도 불렀다.

은 곤혹스러워하며 주귀 옆자리에 섰다. 주귀가 난처해서 스스로 임충을 소개하며 말했다.

"이분은 전에 동경 80만 금군 교두를 맡았던 임충이란 사람입니다. 별칭으로 표자두라 불리는데, 고 태위의 모함을 받아 창주로 유배되었습니다. 또한 그곳에서 대군 초료장을 불태우게 되었으며 어쩔 수 없이 사람 셋을 죽이고 시 대관인 장원으로 도망가게 되었습니다. 시 대관인이 특별히 정성 들여 대접하고 또 양산박에 가입할 수 있도록 이렇게 편지를 써서 추천했습니다."

왕륜이 여전히 아무 말 없자 임충이 품안에서 편지를 꺼내 건네주었다. 왕륜이 편지를 뜯어보고 임충을 네 번째 교의에 앉히고 주귀를 다섯 번째에 앉혔다. 졸개를 불러 술을 가져오게 하고 잔이 세 번 돌아간 후 왕륜이 비로소 입을 열었다.

"시 대관인께서 요즈음에 별일 없으신가요?"

"매일 교외에서 사냥하며 소일하고 계십니다."

왕륜이 사진 소식만 한 차례 물어보고 문득 속으로 생각했다.

'나는 급제하지 못한 수재로 불만에 가득 차서 두천과 이곳에서 도적이 되었다. 나중에 송만이 오고 이 많은 사람을 모아 한 무리가 되었다. 내가 능력이 뛰어난 것도 아니며 두천 송만의 무예도 그냥 평범하다. 지금 이 사람을 받아들여서는 안 된다. 그는 경사의 금군 교두였으니 분명히 무예가 뛰어날 것이다. 만일 그가 우리의 실력을 알고 두령 자리를 빼앗으려 한다면, 우리가 어떻게 대항하겠는가? …… 어쨌든 조금 억지스럽지만 핑계를 대고 돌려보낸다면 뒷날 걱정은 없을 것이다. 다만 시진의 옛 은혜를 잊어버리고 돌보지 않는다면 그의 체면이 깎일 테지만 지금은 그런 걱정을 할 겨를이 없다.'

생각이 여기에 미치자 왕륜이 갑자기 태도를 바꾸고 졸개를 불러 술과 음식을 새로 마련하여 연회를 다시 열고 임충을 자리로 청하여 함께 술을 마셨다.

두 번째 연회가 끝나고 왕륜이 졸개를 불러 쟁반에 은자 50냥과 비단 두 필을 담아오게 했다. 왕륜이 일어나서 말했다.

"시 대관인의 추천으로 교두께서 우리 산채에 와서 한패가 되려고 하시니 영광입니다. 하지만 우리 산채는 양식이 모자라고 집도 초라하며 사람 또한 부족하므로 그대의 장래를 망쳐 잘못될까 두렵습니다. 여기 약소하게 선물을 준비했으니 웃으며 받아주시기 바랍니다. 너무 질책하지 마시고 다른 큰 산채를 찾아가십시오."

"세 두령님께서는 제발 너그럽게 관용을 베풀어주십시오. 소인이 명성을 흠모하여 천 리를 마다 않고 뛰어왔으며, 만 리를 마다 않고 찾아왔습니다. 시 대관인의 체면을 봐서라도 제발 산채에 머물 수 있도록 해주십시오. 임충이 비록 재주는 없으나 받아만 주신다면 목숨을 다해 앞장서겠습니다. 결코 비위를 맞추기 위한 것이 아니라 진실로 평생에 다시없을 기회로 여기겠습니다. 노자나 얻고자 온 것이 아니니 두령께서 굽어 살펴주십시오."

왕륜이 단호하게 말했다.

"여기는 작은 산채로 어떻게 당신 같은 큰 인물을 받아들이겠소? 너무 책망하지 마시기 바랍니다!"

주귀가 보고 간언했다.

"형님께서 아우가 말이 많다고 꾸짖지 마시고 들어주시기 바랍니다. 산채의 식량이 많지 않다면 멀고 가까운 마을에서 빌려올 수 있습니다. 주변 산과 호숫가에 나무가 널리 자라고 있어서 1000칸의 집을 지어도 부족함이 없습니다. 이분은 시 대관인께서 추천하여 오신 분인데 어떻게 다른 곳으로 가라고 하겠습니까? 게다가 시 대관인께서 우리 산채에 많은 은혜를 베푸신 분인데 나중에라도 이 사람을 받아들이지 않은 것을 아신다면 좋지 않게 보실 겁니다. 이 사람이 능력도 있으니 반드시 힘을 다하여 일할 것입니다."

두천도 주귀의 의견에 찬동했다.

"산채에 한 사람 늘어난다고 무슨 일이 생기겠습니까! 만일 형님이 받아들이지 않은 것을 시 대관인이 안다면 얼마나 섭섭하겠소. 우리를 배은망덕하게 볼 것이오. 이전에 많은 도움을 받아놓고 그를 저버리며 지금 추천한 사람이 왔는데 이렇게 물리치고 쫓아버린단 말이오!"

송만도 왕륜을 말리며 말했다.

"시 대관인의 체면을 보아 그를 두령으로 삼는 것도 좋겠소. 그렇게 하지 않으면 우리는 의리 없다고 강호의 웃음거리가 될 것이오."

모두 나서서 말리자 왕륜이 당황해서 말했다.

"형제들은 잘 모를 것이오. 그가 창주에서 대죄를 짓고 오늘 산에 올라온다지만 그의 속마음이 어떤지는 알 수가 없소. 만일 이곳에 염탐하러 왔다면 어떻게 하겠소?"

임충이 단호한 어조로 말했다.

"소인은 죽을죄를 지은 사람이라서 도적이 되려고 여기에 왔는데 무슨 이유로 의심하십니까?"

왕륜이 포기하지 않고 이를 악물었다.

"그렇게 진심으로 도적이 되고자 한다면 투명장을 가져오시오."

임충이 망설이지 않고 대답했다.

"소인이 글자는 조금 아니 종이와 붓을 빌려주시면 지금 쓰겠소."

주귀가 웃으며 말했다.

"교두님, 그게 아니오. 대체로 사내들이 산채에 들어오려면 투명장을 내야 합니다. 교두께서 산 아래에 내려가서 사람을 죽이고 목을 잘라 가져온다면 의심 없이 받아주는 것이오. 이것을 '투명장'이라 합니다."

이제 임충에게는 더 이상 물러설 곳이 없었다.

"어려울 것 없소. 임충이 지금 내려가서 기다리겠지만 지나가는 사람이 없을까 두렵소."

왕륜이 싸늘하게 말했다.

"3일 기한을 주겠소. 3일 안에 투명장을 가져오면 받아주겠지만 기간 내에 가져오지 못한다면 서운하게 생각하지 마시오."

임충이 왕륜의 말에 동의했다.

그날 연회가 끝나고 주귀는 작별하며 주점을 지키러 산채를 내려갔다. 임충이 밤에 칼과 짐을 들고 말단 졸개 뒤를 따라 손님방에 들어가 쉬었다. 다음 날 일찍 일어나 아침밥과 차를 먹고 요도를 차고 곤도는 쥐고 졸개의 안내를 받아 산을 내려왔다. 배를 타고 호수를 건너 한적한 소로에서 길손이 지나가기를 기다렸다. 아침부터 저녁까지 하루 종일 기다렸으나 외로운 길손 하나도 지나가지 않았다. 임충이 우울하고 답답한 심정으로 졸개와 함께 호수를 건너 산채로 돌아왔다. 왕륜이 거만하고 냉랭하게 물었다.

"투명장은 어디 있소?"

"오늘 지나가는 사람이 한 사람도 없어서 가져올 수가 없었습니다."

"당신 내일도 투명장을 가져오지 못하면 여기에 머무르기 어려울 것이오."

임충이 기간을 하루 줄여도 감히 다시 대답도 하지 못했고 속은 자연히 불쾌했다. 방으로 돌아와 밥을 얻어먹고 또 하룻밤을 보냈다.

다음 날 이른 아침에 졸개와 아침을 먹고 곤도를 들고 산을 내려왔다. 졸개가 말했다.

"우리 오늘은 남산 길로 가서 기다립시다."

호수를 건너 숲속에서 기다렸으나 길손 하나 지나가지 않았다. 숨어서 엎드려 기다리는데 정오쯤 300여 명의 무리가 한꺼번에 지나갔다. 임충이 감히 나서지 못하고 바라보기만 했다. 또 잠시 기다리다가 날이 점차 저물어 밤이 되도록 한 명도 보지 못했다. 임충이 졸개를 바라보며 말했다.

"내 운수가 이렇게 사나운가! 이틀을 기다려도 혼자 지나는 길손 하나 없으니 어떻게 해야 좋단 말이냐!"

졸개가 달래며 말했다.

"형님, 걱정 마십시오. 내일 하루 더 있으니 저와 함께 동쪽 길에 가서 기다려봅시다."

그날 밤도 다시 산채로 돌아왔다. 왕륜이 기다렸다는 듯이 말했다.

"오늘 투명장은 어찌 됐소?"

임충이 감히 대답을 못하고 한숨만 쉬었다. 왕륜이 음흉하게 웃으며 말했다.

"오늘도 없을 줄 알았소! 내가 3일의 기한을 준다고 했는데 오늘로 이미 이틀이 지났소. 만약 내일도 없다면 다시 볼 필요도 없이 바로 하산하여 다른 곳으로 가시오."

임충이 방으로 돌아왔으나 가슴이 답답하여 하늘을 우러러보며 탄식했다.

"오늘 고구 그 도적놈에게 모함을 받아 여기까지 흘러올 줄 생각도 못했는데, 천지도 나를 용납하지 않으니 운명이 이리 기구하단 말인가!"

밤이 지나고 다음 날 아침에 일어나 밥을 얻어먹고 짐을 싸서 방 안에 놓아두고 요도는 차고 곤도는 든 채 졸개와 함께 산을 내려와 호수를 건너 동쪽 길로 갔다. 임충이 말했다.

"내가 오늘도 투명장을 얻지 못한다면 다른 곳으로 가서 살 길을 찾아야겠구나!"

두 사람이 산을 내려와 동쪽 길 숲속에 숨어서 기다렸다. 해가 떠올라 중천에 이르렀는데도 개미 한 마리 지나가지 않았다. 아직 눈이 모두 녹지 않아 잔설이 있고 날도 밝아 햇빛이 환하게 비쳤다. 임충이 곤도를 들고 졸개에게 말했다.

"오늘도 보아하니 안 될 것 같소. 날이 저물기 전에 일찌감치 짐이나 가져와 다른 곳에 가서 살 곳을 찾아야겠소."

졸개가 손가락으로 가리키며 말했다.

"됐습니다. 저기 한 사람이 오고 있지 않습니까!"

임충이 바라보고 말했다.

"정말 다행이다!"

그 사람이 산비탈을 내려와 걸어오는 것이 보였다. 가까이 다가오자 곤도를 휘두르며 갑자기 튀어나갔다. 그 남자가 임충을 보고 '아이고' 소리를 지르며 짐을 버리고 몸을 돌려 달아나버렸다. 임충이 쫓아갔으나 도저히 따라잡을 수 없었다. 그 남자는 산기슭으로 사라져버렸다. 임충이 말했다.

"내 운명은 왜 이렇게 고단하냐? 3일 기다려서 겨우 한 사람 만났는데 그마저 놓쳐버리다니!"

졸개가 말했다.

"비록 죽이진 못했지만 재물이 이만하면 어떻게 투명장 값을 할 수 있을 것 같습니다."

"먼저 산채로 가져가시오. 나는 좀더 기다려보겠소."

졸개가 빼앗은 짐을 가지고 산으로 돌아가자마자 산비탈 아래에 한 사람이 나타났다.

"하늘이 준 기회다!"

그 사내가 박도를 들고 천둥 같은 큰 소리로 고함을 질렀다.

"이 도적놈아, 죽여도 속이 풀리지 않을 강도야! 내 짐은 어디 두었느냐. 내가 네 놈들을 잡으려 했는데 스스로 찾아와 호랑이 수염을 건드리다니!"

그가 날듯이 뛰어올랐다. 임충은 그가 달려오는 맹렬한 기세를 보고
기마자세를 잡고 상대를 맞이했다.

三 양지전

제 1 1 회

유배[1]

　임충이 바라보니, 그 사내는 붉은 술이 달린 범양 삿갓을 썼고 하얀 비단 나그네 적삼을 입은 허리에 세로로 엮은 끈을 묶었다. 아래에는 하얀색 좁은 행전行纏[2]으로 바짓가랑이를 묶고 노루 가죽 양말에 털이 달린 소가죽 신발을 신었다. 요도를 차고 박도를 들었으며 7척 5~6촌 의 체격에 얼굴에는 커다란 푸른 반점이 있고 뺨 옆에 붉은 수염이 조금 자라 있었다. 삿갓을 머리 뒤로 넘겨 등 뒤에 걸치더니 가슴을 한

1_ 제11장 임충이 양산박에서 도적이 되다梁山泊林冲落草. 양지가 변경성에서 보검을 팔다 汴京城楊志賣刀.

2_ 행전行纏: 바짓가랑이를 좁혀 보행과 행동을 간편하게 하기 위하여 정강이에 감아 무릎 아래에 매는 물건. 행등行縢이라고도 한다.

손으로 풀어헤쳤다. 머리에는 두건을 썼으며 손에는 박도를 붙잡고 고래고래 소리를 지르며 달려왔다.

"야 이 도적놈아! 내 짐과 재물을 어디 두었느냐!"

기분이 좋지 않은 임충이 대답할 리 만무했다. 두 눈을 부릅뜨고 호랑이 수염을 쪼뼛쪼뼛 세우며 박도를 잡고 달려오는 그 사내와 부딪쳐 싸웠다. 때마침 아직 다 녹지 않은 눈 위에 흐린 날이 개면서 옅은 구름이 흩어지고 있었고, 시냇가의 차가운 조각 얼음을 밟고 서로 부딪치니 물가에 두 가닥의 살기가 솟아 내뿜고 있었다. 하나가 들어가면 다른 한쪽이 물러나는 공격과 수비가 어우러지며 30여 합을 싸웠는데도 전혀 승부가 나지 않았다. 둘이 다시 10여 합을 싸우면서 막상막하로 한참 고조에 올랐을 때 산 높은 곳에서 누군가가 소리쳤다.

"두 호걸께서는 싸움을 멈추시오!"

임충이 그 소리를 듣고 갑자기 싸우던 테두리 밖으로 뛰어 물러났다. 손에 든 박도를 거두고 산 위를 올려보았다. 그곳에서 백의수사 왕륜, 두천과 송만 그리고 졸개들이 산을 내려와 배를 타고 건너왔다.

"두 분 호걸께서는 동에 번쩍 서에 번쩍 신출귀몰하게 박도를 정말 잘 쓰시오. 이쪽은 우리 형제 표자두 임충입니다. 푸른 얼굴을 하신 분께서는 누구시오? 이름이라도 들려주시오."

"나는[3] 3대에 걸쳐 장군을 배출한 문중의 후손으로 오후五候 양영공

3_ 노달과 고향이 같으므로 자기를 지칭할 때 관서 사투리 쇄가洒家를 사용한다.

楊令公의 손자인 양지楊志라고 하오. 지금은 이곳 관서 지방을 떠돌고 있소이다. 젊었을 때 무과에 급제하여 전사제사관殿司制使官4이 되었소. 도군황제道君皇帝5께서 만세산萬歲山6을 만들기 위하여 제사관 10명을 태호太湖에 보내어 화석강花石綱7을 동경으로 운반하도록 명을 내리셨소. 그런데 내가 운이 없었는지 운반하던 배가 황하에서 풍랑을 만나 뒤집히는 바람에 화석강을 잃어버리고 동경으로 돌아갈 수가 없었소. 임무를 완수할 수 없었으므로 결국 피하여 다른 곳으로 도망갔소. 지금은 이미 죄를 사면받았소. 그래서 고향에서 가산을 팔아 돈을 마련하여 복직하는 데 사용하려고 장객에게 들려 동경 추밀원樞密院8으로 가는 중

4_ 전사제사관殿司制使官: 전사는 전전사殿前司를 줄여 부른 말이다. 송나라 제도에 전전사, 시위마군사侍衛馬軍司, 시위보군사侍衛步軍司를 3위라고 했다. 전전사는 황가의 시위대이고 우두머리는 도지휘사都指揮使다. 제사는 관직의 명칭이 아니라 황제의 일을 하는 관원에 대한 존칭이다. 화석강을 운반하는 작은 관원이라도 황제의 일을 하는 것은 마찬가지였으므로 제사라 한 것이다.

5_ 도군황제道君皇帝: 도군은 도교에서 지위가 존귀한 자를 일컫는 말이다. 송 휘종이 도교를 숭상하여 스스로 도군황제라고 불렀다.

6_ 만세산萬歲山: 북송의 유명한 황가 정원이다. 송 휘종 때(1117) 무수한 공인을 징발하여 토목 공사를 일으켰는데 동경에 커다란 인공 산을 축조했다. 간악艮岳이라 불렸고 만수산이라고도 한다.

7_ 화석강花石綱: 송 휘종 조길이 동경 개봉에 만세산을 만들 때 기암괴석을 운반하던 선단이다. 무리를 지어 화물을 운송하는 것을 '강綱'이라 하는데 송나라 때 대부분 관청의 공무 형태로 이루어졌다. 예를 들어 염강鹽綱, 차강茶綱도 같은 의미다.

8_ 추밀원樞密院: 중국 고대 당·오대·송·요·원 시대 중앙 관서의 명칭이다. 추밀원은 전국의 군사 사무를 총괄하는 최고 기구로 훗날의 국방부와 유사하다. 송대에 군사기밀과 국경 사무를 관리했다. 중서성과 함께 이부二府라고 했고 두 부서는 최고 국무기관이었다.

이었소. 방금 이 길로 지나가다가 당신들에게 빼앗겼소. 내 짐을 가져다가 돌려주시기 바라오!"

왕륜이 물었다.

"당신이 바로 '청면수靑面獸'라 불리는 사람 아니오?"

"그렇소."

"과연 양 제사님이셨군요. 그러시면 산채에 가셔서 저희와 술 한잔 드시고 짐도 돌려받으시는 것이 어떻습니까?"

"여러분께서 제가 누군지 알아보셨다면 짐이나 얼른 돌려주시지 어째서 강제로 술을 먹이려고 하시오."

"제사님, 소인이 수년 전에 동경에서 과거에 응시했을 때 제사의 명성을 듣고 늘 한번 뵙게 되기를 바랐습니다. 지금 요행으로 이렇게 만났는데 어떻게 그냥 보내드리겠습니까! 잠시 산채에 모셔서 이야기나 하려는 것이지 다른 것이 아닙니다."

양지가 듣고 거절할 수 없어 왕륜 일행을 따라 강을 건너 산채로 올라갔다. 그리고 왕륜이 주귀를 산채로 불러 함께 산채 취의청에 모였다. 왼쪽에 교의 4개를 놓고 왕륜, 두천, 송만, 주귀가 앉고 오른쪽엔 교의 두 개를 놓고 상석엔 양지가 앉고 말석에는 임충이 앉았다. 왕륜이 양을 잡고 술을 가져오게 하여 연회를 열어 양지를 대접했다.

술을 몇 잔 마시면서 왕륜이 속으로 생각했다.

'만일 임충만 산채에 남게 된다면 정말 아무도 그를 당해낼 수가 없을 것이다. 이왕 이렇게 되었으니 임충에게는 인정을 베풀고 양지도 산채에 남겨 서로 대립하여 견제하게 해야 한다.'

생각이 여기까지 이르자 왕륜이 임충을 가리키며 양지에게 말했다.

"여기 이 형제는 동경 80만 금군 교두 표자두 임충이라고 합니다. 고 태위란 놈이 좋은 사람을 가만히 내버려두지 않고 트집을 잡아 자자를 하고 창주로 유배를 보냈습니다. 그곳에서 또 일이 벌어져 지금은 이곳에 와 있습니다. 지금 제사께서 동경으로 가셔서 복직을 하시겠다고 하는데 왕륜이 양 제사를 끌어들이려고 하는 말이 아닙니다. 소인도 이렇게 문인이 되는 길을 버리고 강호에 뛰어들어 여기에서 도적이 되었습니다. 제사께서는 죄 지은 사람이라 사면되었다 하더라도 이전의 직위로 복귀하기는 어려울 겁니다. 또한 고구 놈이 군권을 장악하고 있는데 당신을 용납하겠습니까? 저희 산채가 비록 작지만 차라리 여기 남아 함께 동료가 되어 편히 지내면서 금은보화를 나누어 가지며 즐겁게 술과 고기를 먹고 마시는 것이 좋을 것 같습니다. 제사님의 생각은 어떠십니까?"

"두령님의 이런 제안은 매우 감사합니다만 소인의 가족 친지들이 지금 동경에 살고 있습니다. 이전의 사건으로 그들을 연루시켜놓고 사과조차 하지 못했습니다. 오늘 그곳으로 돌아가서 만나려 하니 두령들이 내 짐을 돌려주시오. 만일 돌려주지 않는다면 빈손으로라도 떠나겠습니다."

완강하게 거절하자 왕륜도 어쩔 수 없어서 웃으며 말했다.

"제사가 이곳에 남지 않겠다는데 어떻게 감히 입산하라 강요하겠습니까? 맘 편히 하루 머무시고 내일 일찍 가십시오."

양지가 크게 기뻐했다.

그날 이경까지 술을 마시고 각자 방으로 돌아가서 쉬었다. 다음 날 일찍 일어나 다시 술상을 마련하여 양지를 위해 송별연을 열었다. 아침밥을 먹고 여러 두령이 졸개 한 명을 불러 짐을 지우고 함께 산을 내려와 길 입구까지 따라와서 양지와 작별했다. 졸개를 시켜 강을 건너고 큰길까지 배웅하도록 했다. 사람들이 헤어진 후 산채로 돌아왔다. 왕륜이 이제야 비로소 임충을 넷째 두령으로 삼고 주귀를 다섯째 자리에 앉혔다. 이때부터 다섯 사람이 양산박에서 함께 강도질을 했다.[9]

양지가 큰길로 나와 함께 왔던 장객을 찾아 짐을 지우고 졸개를 산채로 돌려보냈다. 길에 오른 지 며칠 뒤 동경에 도착했고 성안으로 들어와서 객점을 잡아 거처를 마련했다. 장객에게 짐을 받고 은자를 준 뒤 돌려보냈다. 객점에 짐을 두고 요도, 박도를 풀었으며 심부름꾼을 불러 은자를 주고 술과 고기를 사서 먹었다. 며칠 지나 사람을 구하여 추밀원에 뇌물을 써 전수사의 동등한 직책을 얻고자 했다. 짐 안에서 재물을 꺼내 상사에게는 뇌물을 주고 아랫사람에게는 부탁하여 다시 전사부 제사 직책을 되찾으려 했다. 모든 재물을 다 쓰고서야 겨우 억울함을 설명할 수 있는 문서를 얻어 전수 고 태위를 만나게 되었다. 대청 앞에 도착하니 고구가 이전 고과 문서를 보고 크게 성을 내며 말했다.

9_ 김성탄 왈: '강도질을 했다打家劫舍'가 소위 옛 양산박이다. 훗날 양산박은 '천자를 대신해 도를 행하다替天行道'를 명분으로 내건다.

"그때 화석강을 운반하러 간 제사 10명 중에 9명은 동경으로 돌아와서 임무를 완성했는데 네놈 혼자 화석강을 잃어버리고 돌아와 보고도 하지 않은 채 도망가 숨어 오랫동안 잡히지 않았다. 지은 죄가 사면되었다 하더라도 오늘 네놈을 다시 옛 직책에 임용할 수 없다."

고구가 문서에 복직 불허로 서명하고 양지를 전수부에서 쫓아냈다.

양지는 객점으로 돌아오며 심정이 답답하고 울적했다.

'왕륜이 내게 한 말이 맞긴 했지만 부모가 남겨준 이 몸과 우리 양씨 가문의 명성을 더럽힐 수가 없었다. 본래 변경에 가서 창칼 들고 실력으로 공을 세워 처자식을 먹여 살리고 조상의 이름을 빛내려 했는데 이렇게 어그러지다니. 고 태위, 정말 지독하고 몰인정한 놈이구나!'

온갖 고민에 가득 차서 객점으로 돌아왔다. 며칠 묵어 노자가 다 떨어지자 양지가 생각했다.

'이제 어떻게 하나? 남은 것이라고는 조상에게 물려받아 지금까지 나와 함께한 이 보도뿐이로구나. 돈은 급한데 마련할 방법이 없으니 들고 나가 파는 수밖에. 다만 몇천 관이라도 받아 노자를 마련해 의지할 다른 곳을 찾아야겠다.'

그날 보검을 판다는 내용을 써 붙여 시장으로 갔다. 마행가馬行街에 가서 네 시간을 서 있었으나 묻는 사람이 하나도 없었다. 정오까지 서 있다가 사람이 많고 번화한 천한주교天漢州橋로 자리를 옮겼다. 양지가 다리 위에 선 지 얼마 지나지 않아 길 양옆의 사람들이 모두 강 아래 골목으로 피했다. 혼자 남아 영문을 모르고 바라보니 사람들이 소란스럽게 소리쳤다.

"다들 피해라! 호랑이가 온다."

호랑이가 온다는 소리를 듣고 양지는 어리둥절했다.

'이상한 일도 다 있네. 이렇게 크고 화려한 도시 한복판에 어떻게 호랑이가 나타난단 말인가!'

곧바로 발을 멈추고 보니 멀리 거무튀튀한 사내가 술에 잔뜩 취해서 비틀거리며 걸어왔다. 양지가 본 그 사람은 원래 경사에서 유명한 파락호 불량배 몰모대충沒毛大蟲(털 없는 호랑이) 우이牛二였다. 항상 거리에서 포악을 부리고 사람을 때리며 행패를 부려서 송사가 끊이지 않았다. 개봉부에서도 어쩌지 못했으므로 성안 사람들은 그놈만 보이면 모두 숨고 피하기 바빴다.

우이가 양지 앞으로 다가오더니 팔려고 가지고 나온 보도를 잡아당기며 물었다.

"야, 이 칼 얼마에 파는 거냐?"

"조상이 물려준 보도라 적어도 3000관은 받아야겠습니다."

우이가 듣고 비웃으며 소리쳤다.

"이런 거시기 같은 칼이 어떻게 그렇게 비싸! 30문文 주고 산 칼로도 고기건 두부건 잘만 썰어지더라. 그런데 너의 이런 개 같은 칼이 뭐가 대단하다고 보도라는 거냐!"

"내 칼은 일반 상점에서 파는 무쇠 칼과는 다른 보도입니다."

"왜 보도라고 부르는데?"

"첫째, 동이나 철을 잘라도 칼날이 무뎌지지 않고, 둘째, 털을 칼 위에 올려놓고 입으로 불면 잘리고, 셋째, 사람을 베어도 칼날에 피가 묻지 않습니다."

"네가 감히 동전을 자를 수 있다고?"

"가져오면 잘라 보이겠습니다."

우이가 다리 아래로 내려가더니 향료 파는 가게에서 당삼전當三錢[10] 20문을 뺏어와 모두 다리 난간 위에 올려놓고 양지에게 말했다.

"야, 네가 자르면 내가 3000관을 주마."

그때 구경하는 사람들이 감히 가까이 오지 못하고 멀리 둘러서서 구경했다.

"이런 것쯤은 아무것도 아닙니다."

소매를 걷고 칼을 손에 들고 거리를 재 가늠하여 휘두르니 쌓아놓은 동전이 둘로 조각났다. 구경하던 사람들이 갈채를 보냈다.

"무슨 개 같은 갈채를 보내고 지랄이야! 너희 조용히 구경하지 못해? 너 두 번째는 뭐라고 했지?"

양지가 우이의 거친 행동과 말투를 보고 심사가 조금씩 뒤틀리며 퉁명해지기 시작했다.

"털을 불면 잘린다고 했네. 머리카락을 칼날에 대고 불면 모두 가지런히 잘린다네."

"못 믿겠다."

우이가 자기 머리카락을 한 움큼 뽑아서 양지에게 주었다.

10_ 당삼전當三錢: 『송사宋史』에 따르면 송 휘종 정화 원년(1111)에 당10전을 당3전으로 고쳤다. 당삼전은 비교적 두꺼운 동전으로 1개로 3개 값어치를 할 수 있다.

"불어봐라."

양지가 왼손으로 머리카락을 받아 칼날 위에 겨냥하고 힘껏 부니 두 동강 나 바닥에 흩어져 떨어졌다. 사람들은 박수를 치고 구경꾼은 갈수록 늘어났다. 우이가 또 물었다.

"셋째는 무엇이냐?"

"사람을 죽여도 칼에 피가 묻지 않는다."

"어떻게 사람을 죽이는데 칼에 피가 묻지 않겠느냐?"

"아주 빠르게 휘두른다면 사람을 베어도 피가 칼에 묻지 않는다."

"난 못 믿겠다. 한 사람 베어서 보여다오."

"도성 안에서 어떻게 감히 사람을 죽이겠느냐? 못 믿겠다면 개 한 마리 끌고 오면 보여주겠다."

"사람을 죽인다고 했지, 개라고 하지 않았잖아!"

우이가 이유도 없이 우기자 양지는 짜증이 나기 시작했다.

"안 사면 그만이지 왜 이리 사람을 귀찮게 하느냐?"

"사람을 죽여도 피가 묻지 않는다는 것을 내게 보여다오."

"너 정말 끝이 없구나. 내가 너에게 시비를 건 것도 아닌데 왜 자꾸 이러느냐!"

"네가 그 칼로 나를 죽일 수 있겠느냐?"

"내가 전에 너와 원한이 있었던 것도 아니고 지금도 마찬가지인데 왜 죽인단 말이냐? 거래가 성립된 것도 아니라 물건도 돈도 둘 다 아무 손해가 없는데 내가 무슨 이유로 죽이겠느냐?"

우이가 술 냄새를 풀풀 풍기며 양지를 붙잡고 늘어붙으며 말했다.

"나는 어쨌든 네 칼을 꼭 사야겠다."

"사려거든 돈이나 가져와라."

"돈 없다."

"돈도 없다는 놈이 나를 잡고 뭐하는 짓이냐?"

"네놈의 칼을 가져야겠다."

"너 같은 놈에겐 안 판다."

"네가 남자라면 내게 칼질해보거라."

양지는 참을 수 없을 만큼 화가 치밀어올라 우이를 뒤로 밀어버렸더니 바닥에 곤두박질쳤다. 우이가 취한 몸을 억지로 가누며 일어나 양지의 가슴으로 파고들었다. 양지가 분노하여 둘러싼 구경꾼들에게 소리쳤다.

"여기 계신 이웃 여러분 모두 증인이 되어주시오. 양지는 여비가 없어서 이 칼을 팔러 나왔는데 이 무뢰배 놈이 내 칼을 빼앗으려 했고 또 때리기까지 했습니다."

이웃 사람들은 모두 우이를 두려워해서 앞으로 나와 말리려는 사람도 없었다. 우이가 아직도 술이 취해 혀가 꼬인 채로 소리쳤다.

"내가 너를 때렸다고 하는데 때려죽인들 뭐가 대수인지 아느냐!"

이렇게 말하면서 오른 주먹을 휘둘러 내질렀다.

양지가 재빠르게 피하며 한순간의 울분을 참지 못하고 칼을 뽑아 목을 베어버리자 우이가 쓰러졌다. 양지가 쫓아가서 우이의 가슴을 잇달아 두 번 찌르자 바닥이 온통 피로 물들었다. 우이는 끽소리도 내지 못하고 그대로 죽었다. 양지가 소리쳤다.

"내가 이 무뢰배를 죽이고 어찌 여러분을 연루시키겠습니까! 무뢰를 떨던 자는 이미 죽었으니 저는 여러분과 함께 관부로 가서 자수하겠습니다."

거리에 있던 사람들이 한데 모여 따라왔고 양지가 개봉부로 가서 자수했다. 마침 개봉부 부윤이 관아에 있었다. 양지가 칼을 들고 동네 사람들도 모두 관아 정당 앞에 와서 같이 꿇어앉았다. 양지가 칼을 앞에 놓고 말했다.

"소인이 원래 전사 제사였는데 화석강을 실은 배가 뒤집혀서 관직을 삭탈당하고 노자가 없어 이 칼을 거리에서 팔고 있었습니다. 그런데 갑자기 무뢰한 우이가 소인의 칼을 강탈하려 했고 또 소인을 때렸습니다. 이 때문에 일시의 분을 참지 못하고 그를 죽였습니다. 여기 이웃들이 모두 증인입니다."

같이 온 사람들이 양지를 위하여 간곡하게 변호하는 것을 보고 부윤이 말했다.

"스스로 와서 자수했으니 옥에 갇힐 때 맞는 매는 면케 해주겠다."

관리 두 명이 오작행인仵作行人11과 함께 큰 칼을 채운 양지와 사건이 발생했을 당시의 주변 연루자들을 천한주교 현장으로 압송하여 검시하고 문건을 작성했다. 연루자들이 모두 진술하자 이들은 나중에 다시 관아의 처분을 받기로 하고 석방되었으며 양지는 사형수 감옥에 갇혔다.

11_ 오작행인仵作行人: 고대 관부에서 시체를 검시하는 사람.
12_ 절급節級: 감옥의 중급 옥리.

감옥에서 옥리와 옥졸 절급節級12 등은 양지가 몰모대충 우이를 죽였다는 말을 듣고 모두 그를 사내대장부라고 불쌍하게 여겨 돈을 요구하지도 않고 오히려 잘 보살펴주었다. 천한주교 주변 사람들이 양지가 거리에서 해로운 짓을 하던 놈을 제거해주었다고 여비로 돈을 거두었으며 음식을 보냈고 또 관아에 위아래로 돈을 썼다. 심판관도 양지가 사나이로 동경 거리의 해충을 없앴고 우이의 편이 될 가족도 없어서 여러 차례 심문을 거쳐 '일시에 싸움이 붙어 치고 박고 싸우다 실수로 사람이 죽었다'고 진술서의 죄를 가볍게 고쳤다. 상급기관인 개봉부로 넘겨 판결을 해야 할 60일 기한이 모두 차자 심판관이 양지를 부윤에게 데리고 갔다. 칼을 벗겨 척장 20대를 치고 자자를 새기는 장인을 불러 양지의 얼굴에 금인을 새겼으며 북경 대명부 유수사留守司13에 군역을 보내기로 결정했다. 보도는 몰수하여 국고에 귀속시켰다. 문서에 서명하고 양지의 목에 7근 반짜리 칼을 채우지 않을 수 없었다. 압송인 장룡張龍과 조호趙虎가 분부를 받고 양지와 대명부로 떠났다.

　　천한주교의 몇몇 부호가 돈을 추렴해 기다리고 있다가 양지가 나오자 두 압송관과 함께 청하여 주점에 데려가 술과 음식을 먹이고 은자를 꺼내주면서 말했다.

13_ 유수사留守司: 북송은 수도 동경 개봉부 외에 배도陪都를 두었다. 배도는 수도에 버금가는 행정구역이다. 송대의 배도는 남경 응천부(지금의 허난성 상추商邱), 서경 하남부(지금의 허난성 뤄양), 북경 대명부(허베이성 다밍大名. 지금의 베이징과는 다름)가 있었다. 그곳에는 부윤 외에 유수사를 두었으며 주관 관리는 유수留守라고 했는데 부윤을 겸할 수도 있었고 병마도총관兵馬都總管도 겸했다.

"양지는 사내대장부로 백성을 위하여 해충을 제거했습니다. 지금 북경으로 떠나면 도중에 두 분이 잘 보살펴주시기 바랍니다."

장룡 조호가 말했다.

"여러분이 부탁하지 않아도 우리 둘 역시 잘 알고 있으니 걱정 마십시오."

양지가 사람들에게 감사 인사를 했다. 나머지 은자는 모두 양지에게 노자로 주고 각자 흩어져 돌아갔다.

양지는 두 압송관과 자신이 머물던 객점에 와서 방값과 밥값을 지불하고 옷가지와 짐을 찾았다. 두 압송관에게 밥과 술을 대접하고 의사를 찾아 척장을 맞은 상처에 바를 고약을 사서 붙이고 유배지로 떠났다. 북경으로 출발하여 무수히 많은 5리, 10리 표지를 지났으며 주와 현을 거치면서 양지가 늘 술과 고기를 사서 장룡과 조호에게 접대했다. 밤에는 여관에 머물고 새벽에 일어나 역로를 걸어 며칠 만에 북경에 도착했다. 셋이 성안으로 들어가 객점에 투숙했다. 원래 북경 대명부大名府 유수사는 말을 타면 군대를 호령하고 말에서 내려서는 백성을 다스리는 관직이라 권세가 대단했다. 유수 양중서梁中書14는 이름이 세걸世杰인데 당시 동경 태사太師15 채경蔡京의 사위였다. 2월 9일, 두 압송관이

14_ 양중서梁中書: 당나라 때 동도東都 낙양洛陽에 유수사留守司를 설치했다. 송나라 때는 경京에 골고루 유수사를 설치했다. 이들 중에 북경 대명부는 동경 개봉부 북쪽 관문에 설치했다. 양중서라는 인물은 허구다.

15_ 태사太師: 태사는 중신에게 더해지는 직함으로 최고의 영예이며 황제의 총애를 받고 있음을 나타내는 명예직이다. 지위가 황제의 고문에 달하며 실제 직권은 없다.

양지를 유수사 정당 앞에 데리고 와서 개봉부에서 보낸 공문을 바쳤다. 양중서가 문서를 보니 원래 동경에서 알던 양지였다. 즉각 불러보고 사건의 전말을 자세히 물었다. 양지는 고 태위가 복직을 불허하여 재산을 모두 쓰고 보도를 팔다가 우이를 죽이게 되었던 사정을 앞뒤 전후로 일일이 아뢰었다. 양중서가 듣고 크게 기뻐하며 즉각 칼을 벗기고 양지에게 유수사 정당에서 일하며 대기하도록 명령한 다음 문서에 서명하여 두 압송관에게 주고 동경으로 돌려보냈다.

양지는 양중서 부중에서 아침저녁으로 대기하면서 시키는 일마다 성심성의를 다했다. 양중서는 그가 매우 부지런한 것을 보고 발탁하여 다달이 녹봉을 받는 군중부패軍中副牌로 승진시키고 싶었다. 그러나 다른 사람들이 불만을 가질 것이 두려웠다. 이에 군정사軍政司를 시켜 대소 인원에게 내일 동곽문東郭門 훈련장에서 무예연습이 있을 것이라고 고시했다. 그날 밤 양중서가 양지를 정당 앞으로 불렀다.

"내가 너를 발탁하여 군중부패로 삼아 녹봉을 받을 수 있게 해주려고 하는데 네 무예가 어떤지 모르겠구나."

"소인은 무과 출신으로 과거에 전사제사의 직위에 있었으며 어려서 18반 무예를 배웠습니다. 오늘 은상의 보살핌을 받으니 구름 사이로 비추는 한 줄기 햇살을 보는 것 같습니다. 양지가 만일 조금이라도 앞으로 나갈 수 있다면 있는 힘을 다하여 말안장을 등에 지고 다녀서라도 은혜에 보답하겠습니다."

양중서가 기뻐하며 내일 사용할 갑옷 한 벌을 하사했다.

다음 날 새벽, 때는 음력 2월 중순이어서 바람이 훈훈하고 날씨도 따뜻했다. 양중서가 아침밥을 먹고 양지와 함께 말에 올라 앞뒤로 부하들을 거느리고 동곽문으로 향했다. 대소 군졸과 많은 관원을 접견하고 연무대 앞에 도착하여 말에서 내려 대청 위로 올라가니 정면에 은백색의 교의가 놓여 있었다. 좌우 양쪽으로 지휘사指揮使16, 단련사團練使17, 정제사正制使, 통령사統領使18, 아장牙將19, 교위校尉20, 정패군正牌軍, 부패군副牌軍 등 관원이 질서정연하게 두 줄로 도열했고 사방 주위에 100명의 장교가 표독스럽게 서 있었다. 장대將臺21에는 도감都監22 두 명이 서 있었는데 한 명은 '이천왕李天王'이라 불리는 이성李成이었고 다른 한 명은 '문대도聞大刀'라고 불리는 문달聞達이었다. 두 사람은 일당백의 용감한 군인으로 함께 군마를 통솔하여 양중서를 향해 두 손을 모아 가슴 앞에 올려 세 번 인사했다. 장대 위에 이미 황색 깃발이 세워져 있었고 장대 좌우로 서 있던 30~50쌍의 고수들이 일제히 북을 두드렸다. 삼통 화각畫角23을 불고 삼통 뇌고雷鼓24를 두드리는데 훈련장 안에

16_ 지휘사指揮使: 500명이 넘지 않는 군사를 거느리는 중하급 군관이다.

17_ 단련사團練使: 한 지방 혹은 한 주의 군사를 담당하는 관직. 송대에 들어서 단련사는 실제 직권이 없는 직함으로 무관이나 종실에게 수여했다.

18_ 통령사統領使: 아마도 통령을 가리키는 듯하다. 고급 지휘관이다.

19_ 아장牙將: 군대 안의 하급 군관.

20_ 교위校尉: 무관의 관직이다.

21_ 장대將臺: 장수의 지휘대 혹은 열병대.

22_ 도감都監: 병마도감兵馬都監의 별칭. 각 로, 부, 주에 모두 도감이 있어 관할 군대의 주둔, 훈련, 방위를 담당했다.

서 누가 감히 함성을 지르겠는가? 장대에 깃발이 올라가니 전후 5군五軍25이 모두 쥐죽은 듯 조용했다. 장대에서 홍기를 빙글빙글 돌리자 북소리가 높이 울리며 500명 군사가 무기를 손에 잡고 두 진영으로 나뉘었다. 장대에서 백기를 흔들자 양진의 군마가 나란히 앞에 서서 고삐를 잡았다.

양중서가 부패군 주근周謹을 불러 앞으로 나오라고 명했다. 오른쪽 진 안에서 주근이 부르는 소리를 듣고 말을 몰아 장대 앞으로 와서 말에서 내려 창을 땅에 꽂고 천둥같이 큰 소리로 인사했다.

"부패군은 자신의 무예를 펼쳐 보이도록 하여라."

주근이 군령을 받고 창을 잡고 말에 올라 연무장 앞으로 나가서 좌우로 돌며 창을 돌리고 우에서 좌로 돌며 창을 여러 번 휘둘렀다. 구경하던 군졸들이 박수를 보냈다. 양중서가 말했다.

23_ 화각畫角: 중국 고대의 관악기로 서강西羌에서 전래했다. 모양은 죽통같이 생겼는데 본체는 가늘고 끝 부분은 크며 대나무나 가죽으로 만든다. 표면에 채색을 하여 화각이라고 불렀다. 군대에서 새벽과 저녁을 알리고 사기를 돋우고 부대를 정비할 때 사용했다.

24_ 뇌고雷鼓: 원추형의 작은 북 여섯 개를 매달아놓고 치는 악기다. 중국 주周나라 문왕文王 때부터 사용했으며 북통을 검게 칠한 개의 편고片鼓(한쪽 면만 가죽을 댄 북)를 기둥 쪽으로 모아 가자架子(틀)에 매달고, 용간龍竿을 색사유소色絲流蘇로 장식한다. 연주할 때 이 면 중 면만을 채로 친다.

25_ 군五軍: 고대 군제로 하나는 춘추春秋 시대 진晉의 상군上軍, 중군中軍, 하군下軍, 신상군新上軍, 신하군新下軍을 가리키며, 다른 하나는 한대漢代의 전前, 후後, 중中, 좌左, 우右 오영군대五營軍隊를 지칭하기도 하고, 또 하나는 명대明代 경군삼대영京軍三大營 중의 하나로 성조成祖 때 경위京衛의 보기군步騎軍을 중군中軍, 좌액左掖, 우액右掖, 좌초左哨, 우초右哨 부대로 나누었는데 역시 군五軍이라 불렀다.

"동경에서 온 병졸 양지는 앞으로 나와라."

양지가 몸을 돌려 장대 앞에 서서 소리 높여 인사했다. 양중서가 말했다.

"양지, 너는 원래 동경 전사부 제사 군관으로 죄를 짓고 여기로 유배 왔다. 지금 도적이 창궐하여 국가에 인재가 필요한 시기다. 네가 감히 주근과 무예를 겨룰 수 있겠느냐? 만일 이긴다면 주근의 직위를 네게 주겠노라."

"만일 은상께서 맡기신다면 어찌 그 뜻을 어기겠습니까?"

양중서가 말 한 필을 끌어오라 하고 갑장고甲仗庫26 수행 관리에게 무기를 지급하라고 했다. 양지는 갑옷을 입고 말을 탄 채 주근과 무술시합을 하라는 명을 받았다. 양지가 뒤쪽으로 가서 밤에 얻은 갑옷을 입었다. 잘 묶은 다음 투구, 활, 요도를 모두 챙기며 창을 들고 말에 올라 장대 뒤에서 뛰어나왔다. 양중서가 말했다.

"양지와 주근은 창술 대련을 시작하라."

주근이 화가 나서 말했다.

"이 귀양온 죄인 놈이 감히 나와 창술을 겨루려 하느냐!"

이 말을 들은 사내(양지)는 화가 치밀어 주근에게 달려가 곧 결투를 벌였다.

26_ 갑장고甲仗庫: 고대 무기를 보관하던 무기고.

대결[1]

주근과 양지가 깃발 밑에서 말고삐를 잡고 달려나가 막 실력을 겨루려고 하는데, 병마도감 문달이 소리를 지르며 나왔다.

"잠깐, 멈춰라!"

대청 위에 올라가 양중서 앞에 가서 아뢰었다.

"은상께 아룁니다. 오늘 아직 두 사람의 무예를 겨루지 않아 누구의 무공이 뛰어난지 보지 못했지만, 창검이란 것은 원래 무정한 물건이라 도적을 소탕할 때나 쓰는 것이지 무예를 겨루는 데는 적당한 물건이 아닙니다. 지금 군중軍中에서 자기편끼리 겨루다가 잘못되면 가벼워야

1_ 제12장 급선봉이 동곽문 밖에서 공을 다투다急先鋒東郭爭功. 청면수가 북경에서 무예를 겨루다靑面首北京鬪武.

불구가 되고 심하면 목숨까지 잃을 것입니다. 그렇게 된다면 군중에 좋을 것이 없습니다. 창날을 빼고 창대 끝을 헝겊으로 감싸 석회를 묻힌 다음 검은 옷을 입고 각자 말에 오르게 하십시오. 그리고 창 자루만을 사용하여 서로를 찌르며 겨루게 하고 몸에 하얀 석회가 많이 묻은 자를 진 것으로 하는 것이 좋을 듯합니다."

"그래, 네 말대로 하는 것이 좋겠다."

즉시 따르도록 명령했다. 둘은 명을 받들어 연무장 뒤로 가 창날을 제거하고 헝겊으로 감싸서 둥글게 묶어 골타骨朶2를 만들고 검은 적삼을 걸쳤다. 창끝을 석회 통에 넣어 묻히고 각자 말에 올라 연무장 앞으로 나갔다. 주근이 창을 든 채 말을 몰고 달려가 양지를 공격했다. 양지도 창을 손에 들고 말을 박차고 나와 주근에게 달려들었다. 서로 공격하고 막으면서 연무장을 가로질렀고 한 덩어리로 엉키기도 했다. 말 위에서는 사람이 서로 싸우고 사람을 태운 말도 서로 밀고 부딪치며 싸웠다. 둘이 40~50합을 싸우고 나서 주근을 보니 땅바닥에 떨어진 두부처럼 온몸에 흰 자국이 30~50곳이나 있었다. 양지는 왼쪽 어깨 아래에 흰 점 하나밖에 없었다. 양중서가 크게 기뻐하며 주근을 불러 석회 묻은 자국들을 보며 나무랐다.

"전임이 너를 군중부패로 삼았기에 믿고 내버려두었는데 이 정도 무예 실력으로 어떻게 남북을 정벌하겠느냐. 이래서 부패의 녹봉을 받을

2_ 골타骨朶: 옛날 긴 몽둥이 형태의 의장 병기로 철이나 단단한 나무로 만들었으며 끝이 호박, 마늘 모양이다. 나중에는 의장용으로만 사용했다.

자격이 되겠느냐? 너의 직책을 양지에게 넘겨야겠다."

관군 병마도감兵馬都監3 이성이 대청으로 올라가 양중서에게 아뢰었다.

"주근이 창 쓰는 솜씨는 비록 서툴지만 말 타고 활 쏘며 싸우는 것에는 능숙합니다. 마장 궁술(활쏘기)로 겨뤄보지도 않고 그를 자리에서 내쫓는다면 군사들이 속으로 인정하지 않을까 두렵습니다. 주근에게 기회를 한 번 더 주어 양지와 궁술을 겨루도록 하는 것이 어떻습니까?"

"그 말도 일리가 있군."

다시 양지가 주근과 궁술을 겨루도록 명했다. 명령을 받아 창날을 꽂아 반환하고 다시 활과 화살을 받았다. 양지가 활집에서 활을 꺼내 바르게 줄을 당겨 끼우고 잡은 다음 말에 올라 대청 앞으로 가서 몸을 구부려 인사를 올리며 말했다.

"은상, 화살이란 활을 떠나면 인정사정없는 것입니다. 사람이 맞으면 다칠까 두려우니 깊이 헤아려주십시오."

"무인이 무예를 겨루는데 다칠 것을 걱정하느냐? 실력만 된다면 쏴서 죽여도 처벌하지 않겠다."

양지가 명을 듣고 진 앞으로 돌아왔다. 이성이 명을 전하여 활쏘기 시합을 하는 두 사람을 불러 화살을 막는 방패를 나누어주고 몸을 방어하도록 했다. 둘은 각기 화살을 막는 방패를 받아 어깨에 묶었다. 양

———————————

3_ 병마도감兵馬都監: 송대 군사 관직의 명칭이다. 소속 지역의 주둔, 무기와 장비, 훈련, 파견 등의 일을 맡았다.

지가 자신만만하게 주근을 바라보고 말했다.

"당신이 먼저 3발을 쏘시오. 나는 나중에 3발을 쏘겠소."

주근이 그 말을 듣고 당장에 양지를 화살로 꿰뚫지 못하는 것이 한스러워 이를 악물었다. 양지는 원래 군관 출신이라 주근의 수법을 모두 꿰뚫고 있어서 전혀 신경 쓰지 않았다.

지휘대에서 푸른 깃발을 흔들자 양지가 말을 몰아 박차고 남쪽을 향해 달렸다. 주근이 달리는 양지의 뒤를 쫓으며 말고삐를 안장 턱 위에 걸치고 왼손으로 활을 잡고 오른손으로 살을 먹여 시위를 팽팽하게 당긴 다음 양지의 등을 향하여 시위를 놓자 화살이 쌩 하고 날았다. 양지가 등 뒤에서 활시위 소리를 듣고 곁눈으로 슬쩍 한번 보더니 갑자기 등자鐙子4 옆으로 몸을 감추자 화살은 말안장을 지나 허공을 가르며 날아갔다. 주근이 첫 화살을 쏘아 맞히지 못하자 당황하기 시작했다. 활통에서 두 번째 화살을 꺼내 시위에 얹고 양지가 비교적 가까이 있는 것을 보고 등을 향해 다시 한 발을 쏘았다. 두 번째 화살이 날아오는 소리를 듣고도 이번에는 등자로 몸을 숨기지 않았다. 화살이 바람같이 날아오자 양지가 활을 손에 잡고 활고자5로 날아오는 화살을 치자 빙글 돌더니 풀밭에 떨어졌다. 주근은 두 번째 화살마저 명중하지 못하자 마음이 더욱 조급해졌다. 양지의 말이 이미 연무장의 끝에 도착했

4_ 등자鐙子: 말을 타고 앉아 두 발로 디디게 되어 있는 물건. 안장에 달아 말의 양쪽 옆구리로 늘어뜨린다.

5_ 활고자: 활의 양 끝 머리. 어느 한곳에 시위를 메게 된 부분이다.

다. 갑자기 말을 돌려 정당을 향해 달렸다. 주근도 말고삐를 잡아당겨 방향을 돌리고 쫓아왔다. 파릇파릇한 풀밭 위에 8개의 말발굽이 엎어진 잔처럼 새겨지고 뒤집어진 자바라처럼 우두두 소리를 내며 둥글게 바람을 일으키고 내달렸다. 주근이 세 번째 화살을 활에 걸고 평생의 힘을 다하여 팽팽하게 당겨 두 눈을 부릅뜨며 양지 등의 심장 쪽을 겨냥하여 발사했다. 양지가 활시위 소리를 듣고 몸을 돌려 안장 위에서 날아오는 화살을 아슬아슬하게 손으로 잡아내더니 말을 몰아 연무장 정당 앞으로 가서 주근의 화살을 바닥에 던졌다.

양중서는 크게 기뻐하며 양지가 주근에게 활 세 대를 쏘도록 명령했다. 지휘대에서 푸른 기를 흔들자 주근이 활을 던지고 방패를 손에 잡으며 남쪽으로 말을 달렸다. 양지가 말 위에서 허리를 옆으로 숙이고 박차자 말은 '히힝' 소리를 내며 이내 달렸다. 먼저 화살을 먹이지 않은 빈 활을 당겼다. 주근은 말 위에서 머리 뒤로 시위 소리를 듣고 몸을 돌려 방패로 막았으나 화살은 날아오지 않았다. 주근이 속으로 생각했다.

'저놈이 창만 잘 쓰지 활은 잘 못 쏘는구나. 두 번째 화살도 거짓으로 할 경우 소리 질러 혼내면 내가 이긴 거나 다름없겠지.'

주근의 말은 연무장 남쪽 끝까지 뛴 다음 방향을 바꾸어 달렸다. 양지의 말도 주근이 방향을 바꾸는 것을 보고 같이 돌렸다. 양지가 전통에서 화살을 꺼내 시위에 걸고 생각했다.

'심장을 명중시키면 분명 죽을 것이다. 서로 원한이 있는 것도 아닌데 쏘아 죽일 수는 없다.'

왼손으로 태산을 받치듯 활을 바치고 오른손으로 어린아이를 감싸

듯 시위를 잡았다. 활을 보름달처럼 당겼다가 놓으니 화살이 유성처럼 날아가서 눈 깜짝할 사이에 주근의 왼쪽 어깨에 꽂혔다. 미처 손쓸 새도 없이 주근이 말에서 떨어졌다. 말은 연무대 뒤로 계속 달려 나가버렸고 병사들이 주근에게 다가가 부상을 치료하며 구호했다.

양중서가 크게 기뻐하며 군정사를 불러 문서를 작성케 하여 양지가 주근의 직책을 대신하도록 했다. 양지가 얼굴색도 변하지 않고 말에서 내려 앞으로 나가 은상에게 감사하고 주근의 직책을 받았다. 그런데 갑자기 계단 아래 왼쪽에서 한 사람이 나오면서 소리쳤다.

"그 자리를 받았다고 너무 좋아할 것 없다. 나와 한번 붙어보자!"

양지가 그 사람을 보니 키는 7척이 넘었고 얼굴은 둥글며 귀는 컸고 입술이 두터우며 입은 사각형이었고 뺨 옆은 수염으로 덮여 있었으며 위풍당당한 모습이 늠름했다. 양중서 앞으로 가더니 인사하며 말했다.

"주근은 병상을 털고 일어난 지 얼마 되지 않아 기력이 많이 떨어졌으므로 양지에게 진 것입니다. 소장이 재주는 없으나 양지와 무예를 겨루어보고 싶습니다. 만일 소장이 양지에게 조금이라도 밀린다면 주근의 직책을 주지 마시고 소인의 직책을 양지에게 주십시오. 무예를 겨루다가 죽어도 원망하지 않겠습니다."

양중서가 보니 다른 사람이 아니라 대명부 유수사 정패군 삭초索超였다. 그는 성격이 불같이 급하고 거칠며 나라의 체면을 지키기 위해 선두에 서서 돌격했기에 사람들은 그를 '급선봉急先鋒'이라고 불렀다.

이성이 듣고 지휘대에서 내려와 정당 앞으로 가서 아뢰었다.

"상공, 양지가 전사제사를 맡았던 사람이라 무예가 뛰어난 것은 당연하므로 주근으로는 실력을 제대로 평가할 수 없습니다. 정패 삭초와 무예를 겨룬다면 실력이 어느 정도인지 가릴 수 있을 것입니다."

양중서가 듣고 속으로 생각했다.

'내가 혼자 힘으로 양지를 발탁하려고 했더니 장수들이 내 말을 따르려 하지 않는구나. 시원하게 삭초를 이겨버리면 그들이 죽어도 원망치 않겠다고 했으니 나중에 다른 말 하지 않을 것이다.'

양지를 불러 정당으로 올라오게 하여 물었다.

"삭초와 무예를 겨루는 것이 어떻겠느냐?"

"은상께서 명령만 내리신다면 어찌 어김이 있겠습니까?"

"그렇다면 뒤에 가서 장비를 바꾸고 복장을 갈아입고 나오너라. 무기고 수행관리는 꼭 맞는 무기와 복장을 골라주고 내 말을 끌어다 양지에게 타도록 하라. 조심하고 상대를 얕보지 말도록 하라."

양지가 감사함을 표하고 스스로 가서 갑옷을 입고 든든하게 묶었다.

이성이 삭초에게 분부했다.

"너는 다른 사람과 입장이 같지 않다. 너의 제자인 주근이 이미 졌는데 너마저 진다면 양지가 대명부 군관을 얕잡아볼 것이다. 내가 항상타고 전장에 나가던 말과 갑옷을 빌려주겠다. 조심하고 절대 기죽지 말아라."

삭초가 감사의 인사를 올리고 가서 장비를 점검했다.

양중서는 좀더 가까이에서 보고 싶어 일어나 계단 앞으로 걸어 나왔다. 사람들은 은색 교의를 들어 정당 앞쪽 난간에 놓고 좌우로 도열한

줄을 다시 맞추었다. 양중서가 자리에 앉자 좌우는 두 줄로 나누어 섰다. 우산을 드는 사람을 불러 은색 조롱박 끝에 다갈색 그물로 묶은 챙이 세 개인 양산을 펴서 양중서의 등 뒤에서 씌우게 했다. 지휘대 아래로 명을 내려 붉은 깃발을 흔들게 했다. 양쪽에서 북소리 징 소리를 한꺼번에 울려 첫 번째 소리를 내니 교련장 양쪽 진영에서 각기 포를 쏘았다. 포 소리가 들린 곳에서 삭초가 말을 몰아 진 안으로 들어와 문 깃발 아래에 섰다. 양지도 말을 타고 군중으로 들어와 문 깃발 뒤에 섰다. 지휘대에서 황색 깃발을 들어올리자 다시 북과 징 소리가 울리고 양쪽 군사들이 일제히 함성을 질렀다. 교련장 안에서는 누구도 감히 소리를 내지 못하고 조용했다. 다시 징 소리가 한 번 울리고 백기를 들어올리니 양쪽 관원들이 아무도 움직이거나 떠들지 않고 조용히 서 있었다. 지휘대에서 다시 청색 기를 들어올렸다.

세 번째 북과 징 소리가 울리자 좌측 진 안쪽 문기 아래 진영이 서서히 갈라지고 말방울 소리가 들리는 곳에서 갑자기 정패군 삭초가 나타났다. 바로 진 앞으로 와 말을 탄 채 한 바퀴 돌더니 손에 무기를 잡았다. 과연 영웅의 모습이었다. 붉은 술이 머리 뒤로 늘어진 강철 사자 투구를 쓰고 쇠 미늘을 꿰어 만든 갑옷을 입었으며 도금하여 짐승 얼굴을 새긴 요대를 차고 앞뒤로 청동의 심장 보호 거울을 댔다. 위에는 분홍빛 둥근 꽃무늬가 새겨진 저고리를 입고 그 위에 두 가닥의 녹색 실로 만든 띠를 드리우고 아래는 가죽 신발을 신었다. 왼쪽에 활을 차고 오른쪽에 화살통을 매달았으며 손에는 금잠부金蘸斧를 가로로 들고 이도감이 빌려준 전투에 능한 흰말을 타고 나왔다. 오른쪽 진 안쪽 문기 아래가 서서히 열리더니 말방울 울리는 곳에서 양지가 창을 들고 말을 탄 채 진 앞으로 나와 고삐를 당기는데 창을 옆으로 든 모습이 과연 용맹스러웠다. 머리에 서리처럼 하얗게 빛나는 강철 투구를 쓰고 파란 술을 늘어뜨렸다. 몸에는 매화를 상감한 유엽楡葉6 동갑을 입고 붉은 줄로 허리를 묶었으며 짐승 얼굴이 새겨진 심장 보호대를 찼다. 상의는 빛나는 하얀 비단에 꽃무늬를 박은 전포를 입고 자색 허리띠를 찼으며 노란 신발을 신고 활과 화살 몇 발을 갖추었으며 손에 순철을 연마한 점강창點鋼槍7을 들고 양중서가 빌려준 붉은 천리 시풍마嘶風馬8를 탔다. 양쪽 군장들은 비록 아직 무예 실력이 어떤지는 알 수 없었지만 뛰어난 위풍을 보고 속으로 갈채를 보냈다.

남쪽의 기패관旗牌官9이 금색으로 '영令'자를 쓴 깃발을 들고 말을 몰아와서 소리쳤다.

"너희 둘은 상공의 뜻을 받들어 각별히 주의해라. 만일 잘못이 있다면 반드시 책임을 물을 것이며 이기는 자에겐 큰 상이 있을 것이다."

두 사람은 명에 따라 말을 타고 출진하여 교련장 가운데 섰다. 두 말이 서로 마주치고 무기를 들어올렸다. 삭초가 극도로 흥분하여 손의

6_ 유엽楡葉: 느릅나무 잎사귀.

7_ 점강창點鋼槍: 중국의 10대 창 중의 하나. 무쇠를 연마하여 만들며 1장 2척으로 자루가 모두 검은색이다. 점강창은 강철을 100번 연마하여 갖다대기만 해도 뚫린다는 뜻이다. 즉, 창의 날카로움을 형용한 것이다. 수호 영웅 가운데 노준의, 화영, 이응이 점강창을 사용한다.

8_ 시풍嘶風: 바람을 맞아 울부짖다. 말이 용맹함을 형용한 것이다.

9_ 기패관旗牌官: 명령을 전달하는 직책을 맡은 군졸.

도끼를 돌리며 말을 박차고 양지에게 달려들었다. 양지도 맹렬한 기세로 손에 점강창을 들고 삭초를 맞아 싸웠다. 교련장 가운데에서 시작하여 지휘대 앞으로 다가갈 때까지 두 장수가 서로 붙어서 각기 평생의 실력을 모두 짜내며 싸웠다. 공격해 들어가면 물러나고 멀어지면 다시 쫓아가 서로 어울려 싸웠다. 팔 네 개가 서로 교차하며 무기를 휘둘렀고 말발굽 여덟 개가 교련장 안에 어지럽게 얽혔다. 50여 합을 싸웠으나 승부가 나지 않았다. 난간에 앉아 구경하는 양중서가 둘의 대결을 넋을 잃고 보았다. 양쪽 군관들도 둘의 용호상박을 보고 갈채가 그치지 않았으며 진 앞의 군사들은 서로 얼굴을 마주 바라보고 감탄하며 말했다.

"우리가 오랜 세월 군중에 있으면서 여러 차례 출정했지만 이렇게 격렬한 싸움은 처음 보는군. 두 호걸의 무예 솜씨가 정말 대단하네!"

이성과 문달이 지휘대에서 참지 못하고 소리를 질렀다.

"잘한다!"

문달은 속으로 한 사람이라도 상할까 두려워서 황급하게 기패관을 불러 영자기를 들어올려 싸움을 중지시키도록 했다. 지휘대 위에서 갑자기 싸움을 멈추라는 징 소리가 울렸으나 서로 지지 않으려고 멈추거나 말 머리를 돌리지 않고 계속 싸웠다. 기패관이 말을 타고 둘에게 달려가 영자기를 흔들며 소리쳤다.

"두 호걸은 싸움을 멈추시오. 상공의 명이오."

양지와 삭초가 그때에야 비로소 손의 무기를 거두며 고삐를 당겨 말을 몰고 각자의 본진으로 돌아갔다. 말고삐를 잡고 깃발 아래에 서서 양중서를 바라보며 명령을 기다렸다.

이성과 문달이 지휘대에서 내려가 정당 난간 앞으로 가서 양중서에게 아뢰었다.

"상공, 두 사람의 무예를 겨루어보니 실력 차이가 없이 막상막하로 모두 중용할 만합니다."

양중서가 크게 기뻐하며 명을 내려 양지와 삭초를 불렀다. 기패관이 명을 받들어 둘을 정당 앞으로 부르자 그들은 말에서 내렸다. 정당 앞에 서 있던 군관이 두 사람의 무기를 받았고, 둘은 당으로 올라가 양중서 앞에서 몸을 굽히고 명을 들었다. 양중서가 은덩어리 두 개와 옷감을 가져다가 상을 내린 후 군정사를 불러 금일부로 두 사람을 관군제할사管軍提轄使로 승진시켰다. 삭초와 양지가 양중서에게 감사의 절을 하고 상품을 받아 든 채 정당에서 내려와 창, 칼, 활과 화살을 풀고 투구와 갑옷을 벗으며 옷을 갈아입었다. 삭초가 갑옷을 벗고 비단 저고리로 갈아입은 다음 다시 올라가 여러 군관에게 감사의 절을 했다. 양중서가 삭초와 양지를 불러 서로 인사하게 하고 관원 명부에 넣어 제할에 제수[10]했다. 연무장에서 훈련이 모두 끝나자 군졸들은 승전고를 두드리며 북, 징, 깃발을 들고 먼저 흩어졌다.

양중서와 대소 군관은 모두 연무청에서 연회를 벌였다. 붉은 태양이 차츰 서쪽으로 기울면서 연회가 파했고 양중서가 말에 오르니 관원들

---

10 _ 제수除授: 관직에 임명한다는 의미다. 옛 관직을 없애고除 새 관직을 내린다는授 의미에서 제수라고 한다.

이 부중까지 호송하며 따라왔다. 새로 임명된 두 제할이 머리에 붉은 꽃을 꽂고 양중서의 말 앞에서 나란히 말을 타고 동곽문을 지나 대명성 안으로 들어왔다. 양쪽 길에 백성들이 노인을 부축하고 아이들 손을 잡고 늘어서서 바라보며 기뻐했다. 양중서가 말 위에 앉아 백성들에게 물었다.

"너희 백성이 어째서 그리 기뻐하느냐?"

노인들이 양중서에게 무릎을 꿇고 아뢰었다.

"우리 늙은이들은 여기 북경 대명성에서 태어나고 자라면서 오늘 두호걸 장군 같은 시합을 본 적이 없습니다. 오늘 교련장에서 이런 대단한 맞수를 보았으니 어찌 기쁘지 않겠습니까!"

양중서가 말 위에서 백성들의 말을 듣고 크게 기뻐했다. 부중에 도착하자 관리들은 각자 흩어져 돌아갔다. 삭초가 친구와 형제들을 초청하여 축하 술자리를 열었다. 양지는 이제 새로 와서 아는 사람이 없으므로 양중서의 부중에서 쉬었고 이때부터 아침저녁으로 정성스런 대접을 받았다.

쓸데없는 말은 모두 접어두고 본문으로 들어가자. 동곽 무술 시합 이후 양중서는 양지를 매우 아껴서 옆에 두고 아침저녁으로 떨어지지 않았다. 양지는 매월 별도로 녹봉을 더 받았고 점차 사람들과도 두루 사귀게 되었다. 삭초도 양지의 뛰어난 실력을 보고 진심으로 감탄했다.

세월은 번개같이 흘러서 어느새 봄이 다 지나가고 여름이 왔다. 때는 음력 5월 단오였다. 양중서와 채 부인이 후원에서 집 안 연회를 열어 단오를 경축하고 있었다. 술이 여러 잔 돌고 상 두 개가 두 사람 앞에 놓였다. 양중서가 가만히 채 부인의 말을 기다렸다.

"상공의 신분으로 오늘날 대명부 총수가 되어 국가의 중책을 맡아 이런 부귀공명을 얻었습니다. 이것은 어디에서 온 것입니까?"

"세걸世傑은 어려서부터 공부하여 경사자집經史子集11을 꽤나 읽었소. 사람이 초목이 아닌 다음에야 어찌 장인의 은혜를 모르겠소? 발탁하고 이끌어준 은혜는 아무리 감사해도 다할 수 없소!"

"상공이 이미 우리 아버지의 은덕을 안다면서 어찌 생신을 잊고 계신지요?"

"내가 어찌 기억하지 못하겠소. 장인의 생신은 6월 15일이오. 이미 사람을 시켜서 10만 관어치 금은보배를 사서 동경에 보내 생신을 축하하려 하고 있소이다. 한 달 전에 사람을 시켜 보내려 하는데 지금 열에 아홉은 준비가 되었소. 며칠 안에 준비가 다 되면 심부름꾼이 출발할 것이오. 다만 한 가지 걱정 때문에 망설이고 있소. 작년에 많은 골동품과 금은보석을 사서 개봉부로 보냈으나 반도 못 가서 모두 도적에게 빼앗기고 말았소. 아깝게 재물만 낭비하고 빼앗아간 도적들을 붙잡으려 했지만 아직 잡지 못했소. 그래서 올해는 누구를 보내야 좋을지 모르겠소."

11_ 경사자집經史子集: 중국 전통의 도서분류법이다. 경은 유가의 경전과 문자학의 서적이고 사부는 각종 역사서와 지리 서적이다. 자부는 제자백가의 저작이며 집부는 시詩, 문文, 사詞, 부賦 등의 총집과 전집을 포함한다.

"부대에 군관도 많은데 상공이 믿을 만한 심복을 골라서 보내면 되겠지요."

"아직 40~50일이 남았는데 아침저녁으로 선물을 완비하라고 재촉하고 있으니 준비가 끝나면 사람을 골라도 늦지 않겠지요. 부인은 너무 걱정하지 마시오. 내게 나름대로 생각이 있소이다."

그날 집 안 연회는 정오부터 시작해서 이경이 되어서야 끝났다.

한편 산동 제주濟州 운성현鄆城縣에 지현知縣12이 새로 부임했는데 성은 시時이고 이름은 문빈文彬이었다. 부임 당일 공당에 오르니 좌우 양쪽으로 서리와 포졸들이 배열하여 늘어섰다. 지현이 즉시 위사尉司 포도 관원과 포도 도두都頭13 두 명을 불렀다. 운성현은 위사 아래에 두 명의 도두가 있었다. 하나는 보병도두步兵都頭이고 다른 하나는 마병도두馬兵都頭였다. 마병 도두 밑에는 마궁수 20명과 향병 20명이 있었다. 보병도두는 창병 20명과 사병 20명을 거느렸다. 이 마병도두는 이름이 주동朱소이었고 신장이 8척 4~5촌이었으며 수염을 아름답게 길렀는데 그 길이가 1척 5촌이나 되었다. 얼굴은 두툼한 대추 같았고 눈은 빛나

12_ 지현知縣: 관직 명칭. 현의 정무를 맡은 사람이다. 지현이라는 명칭은 당나라에서 시작되었고, 송대에는 대부분 중앙의 관원을 지방 현에 보냈다. 명나라 때 비로소 정식으로 현 장관의 명칭으로 사용했다. 정7품의 관직이다.

13_ 도두都頭: 군직의 명칭이다. 당나라 중기에 군사령관을 칭했으나 나중에 도의 군대를 지휘하는 장관의 명칭이 되었다. 『수호전』에 나오는 송대의 도두는 지현 아래의 지방군 두목으로 주요 임무는 도적을 잡는 일이었다.

는 별 같아 관운장의 모습과 비슷했다. 현 사람들은 수염이 몹시 아름답고 훌륭하여 그를 미염공美髯公이라고 불렀다. 원래 운성현 부호로 재산도 넉넉했고 사람됨도 의를 중하게 여기며 재물을 가볍게 보았다. 강호의 호걸과 널리 교류했으며 무예도 출중했다. 보병도두는 뇌횡雷橫이라고 하는데 키는 7척 5촌으로 자색 얼굴에 입 주위에 둥글게 수염이 났다. 힘이 남들보다 월등하게 세서 2~3장 넓이의 계곡을 어렵지 않게 뛰어넘을 수 있어서 현 사람들은 삽시호揷翅虎(날개 달린 호랑이)라고 불렀다. 뇌횡은 원래 대장장이 출신으로 나중에 방앗간을 열어 운영했으며 푸줏간을 열어 소도 잡고 도박장도 열었다. 비록 의를 중하게 여겼으나 마음의 도량이 작았으며 무예가 출중했다.

주동과 뇌횡의 주 임무는 오로지 도적을 잡는 것이었다. 그날 주동과 뇌횡 둘은 지현이 부르자 대청으로 올라가 인사를 하고 지시를 기다렸다. 지현이 주동과 뇌횡에게 다음과 같이 말했다.

"내가 부임한 이래로 제주 관할에 소속된 물가 마을인 양산박에 도적들이 모여 강도질을 일삼고 관군에게 대항한다고 들었다. 또한 각 향촌에 도적이 창궐하고 좀도둑이 들끓는다고 한다. 지금 내가 너희 둘에게 마을의 순찰을 시키려고 부른 것이다. 고생스럽다고 꾀부리지 말고 본부 사병을 거느리고 두 구역으로 나누어 하나는 서문으로 성 밖에 나가고 다른 하나는 동문으로 나가서 각자 순찰하기 바란다. 만일 도적을 발견하면 즉각 체포하여 압송하되 향민을 괴롭히는 일이 없도록 하여라. 동계촌東溪村 산 위에만 붉은 나뭇잎이 있고 다른 곳에는 없는 것으로 알고 있다. 너희는 순찰을 마치고 붉은 잎 몇 장을 따서 현에 가져와 거기까지 순라 했다는 징표로 제출하여라. 만일 붉은 잎을 가져오지 않으면 너희가 순찰은 젖혀두고 허망한 짓을 한 것으로 간주하여 반드시 처벌하고 용서하지 않겠다."

두 사람이 지현의 명령을 받들고 각자 돌아가 본관의 향병을 점고한 뒤에 각자 구역을 나누어 순찰했다.

주동은 졸병을 이끌고 서문으로 나가서 운성현을 순찰했고, 뇌횡은 그날 밤 향병 20명을 이끌고 동문으로 나가서 마을을 순찰하며 도처를 다 돌았다. 돌아오며 동계촌 산 위에서 홍엽을 따서 마을로 내려오고 있었다. 2~3리를 못 가서 영관묘靈官廟14 앞에 도착했는데 전각 문이 닫히지 않고 열려 있었다. 뇌횡이 보고 수상하게 생각하며 병사들에게 말했다.

"이 사당에는 관리하는 사람도 없는데 전각의 문이 열려 있으니 혹시 안에 수상한 자가 있을지도 모르겠다. 들어가서 뒤져보자."

향병들이 횃불을 들고 들어가서 바라보니 전각 안 제물을 올리는 탁자 위에 한 사내가 옷을 훌떡 벗고 자고 있었다. 날이 더운지 그 사내는 옷을 뭉쳐서 베개를 만들어 목 뒤로 베고 드르렁 코를 골며 탁자 위에서 자고 있었다. 뇌횡이 유심히 살펴보고 말했다.

"이상하군, 아무래도 이상하네. 지현 상공께서 정말 귀신같이 알아맞히셨네. 원래 여기 동계촌에 정말 도적이 있었군!"

14_ 영관묘靈官廟: 영관은 도교의 호법 천신이다. 도교에는 500영관이 있다고 한다. 그중 가장 유명한 것이 '왕영관王靈官'으로, 도관 산문을 지키는 영관이다.

크게 소리를 지르니 사내가 정신을 차리려고 발버둥쳤는데 사병 20명이 앞으로 달려들어 그를 꽁꽁 묶고 영관묘 밖으로 강제로 끌어내고 동계촌 보정의 집으로 향했다.

탁탑천왕 조개[1]

뇌횡이 영관전 안에 들어가 둘러보니 한 사내가 탁자 위에서 자고 있는 것이 보였다. 향병들이 들어가 잠자던 사내를 밧줄로 묶어 영관전 밖으로 끌어냈다. 이때가 오경 무렵이었으므로 날이 밝기는 아직 일렀다. 뇌횡이 함께 온 졸개들을 바라보며 말했다.

"시간이 아직 이르니 이놈을 조 보정保正[2]의 장원으로 끌고 가 요깃거리나 얻어먹고 현으로 압송하여 문초해야겠다."

1_ 제13장 적발귀가 술에 취해 영관전 안에서 잠들다赤髮鬼醉臥靈官殿. 조 천왕이 동계촌에서 적발귀를 구하다晁天王認義東溪村.

2_ 보정保正: 송나라 때 보갑법에 따라 농촌은 10호를 1보로 묶었는데 500호의 장을 보정이라 한다. 나중에 250호로 줄었다.

일행이 사내를 끌고 조 보정 장원으로 갔다.

원래 동계촌 보정의 이름은 조개晁蓋이며, 그의 조상은 운성현에서 부호로 살았다. 평생 의를 중하게 여기고 재물을 가볍게 보아 천하의 호걸들과 교류했다. 그는 의지하러 오는 사람이 있으면 옳고 그름을 따지지 않고 장원에 머무르게 했으며, 만일 떠나려는 사람이 있으면 은자를 주어 보냈다. 무예를 좋아하여 항상 꾸준히 연마했으며 결혼도 하지 않고 종일 몸을 단련했다. 운성현 동문 밖의 관할지역에는 두 마을이 있었는데 커다란 시내를 사이에 두고 동계촌東溪村과 서계촌西溪村으로 나뉘었다. 당초에 서계촌은 항상 귀신이 나와 대낮에도 사람을 홀려 물에 빠뜨리곤 했는데 시냇가에 모여 살았으므로 어쩔 수 없었다. 어느 날 마을 사람이 지나가는 중에게 이 일을 자세하게 이야기했다. 그러자 그 중이 청석靑石 보탑寶塔을 조각하여 시냇가에 놓고 귀신을 제압하여 쫓았다.

그러자 서계촌의 귀신이 보탑을 피하여 동계촌으로 도망갔다. 그때 조개가 그것을 알고 크게 화를 내며 시내를 건너가 혼자 청석 보탑을 빼앗아 동쪽에 옮겨놓았다. 그 후 사람들은 조개를 탁탑천왕托塔天王3이라고 불렀으며 그 동네의 독보적인 유력 인사로 강호에 이름을 알렸다.

3_ 탁탑천왕托塔天王: 불교에서 사대천왕의 한 사람으로 북방의 다문천왕多聞天王을 말한다. 범어로 바이스라바나Vaisravana이고 비사문천毘沙門天이라고 한다. 북방을 수호하는 신이며 복을 주는 천신이다. 손바닥에 사리탑을 들고 다니므로 탁탑천왕이라고 한다. 『봉신연의』 『서유기』에 탁탑천왕 이정李靖은 나타哪吒의 아버지다. 『수호전』의 탁탑천왕 조개는 별명만 빌려온 것이다.

그날 아침 뇌횡이 향병과 사내를 데리고 조개의 집 앞에 와 문을 두드렸다. 장원 안의 장객이 누군지 알아듣고 보정에게 알렸다. 이때 조개가 아직 잠자리에서 일어나지 않았는데 뇌횡이 왔다는 소리를 듣고 서둘러 일어나 문을 열어주도록 했다. 장객이 문을 열어주자 향병들이 먼저 사내를 행랑방에 묶어 매달았다. 뇌횡이 10여 명을 이끌고 초당 안으로 들어가 앉았다. 조개가 일어나 접대하며 인사를 마치고 물었다.

"도두, 무슨 공무로 여기까지 오셨소?"

"지현 상공의 명을 받들어 주동과 같이 부하 향병을 이끌고 도적을 잡으러 향촌 각처를 돌다가 다리도 아프고 몹시 피곤하여 댁에서 잠시 쉬어가려고 들렀습니다. 주무시는 보정을 깨워서 송구스럽습니다."

"괜찮소. 상관없소."

장객을 불러 술과 안주를 마련하도록 시키고 먼저 탕을 가져와 마시게 했다. 조개가 다시 물었다.

"혹시 우리 동네에서 도적을 잡았습니까?"

"마침 이 동네를 순찰하는데 저기 앞의 영관전에 어떤 사내가 자고 있었습니다. 내 생각에 그놈이 전혀 선량한 사람 같지도 않고 게다가 술에 취해 자고 있었습니다. 그래서 그놈을 잡아 밧줄로 묶어 현 관아에 끌고 가 지현에게 보이려고 생각했는데 시간도 아주 이르고 또 나중에 지현이 이 일에 대해 묻기라도 하면 보정께서 잘 대답하시도록 알리려고 온 것입니다. 지금 보정 댁 문간방 안에 매달아놓았습니다."

조개가 듣고 마음속에 기억해두고 감사하며 말했다.

"알려주셔서 감사합니다. 도두님."

잠시 후 장객이 음식과 술을 들고 나왔다.

"이곳은 얘기를 나누기가 마땅치 않습니다. 후원에 들어가 잠시 앉아 쉬시는 것이 좋을 것 같습니다."

장객을 시켜 안에 들어가 등불을 켜고 도두를 안으로 들여 술을 마시도록 청했다. 조개가 주인 자리에 앉고 뇌횡이 손님 자리에 앉았다. 둘이 자리를 잡고 앉자 장객이 과일, 안주, 채소 그리고 접시에 가득 담긴 풍성한 음식을 차려놓고 술을 따랐다. 조개가 또 향병에게 자리를 따로 마련하여 술을 접대했다. 장객이 향병들을 행랑 아래로 불러 큰 접시에 고기를 담고 커다란 대접에 술을 따라주며 대접했다.

조개가 뇌횡에게 술대접을 하면서 속으로 생각했다.

'아니, 도대체 우리 마을에 무슨 사로잡을 도적이 있다고? 내가 슬쩍 나가서 누군지 살펴봐야겠다.'

술이 대여섯 순배가 돌자 집사를 불러 말했다.

"도두를 모시고 잠시 앉아 있거라. 내가 잠시 측간에 가서 볼일 좀 보고 돌아오겠다."

집사가 뇌횡과 같이 앉아 술을 마셨다. 조개가 안으로 들어가 등불을 들고 다락방에 올라가 몰래 내려다보니, 향병들이 모두 행랑으로 술 먹으러 들어가고 밖에는 한 명도 남아 있지 않았다. 조개가 방에서 내려와 문을 지키는 장객을 불러 물었다.

"도두가 잡아온 도적은 어디에 매달려 있느냐?"

"문간방 안에 갇혀 있습니다."

조개가 가서 문을 열고 언뜻 보니 한 사내가 방 안에 높이 매달려 있었다. 아무것도 걸치지 않은 상반신은 검은 피부를 드러내고 있었으며 손에 잡힐 정도로 시커먼 털이 길게 자란 두 발은 바지를 걷어 올린 맨발 차림이었다. 조개가 등불을 들어 사내를 가까이 비추니 얼굴은 검붉고 넓적했으며 귀밑머리 옆에 붉은 반점이 있었고 그 위에 검누런 털이 자라 있었다.

눈을 감고 힘들게 매달려 있는 사내에게 조개가 조심스럽게 물었다.

"여보시오, 당신은 누구시오? 우리 마을에서 당신을 본 적이 없는데."

"소인은 멀리에서 온 사람으로 여기 어떤 사람을 찾아 의지하러 왔는데 죄 없는 나를 잡아 도적이라고 씌우니, 아니라는 것을 해명할 방법이 필요합니다."

"우리 마을 누구에게 의지하려고 찾아오셨소?"

"이 마을에 사는 한 호걸에게 의지하려고 왔소이다."

"그 사람 이름이 무엇이오?"

"조 보정이라고 합니다."

조개는 놀랐지만 모른 척하고 다시 물었다.

"그를 찾아서 무엇 하려 하시오?"

"그는 천하에 유명한 의로운 사람이며 호걸입니다. 내가 지금 부자가 될 방법이 있어서 알리러 왔소."

"그 얘긴 잠시 멈추고 그만하시오! 내가 바로 조 보정이오. 만일 내가 당신을 구할 수 있게 하려면 나를 외삼촌이라고 불러야만 하오. 잠시 뒤에 내가 뇌횡 도두를 데리고 나올 때 나를 외삼촌이라 부르시면 내가 당신을 조카라 하겠소. 당신이 4~5세 때 이곳을 떠났다가 이번에 외삼촌을 찾아왔으므로 못 알아보았다고 말하시오."

사내는 힘들게 매달려 있다가 기뻐하며 말했다.

"만일 그렇게 해서 저를 구해주신다면 의사의 무한한 은혜에 깊은 감사를 드리겠습니다!"

조개가 등롱을 들고 방에서 나와 그전처럼 문을 닫아놓고 급히 후원으로 돌아와 뇌횡을 보고 말했다.

"손님 대접을 소홀히 하여 죄송합니다."

"오히려 저희가 번거롭게 해서 몸 둘 바를 모르겠는데 그렇게 말씀하시는 것은 이치에 맞지 않습니다."

또 여러 잔을 같이 마시는 사이 동이 트면서 창문 사이로 햇빛이 스며들자 뇌횡이 말했다.

"해가 이미 동천에 떠올랐으니 소인은 그만 현 관아로 돌아가 늦기 전에 점호하러 가야겠습니다."[4]

"도두께서 공무를 집행하는 관원이라 감히 더 쉬다가 가라고 잡지 못하겠소. 만일 다음에 다시 우리 마을에 공무를 보실 일이 있으시거든 무슨 일이 있어도 반드시 찾아주시오."

"나중에 다시 찾아 뵙겠습니다. 보정께서는 나오지 마십시오."

"아무리 그렇더라도 장원 입구까지는 가야 하지 않겠소."

둘이 함께 걸어 나오자 향병들은 술과 밥을 배부르게 먹고 각자 창

---

4 당시 관아에서 일하는 사람은 새벽 묘시卯時(오전 5~7시)에 관아에 가서 도착 신고를 했는데 화묘畵卯라 했다.

봉을 들고 행랑에 가서 그 사내를 풀어 팔을 등 뒤로 묶고 문 밖으로 데리고 나왔다. 조개가 사내를 처음 보는 듯 말했다.

"덩치가 엄청나게 크구려!"

"이놈이 바로 영관전 안에서 잡은 도적입니다."

말이 미처 끝나기도 전에 그 사내가 조개를 보고 소리쳤다.

"외삼촌, 나 좀 구해주세요!"

조개가 거짓으로 그를 살펴보더니 말했다.

"아니, 네놈은 왕소삼王小三 아니냐?"

"맞습니다. 외삼촌 나 좀 구해줘요."

문간방 앞에 모여 있던 모든 사람이 놀랐다. 뇌횡도 당황하여 조개를 돌아보며 물었다.

"이 사람이 누구요? 어떻게 보정을 알아봅니까?"

"원래 우리 외조카 왕소삼이구나. 네놈이 도대체 어째서 사당에서 쉬고 있었느냐? 이놈은 누나의 아들인데 어렸을 때 여기서 살았고 4~5세에 자형과 누나를 따라 남경으로 이사가서 살았습니다. 이미 떠난 지가 10여 년이 지났습니다. 이놈이 14~15세에 동경 손님을 따라 여기로 장사하러 온 적이 한 번 있었는데 그 이후로는 본 적이 없습니다. 이놈이 사람 구실을 못한다는 소문이 들리더니 어째서 네가 여기에 있는 것이냐? 소인이 본래 전혀 몰랐는데 밑머리에 이 붉은 점을 보니 희미하게나마 알아보겠네요."

조개가 버럭 소리를 질렀다.

"소삼아, 네가 어째서 곧바로 나를 찾아오지 않고 마을에 들어가 도둑질을 했단 말이냐!"

"외삼촌, 저는 도적질한 적이 없습니다."

"네가 도적질한 적이 없다면 어째서 너를 여기까지 잡아왔겠느냐?"

향병 손에서 몽둥이를 빼앗아 머리와 얼굴을 때리자 뇌횡과 향병들이 말리며 말했다.

"잠시 때리지 마시고 그의 말을 좀더 들어보시지요."

"외삼촌 화를 멈추시고 제 말 좀 들어보십시오. 14~15세에 여기에 한 번 와봤으니 이미 10년이나 지나지 않았습니까? 어젯밤 도중에 술을 아주 많이 마셔서 감히 외삼촌을 찾아 뵐 수가 없었습니다. 임시로 사당 안에서 자고 술이 깨면 찾아오려고 했습니다. 그런데 이 사람들이 사정을 묻지도 않고 나를 잡아온 것입니다. 저는 도적질한 적이 없습니다."

조개가 몽둥이를 들고 다시 치려고 하면서 입으로는 욕을 퍼부었다.

"이런 짐승 같은 놈아! 네가 바로 나를 찾아오지 않고 도중에 술이나 욕심냈단 말이냐? 우리 집에서는 네가 술을 못 마시게 할 줄 알았느냐? 너 때문에 정말 창피해 죽겠다!"

뇌횡이 말리며 말했다.

"보정, 참으십시오. 보정의 조카는 도적질한 적이 없습니다. 우리는 이렇게 덩치 큰 사내가 사당 안에서 자고 있는 것이 수상쩍었으며 또 본 적도 없고 낯이 설어 의심하고 붙잡아 여기에 끌고 온 것입니다. 만일 보정의 조카인지 알았더라면 결코 붙잡지 않았을 것입니다."

뇌횡이 재빨리 향병을 불렀다.

"빨리 묶은 줄을 풀어 보정에게 보내드리지 않고 뭣하느냐!"

향병이 즉각 그 사내를 풀어주었다.

"보정, 너무 나무라지 마십시오. 조카인지 진작 알았더라면 이 지경에 이르지 않았을 것입니다. 큰 잘못을 저질렀습니다. 소인들은 이만 돌아가겠습니다."

"도두님, 집 안에 잠깐 들어가시지요. 드릴 말씀이 있습니다."

뇌횡이 사내를 풀어주고 함께 초당 안으로 들어왔다. 조개가 은자 10냥을 꺼내 건네주며 말했다.

"도두, 적다고 나무라지 마시고 웃으며 받아주시기 바랍니다."

"이러면 안 되는데."

"만일 받지 않는다면 소인을 나무라는 것으로 알겠습니다."

"보정께서 이렇게 호의를 베푸시니 마지못해 받아놓겠습니다. 기회가 되면 나중에 다시 보답하겠습니다."

조개가 사내를 불러 뇌횡에게 절하여 감사 인사를 하게 했다. 조개가 다시 은자를 향병에게 나누어주고 장원 문 앞에 나와 전송했다. 뇌횡이 향병을 이끌고 돌아갔다.

조개가 사내와 후원으로 가 옷을 꺼내 갈아입게 하고 두건도 쓰게 한 다음 정체를 물었다.

"소인의 이름은 유당劉唐이며 동로주東潞州5 사람입니다. 귀밑 구레

5_ 동로주東潞州: 지금의 산시성陝西省 창즈長治.

나룻 옆에 붉은 점이 있어서 사람들은 소인을 '적발귀赤髮鬼'라고 부릅니다. 보정 형님과 손잡고 한몫 잡을 수 있는 일이 있어서 찾아오다 어젯밤 늦게 술에 취해 사당에 쓰러져 잠이 들었습니다. 뜻밖에 아까 그놈들에게 잡혀서 묶인 채 끌려왔습니다. 오늘 다행히 형님 덕에 여기에 서 있게 되었습니다. 형님은 자리에 앉아 유당의 사배를 받으십시오."

절이 끝나고 조개가 물었다.

"나를 부귀하게 해주겠다는 말은 도대체 무슨 소리요?"

"소인은 어려서부터 강호를 여기저기 수없이 떠돌아다니며 많은 곳에서 강호의 호걸들과 인연을 맺어왔습니다. 그러면서 항상 형님의 명성을 들었는데 드디어 인연이 있어 만나게 되었습니다. 산동과 하북의 사상私商6들이 형님을 찾아와 많이 의지하는 것을 보고 유당이 말씀 올리고자 합니다. 여기에 있는 사람들이 모두 믿을 만하다면 형님께 모든 것을 털어놓겠습니다."

"여긴 모두 내 심복이니 말해도 상관없소."

"제가 알아보니 북경 대명부 양중서가 금은보석과 골동품 10만 관을 사서 동경의 장인 채경에게 생일 선물로 보낸다고 합니다. 작년에도 금은보화 10만 관을 보냈는데 중간에 누군가에게 강탈당하고 지금까지도 잡지 못했습니다. 올해도 6월 15일 생일에 맞추어 10만 관 값어치

6_ 사상私商: 원래 개인적으로 화물을 운반하는 사람을 가리켰으나 뒷날 재물을 약탈하고 생명을 해치는 일을 가리키게 되었다.

의 금은보석을 사서 조만간에 출발할 것입니다. 제 생각에 이것은 의롭지 못한 돈으로 사들인 재물이니 뺏더라도 무슨 거리낌이 있겠습니까! 좋은 방법을 짜내 중간에 빼앗는다면 하늘이 알더라도 죄 될 것이 없습니다. 형님은 참다운 사내이며 무예도 매우 뛰어나다고 들었습니다. 저도 재주는 없지만 조금 배운 것이 있어서 장정 3~5명은 말할 것도 없고 군사 1000~2000명에게 사방으로 둘러싸여도 창만 있다면 두려울 것이 없습니다. 형님께서 버리지 않으신다면 옆에서 돕고 싶습니다. 다만 형님의 의향이 어떠신지 모르겠습니다."

"장하십니다! 이 일은 다시 상의합시다. 이미 여기까지 오면서 고생 많이 하셨을 텐데 사랑방에 가서 잠시 쉬시오. 생각 좀 해보고 내일 다시 이야기합시다."

조개가 장객을 불러 유당을 사랑방으로 안내하여 쉬도록 했다. 장객이 방으로 안내하고 돌아갔다.

유당이 방 안에서 속으로 생각했다.

'내가 무슨 까닭에 이런 봉변을 당해야 했단 말이냐! 다행히 조개를 만나서 이 봉변에서 벗어날 수 있었다. 뇌횡 이 죽일 놈이 아무런 이유도 없이 나를 도적으로 몰아붙여 밤새도록 매달아놓다니. 그놈이 아직 멀리 가지 못했을 텐데. 몽둥이를 들고 쫓아가서 때려눕히고 은자를 찾아다가 조개 형님에게 돌려주어야겠다. 그러면 내 억울함이 조금이라도 풀리겠지. 좋은 계책이다!'

유당이 방문을 나서며 무기를 세워놓은 곳에서 박도를 들고 장원 문을 나와 남쪽을 향하여 한걸음에 달렸다. 이때 날이 이미 밝았고 뇌횡이 향병을 데리고 천천히 가고 있는 것이 보였다. 유당이 쫓아가서 고함을 질렀다.

"야 이 도두야, 거기 멈춰라!"

뇌횡이 놀라서 머리를 돌려 바라보니 유당이 박도를 들고 쫓아오고 있었다. 뇌횡이 당황하여 향병 손에서 박도를 빼앗아 들고 맞받아쳤다.

"너 이놈이 나를 쫓아와서 어쩌겠다는 것이냐?"

"네가 도리를 알고 은자 10냥을 내게 돌려준다면 용서해주마!"

"너희 외삼촌이 내게 준 것인데 너와 무슨 상관이냐? 너희 외삼촌의 체면이 아니라면 네 목숨을 지금 바로 끝장내버릴 것이다. 난데없이 무슨 은자를 돌려달라고 하느냐!"

"나는 도적이 아닌데 네가 밤새도록 묶어놓았다. 게다가 우리 외삼촌을 속여서 10냥을 얻어갔다. 네가 양심이 있어서 나한테 돌려준다면 너그럽게 용서해주마. 네가 만일 돌려주지 않으면 가만두지 않고 네 피를 봐야겠다!"

뇌횡이 유당의 도발적인 말을 듣고 화가 머리끝까지 치밀어올라 손가락질을 하며 욕을 해댔다.

"가문을 욕되게 하고 집안을 말아먹을 못된 도적놈이, 어디에서 감히 이런 무례를 범하느냐!"

"너 이 백성을 속여 등쳐먹는 더러운 부랑자 놈이, 어찌 감히 나를 욕하느냐!"

뇌횡도 유당의 욕에 뒤지지 않고 맞받아쳤다.

"대가리도 도적놈이고 생긴 것도 도적에 심지어 뼛속조차도 도적놈아! 너란 놈은 분명 조개님까지 연루시켜 욕되게 할 놈이다. 네가 아무리 도적놈의 심사를 부리더라도 나한테는 안 통한다!"

유당이 도적으로 누명 쓴 것도 억울한데 생긴 것도 도적이란 욕까지 먹자 눈에 보이는 것이 없었다.

"그래, 내가 네놈과 결판을 내고야 말겠다!"

박도를 잡고 뇌횡에게 달려들었다. 뇌횡은 유당이 달려오자 껄껄 웃으며 두 손으로 박도를 잡고 맞아 싸웠다. 둘이 큰길 가에서 50여 합을 싸우고도 승패를 가를 수 없었다.

옆에서 보고 있는 향병들은 뇌횡이 유당에게 이기지 못하는 것을 보고 같이 덤비려고 했다. 그때 옆에 첫 번째 울타리 문이 열리더니 어떤 사람이 두 자루의 구리 전권銅鍊7을 끌고 나오며 소리쳤다.

"그만 싸우시오. 내가 이미 한참을 지켜보았으니 잠시 쉬시오. 할 말이 있소."

구리 전권으로 둘 사이를 갈라놓자 둘은 박도를 거두고 뒤로 물러나며 다리를 멈추고 그 사람을 살펴보았다. 그 사람은 수재秀才8의 모습에 통 모양의 눈썹을 가린 두건을 쓰고 가장자리가 검은 넓은 삼베 적삼을 입었으며 허리에 다갈색의 방울 달린 허리띠를 찼고 아래는 실로 짠 신발에 깨끗한 버선을 신었다. 생김새가 매우 **빼어났으며** 얼굴은 하얗

7_ 구리 전권銅鍊: 고대 병기의 하나. 긴 막대기 모양의 둔기로 네 각이 져 있으며, 윗부분이 약간 작고 아래에 손잡이가 있음. 간鐧이라고도 함.
8_ 수재秀才: 당송 시기에 과거에 응시하는 사람을 모두 수재라고 했다.

고 수염이 길었다. 이 사람이 바로 지다성智多星 오용吳用으로 자는 학구學究이고 도호道號는 가량선생加亮先生이며 운성현 사람이다. 손에 구리 전권을 들고 유당을 가리키며 말했다.

"멈추시오! 당신은 어째서 도두와 싸우고 있소?"

유당이 눈을 크게 뜨고 오용을 바라보며 말했다.

"당신 같은 수재는 상관 마시오!"

"훈장 선생님은 모르겠지만 이놈이 밤에 홀딱 벗고 영관전에서 자고 있기에 내가 붙잡아 조 보정의 집에 데려갔는데 원래 조 보정의 외종질이었습니다. 내가 외삼촌의 체면을 보아 풀어주었습니다. 조 보정이 우리에게 술도 대접하고 내게 선물도 주었습니다. 그런데 이놈이 삼촌 몰래 여기까지 쫓아와 선물을 돌려달라고 하니 이놈이 당돌한 놈이 아닙니까?"

오용이 속으로 생각했다.

'조개와 나는 어려서부터 서로 사귀어서 무슨 일이 있으면 함께 상의했다. 그의 친척이라면 안면이 있어서 모두 아는데 이런 외조카는 본 적이 없다. 또 나이도 서로 맞지 않으니 뭔가 곡절이 있을 것이다. 일단 이 소란을 말리고 나중에 다시 물어봐야겠다.'

"여보시오. 너무 고집부리지 마시오. 나는 외삼촌과 아주 친한 친구이고 이 도두와도 잘 지내는 사이요. 조 보정이 이 교두에게 인정을 썼는데 당신이 쫓아와 돌려달라고 한다면 외삼촌의 체면을 깎아내리는 일이 아니겠소. 내 얼굴을 보고 나와 함께 외삼촌에게 돌아갑시다."

"수재, 모르면 끼어들지 마시오. 삼촌이 기꺼이 준 것이 아니고 저 사람이 거짓으로 우려낸 것이오. 돌려주지 않으면 죽어도 돌아가지 않겠소!"

"보정이 직접 와서 돌려달라면 몰라도 너에게는 돌려주지 않겠다!"

"네가 남에게 누명을 씌워 도적으로 만들어 돈을 우려내놓고 어째서 돌려주지 않느냐?"

"이것은 네 돈이 아니다. 돌려주지 않겠다. 못 돌려준다!"

"네가 돌려주지 않겠다면 내 손의 박도가 수긍하는지 물어보는 수밖에 없지."

오용이 다시 말리며 말했다.

"두 분이 이미 한나절을 싸워서 승부가 나지 않았는데 언제까지 싸울 작정이오?"

"내 돈을 돌려주지 않는다면 저놈이 죽을 때까지 싸워야겠소!"

뇌횡이 몹시 화가 나서 말했다.

"너를 두려워하여 향병들의 도움을 받아 함께 공격한다면 남자도 아니다. 무슨 수를 써서라도 너를 혼자 때려눕히면 그만이다!"

유당이 성질을 내고 가슴을 두드리며 말했다.

"너 같은 놈을 무서워할 줄 아느냐? 무서울 것 하나도 없다!"

유당이 달려들자 뇌횡도 삿대질하고 욕하며 덤벼들었다. 두 사람이 죽자 사자 덤비는데 오용이 몸으로 가로막고 말렸지만 말릴 수가 없었다. 유당은 박도를 잡고 찌르려 달려들었고 뇌횡은 이 도적 저 도둑하고 끝없이 욕을 퍼부으며 박도를 잡고 막 싸우려고 하는데 향병들이 외쳤다.

"보정이 오신다!"

유당이 몸을 돌려 바라보니 조개가 옷을 걸치긴 걸쳤는데 앞섶을 풀어헤친 채 큰길로 달려오며 고함을 질렀다.

"이 짐승 같은 놈아, 어디 무례를 범하느냐!"

오용이 크게 웃으며 말했다.

"다행히 보정이 나오시는 바람에 이 소란을 겨우 말릴 수 있겠군."

조개가 숨을 헐떡거리며 물었다.

"왜 여기까지 쫓아와서 박도를 들고 싸우는 것이냐?"

"당신의 조카가 박도를 들고 쫓아오더니 내게 은자를 달라고 했소. 그래서 내가 '너에게는 돌려주지 않겠다. 보정에게 돌려줄 테니 네가 상관할 일이 아니다'라고 했소. 소인이 그와 50합을 싸웠는데 훈장이 지금 여기서 말리고 있는 것이오."

"이 죽일 놈! 소인은 전혀 몰랐습니다. 도두가 소인의 체면을 보시고 돌아가시면 며칠 뒤 제가 찾아가서 사과하겠습니다."

"소인도 저놈이 혼자 난동을 부린 것을 알기 때문에 신경 쓰지 않습니다. 괜히 보정님만 멀리까지 나오게 했습니다."

작별하고 돌아가니 소동은 이렇게 수습되었다.

오용이 조개에게 말했다.

"보정님이 나오시지 않았다면 큰일날 뻔했습니다. 외조카가 정말 보통이 아니오. 무예가 정말 대단합니다. 소생이 울타리 안에서 보니 박도 잘 쓰기로 유명한 뇌 도두가 쩔쩔매며 막기에 급급하더군요. 만일 몇 합만 더 싸웠더라면 뇌횡이 반드시 목숨을 잃었을 것이오. 그래서 소생이 황급하게 나와 갈라놓았소. 이 조카는 어디서 왔소? 전에 댁에서 본 적이 없는데."

"그렇잖아도 선생을 불러 상의할 일이 있었소. 사람을 보내려고 했는데 이 사람이 보이지 않고 무기 받침대에 두었던 박도도 없어졌어요. 목동이 말하기를 '어떤 커다란 남자가 박도를 들고 남쪽으로 달려갔어요'라고 해서 내가 황급하게 뒤따라왔는데 훈장님이 말리고 있었구려. 우리 집에 같이 가서 상의 좀 해야겠습니다."

오용이 서재로 가서 안에 구리 전권을 걸어놓고 주인장에게 부탁하며 말했다.

"학생들이 오면 오늘 선생에게 일이 있어서 임시로 하루 쉰다고 해주시오."

서재 문을 달아 자물쇠로 잠그고 유당과 함께 조개의 집으로 갔다. 조개가 후당 깊숙한 곳으로 인도하여 자리를 잡고 앉았다. 오용이 물었다.

"보정, 이 사람은 누구요?"

"이 사람은 강호 사람으로 이름은 유당이라 하고 동로주 출신이오. 한몫 크게 챙길 수 있는 일이 있다고 일부러 나를 찾아왔소. 밤에 술에 취하여 영관묘 안에서 잠이 들었다가 뇌횡에게 붙잡혀 우리 집에 끌려왔었소. 내가 외조카라고 해서 간신히 풀려날 수 있었소. 이 사람이 말하기를 '북경 대명부 양중서가 금은보석 10만 관어치를 동경의 장인 채 태사에게 생일 선물로 보낸답니다. 조만간에 이곳을 지날 것입니다. 이 물건은 부정한 재물이니 빼앗은들 무슨 허물이 되겠습니까?'라고 했소. 그가 찾아온 이유가 내가 꾸었던 꿈과 꼭 들어맞습니다. 내

어젯밤 꿈에 북두칠성이 우리 집 용마루에 떨어졌고 북두칠성 자루의 또 다른 조그만 별 하나가 하얀빛으로 변하여 날아갔소. 내 생각에 별이 집을 비춘 것이 나쁜 일은 아니지 않겠소? 오늘 아침에 선생을 청해 이 일이 무슨 일인지 상의해보려고 했소."

오용이 웃으며 말했다.

"소생은 유형이 쫓아온 곡절을 보고 7~8할은 짐작하고 있었지요. 이 일이 비록 좋긴 하지만 한 가지가 걸립니다. 사람이 많으면 할 수 없고, 아주 적어도 할 수 없습니다. 보정 댁에는 쓸데없는 장객만 많고 하나도 쓸모가 없습니다. 지금 보정, 유형 그리고 소생 세 사람만으로 어떻게 제대로 진행할 수 있겠습니까? 보정과 유형이 아무리 대단해도 감당할 수 없습니다. 이 일은 반드시 7~8명은 되어야 할 수 있습니다. 많으면 오히려 방해만 됩니다."

"7~8명이라면 꿈에 나타난 별의 숫자와 일치하지 않는가?"

"형장의 꿈은 보통 꿈이 아닙니다. 혹시 북쪽에 도움을 줄 수 있는 사람이 있지 않을까요?"

오용이 한참을 생각하더니 이맛살을 펴고 계책을 떠올리며 말했다.

"있다, 있어!"

조개가 말했다.

"선생께서 마음에 두신 사내를 데려올 수 있다면 이 일은 다 된 것이나 진배없습니다."

7명의 도적[1]

오용이 말했다.

"내가 곰곰이 생각해보니 이 세 사람이 의롭고 담대하며 무예도 뛰어나고 물불을 가리지 않아 생사를 같이할 수 있을 것입니다. 이들을 얻을 수 있다면 우리의 일을 완수할 수 있을 것입니다."

"이 세 사람은 어떤 사람이오? 성은 무엇이고 이름은 무엇이오? 어디 살고 있소?"

"이 세 사람은 삼형제로 양산박 주변 석갈촌石碣村[2]에 삽니다. 평소

1_ 제14장 오 학구가 삼완 형제를 끌어들이다吳學究說三阮撞籌. 공손승이 북두칠성에 부응하여 합류하다公孫勝應七星聚義.
2_ 석갈石碣: 윗부분이 둥근 비석.

에 물고기를 잡아먹고 사는데 호수 주변에서 도적질을 한 적도 있습니다. 성은 완阮씨입니다. 형제 세 사람은 입지태세立地太歲3라고 불리는 완소이阮小二, 단명이랑短命二郎 완소오阮小五, 활염라活閻羅 완소칠阮小七로 친형제지간입니다.4 소생이 옛날 석갈촌에서 수년을 살았는데 세 형제가 비록 글은 모르지만 사람들과 교류하는 것을 살펴보니 진정 의기가 있는 사내들이었습니다. 그래서 같이 사귀었는데 이미 2년 동안 만나지 못했습니다. 만일 이 세 사람을 끌어들인다면 일은 반드시 성공할 것입니다."

"나도 완씨 삼형제의 이름은 많이 들었으나 만난 적은 없소. 석갈촌이 여기에서 100리도 안 되는 거리니 사람을 보내 불러서 상의하는 것이 좋지 않겠소?"

"사람을 시켜 부른다고 오겠습니까? 찾아가서 세 치 혀로 우리 일에 함께하도록 그들을 설득해야 합니다."

조개가 크게 기뻐하며 말했다.

"좋은 생각입니다! 언제 가실 수 있습니까?"

"서둘러야 합니다. 오늘 밤 삼경에 출발하면 내일 정오에는 그곳에 도착할 것입니다."

3_ 태세太歲: 목성의 별칭. 태세신을 가리킨다. 태세신이 땅 위에서 활동할 때 세성(목성)은 하늘에서 운행하여 상응한다고 했다. 태세신이 나타나는 방위와 상반된 방위에 건물을 짓거나 이사, 결혼, 여행 등을 하면 흉한 일이 일어난다고 했다. 이 설은 한대에서 기원했다.
4_ 송원 시기 하층사회에는 이름 없는 사람이 많았는데 항렬을 숫자로 표시하여 이름을 대신했다. 완씨 삼형제의 이름이 바로 이런 현상을 반영하고 있다.

"그렇게 한다면 좋지요."

조개가 장객을 불러 술과 음식을 준비하여 함께 먹었다. 오용이 말했다.

"북경에서 동경까지 가본 적은 있지만 '생신강生辰綱'(생신 선물을 운반하는 부대)이 어느 길로 지날지는 아직 알 수 없습니다. 유형께서 번거롭더라도 밤에 북경 길로 가셔서 언제 출발하는지 알아보시고 어떤 길로 지나갈지도 확인해보십시오."

"오늘 밤 바로 출발하겠습니다."

"잠깐만요. 채경의 생일은 6월 15일이고 지금은 5월 초이니 아직 40~50일이 남았습니다. 제가 먼저 완씨 삼형제에게 가서 설득하고 돌아오면 유형은 그때 출발하십시오."

"그것도 그렇군요. 유형은 우리 집에 머물면서 기다리시오."

그날 하루 종일 밤늦도록 술과 음식을 먹었다. 오용이 삼경에 일어나 이 닦고 세수한 뒤 아침밥을 먹고 은자를 얻어 몸에 챙겨 넣고 짚신을 신었다. 조개와 유당이 장원 문 앞까지 나와 배웅했다. 오용이 밤새도록 석갈촌으로 발길을 재촉했다. 이날 정오에 마을에 도착했다. 오용이 길을 잘 알고 있었으므로 남에게 물을 것도 없이 석갈촌 완소이의 집 문 앞에 도착했다. 마을은 산언덕에 기대어 물가에 자리잡아 있는데 초가집이 10여 채 있었다. 낡은 말뚝에 작은 어선 여러 척이 매어져 있고 듬성듬성하게 엮은 울타리 밖에 찢어진 어망을 햇볕에 말리고 있었다. 오용이 완소이의 집 앞에 가서 소리쳤다.

"소이 형제 집에 계신가?"

밖에서 누군가가 부르자 완소이가 안에서 걸어 나왔다. 머리에 낡은 두건을 쓰고 몸에 오래된 옷을 걸치고 맨발로 걸어 나오다가 오용을 보고 황망하게 인사하며 말했다.

"선생께서 무슨 바람이 불었기에 여기까지 찾아오셨습니까?"

"그냥 그런 일이 있어서 일부러 소이를 찾아왔네."

"무슨 일이십니까? 말씀하세요."

"내가 여기를 떠난 지 이미 2년이나 되었네. 지금은 부잣집 글방 선생이지. 그 집에서 잔치를 벌이는데 14~15근 되는 금색 잉어 10여 마리 쓰려고 일부러 자네를 찾아왔다네."

완소이가 소리 내어 웃으며 말했다.

"먼저 소인과 술이나 한잔 마시며 이야기합시다."

"내가 온 뜻이 바로 소이랑 술 한잔 마시는 것이네."

"호수 건너편에 주점이 몇 개 있으니 우리 배 타고 거기 가서 마십시다."

"좋지. 소오와도 할 말이 있는데 집에 있나?"

"같이 가서 찾아보지요."

완소이가 호숫가 선착장에 가서 낡은 말뚝에 묶은 줄을 풀고 오용을 부축하여 태우고 말뚝 옆에서 노를 집어들고 배를 저었다. 배를 저어 호수로 나가는데 완소이가 손을 흔들며 소리쳤다.

"소칠아, 소오 봤느냐?"

오용이 보니 갈대숲 안에서 배 한 척이 노를 저어 나왔다. 완소칠이 머리에 햇빛을 가리기 위해 검은 조릿대로 만든 삿갓을 쓰고 그물망 무늬의 베 조끼를 입었으며 허리에 보자기를 묶고서 배를 저어오며 말했다.

"형, 소오 형은 왜 찾아요?"

오용이 소칠을 부르며 말했다.

"소칠, 내가 자네들에게 부탁할 것이 있어서 이야기 좀 하려고 그러네."

"아, 선생님! 알아보지 못한 것 용서하십시오. 오랜만입니다."

"소이랑 같이 술 한잔 마시러 가세."

"소인도 선생님과 술 한잔 하고 싶었는데 한동안 만나지를 못했습니다."

두 척의 배가 호수를 앞서거니 뒤서거니 저어가더니 얼마 후 도착한 곳은 둘레가 모두 물이었고 높은 언덕 위에 초가가 7~8채 있었다. 완소이가 말했다.

"엄마, 소오는 어디 갔어?"

노파가 말했다.

"말도 마라. 고기는 안 잡고 매일 도박만 하다가 깡그리 잃고 방금 내 머리에 꽂혀 있던 비녀를 가지고 진鎭에 도박하러 갔다."

완소이가 껄껄 웃으며 배를 저었다. 완소칠이 뒤에서 배를 저어 따라오며 말했다.

"형님은 왜 그런지 모르겠지만 도박만 하면 지니 재수가 없는가봐! 사실 형님만 지는 것이 아니라 나도 깨끗하게 털렸다니까."

오용이 속으로 생각했다.

'그렇지! 너희가 이러면 내 꾀에 걸려든 것이다.'

배 두 척이 석갈촌 진으로 나란히 갔다. 반 시진 정도 저으니 외나무다리 옆에 한 남자가 동전 두 꾸러미를 들고 배를 풀고 있었다. 완소이가 외쳤다.

"소오가 왔다."

완소오가 낡은 두건을 비스듬히 쓰고 구레나룻에 석류꽃을 꽂고 낡은 저고리를 걸쳤는데, 열린 앞섶 사이로 가슴에 새긴 짙푸른 표범 문신을 드러내 보였으며 안에 바지를 접어 묶었고 위에 그물 무늬 수건을 걸쳤다. 오용이 소리쳤다.

"소오, 돈 좀 땄나?"

완소오가 말했다.

"누군가 했더니 훈장 선생님이셨구려. 뵌 지 벌써 2년이나 지났소. 내가 다리 위에서 누군가 하고 한참을 바라봤어요."

완소이가 말했다.

"내가 훈장 선생님하고 집에 가서 너를 찾았더니 어머니가 진으로 도박하러 갔다고 해서 여기로 찾아왔다. 물가의 누각에 가서 훈장님과 술 한잔 하자."

완소오가 서둘러 다리 옆으로 가서 줄을 풀어 배를 타며 자작나무 노를 잡고 저었다. 배 세 척이 나란히 물길을 헤치고 나갔다. 잠시 후 배는 물가 누각 아래 연꽃 핀 곳에 도착했다. 배를 묶고 오용을 부축하여 내려 누각 주점으로 들어가 붉게 칠한 탁자에 앉았다. 완소이가 말했다.

"선생님, 우리 삼형제가 거칠고 품위 없다고 탓하지 마시고 그냥 편하게 상좌에 앉으시지요."

"그러면 쓰나. 안 되지."

완소칠이 말했다.

"형님, 주인 자리에 앉으시고 훈장님을 객석에 앉히시오. 우리 둘은 그냥 대강 앉겠습니다."

"소칠이가 확실히 성격이 급해."

네 사람이 자리를 잡고 주보를 불러 술 한 통을 시켰다. 술집 심부름꾼이 커다란 잔 네 개와 젓가락 네 개, 채소 네 판을 놓고 술 한 통을 탁자에 올려놓았다. 완소칠이 물었다.

"안주는 어떤 걸로 할까요?"

점원이 말했다.

"새로 잡은 황소 비계가 하얀 게 떡같이 부드럽고 맛있습니다!"

완소이가 말했다.

"큼직하게 썰어 10근 가져오너라."

완소오가 말했다.

"훈장님, 비웃지 마시오. 별로 대접해드릴 게 없습니다."

"아닐세. 오히려 내가 폐를 끼치고 번거롭게 하네."

완소이가 말했다.

"그런 말씀 마십시오."

점원을 재촉해서 술을 따랐고 이미 소고기 두 판을 썰어 탁자 위에 내려놓았다. 완씨 삼형제가 고기를 권했으나 오용은 몇 점 먹고 더 이상 먹을 수가 없었다. 삼형제가 고기를 걸신들린 듯이 먹어 순식간에 해치웠다.

완소오가 물었다.

"훈장 선생님이 무슨 일로 찾아왔습니까?"

오용이 대답하기 전에 완소이가 말했다.

"훈장 선생이 지금 대부호 집에 개인 글방 훈장을 하고 있다네. 오늘 금빛 잉어 10여 마리를 사러 오셨다. 무게가 14~15근 되는 잉어를 사려고 일부러 우리를 찾아오셨어."

완소칠이 말했다.

"예전이라면 30~50마리라도 문제없지요. 10마리는 말할 것도 없고 더 많더라도 우리 형제가 충분히 책임질 수 있었어요. 그런데 지금은 10근짜리도 잡기 어려워요."

완소오가 말했다.

"훈장 선생이 멀리서 왔으니 우리가 어떻게 해서라도 5~6근짜리로 10여 마리라도 보내드려야지."

"내가 은자는 넉넉히 가져왔으니 가격은 맘대로 정하게. 단지 작은 것은 안 되고 14~15근은 되어야 한다네."

완소칠이 말했다.

"선생님, 어디 다른 곳에 가도 얻어올 수 없어요. 소오 형이 말한 5~6근짜리도 오늘은 부족합니다. 며칠 뒤에나 가능해요. 형 배에 잡아놓은 작은 물고기가 있으니 가져다 먹읍시다."

완소칠이 배에 가서 5~6근 되어 보이는 물고기 한 통을 가져다 부엌으로 가서 요리하여 세 접시에 담아 탁자에 올렸다. 완소칠이 말했다.

"선생님, 이거라도 좀 드세요."

네 사람이 한바탕 먹고 마시는 동안 날은 점차 저물어 어두워졌다. 오용이 속으로 생각했다.

'이 주점에서 얘기하기는 어렵겠군. 오늘 밤은 이 사람들 집에서 같이 자면서 그곳에서 해야겠다.'

완소이가 말했다.

"오늘은 날도 저물었으니 선생님은 임시로 저희 집에서 하루 주무시고 내일 다시 상의하시는 게 어떨지요."

"내가 오늘 여기 천신만고 끝에 찾아와 다행히 형제들과 함께하게 되었네. 지금 여기 술값은 여러분이 나더러 내게 하지는 않을 것 같네. 그러면 내가 은자가 좀 있으니 여기서 술 한 동이하고 고기도 사고 또 마을에서 닭도 한 마리 잡아 오늘 밤 소이 집에서 머물면서 밤새 함께 먹고 마시는 것이 어떻겠는가?"

"안 됩니다. 어떻게 선생님께 돈을 쓰라고 하겠습니까! 우리 형제가 그 정도 해결할 곳이 없겠습니까? 알아서 할 테니 걱정 마십시오."

"진작 세 형제를 한번 청하려 했네. 만일 내 말을 따르지 않는다면 오늘은 그만 물러나겠네."

완소칠이 말했다.

"선생님이 그렇게 말씀하니 오늘은 그대로 따르고 나중에 다시 이야기합시다."

"역시 소칠이 성격이 시원시원하군."

오용이 은자 한 냥을 꺼내서 완소칠에게 주니, 소칠은 주인에게 큰 단지를 빌려서 술을 담았다. 삶은 소고기 20근과 닭 한 마리를 샀다. 완소이가 말했다.

"우리 술값을 모두 합쳐서 계산하게."

주점 주인이 대답했다.

"그러세요. 좋습니다."

네 사람이 주점을 나와 다시 배에 타고 술과 고기를 배 선창 안에 두고 밧줄을 풀고 노를 저어 완소이의 집으로 갔다. 도착해 배에서 내리고 전에 묶었던 기둥에 배를 묶었다. 술과 고기를 들고 다 같이 집 뒤로 가서 앉고 등불을 켰다. 원래 완씨 삼형제 중 완소이만 결혼하여 가족이 있고 완소오와 완소칠은 아직 혼자였다. 네 명이 완소이 집 후원 정자에 앉았다. 완소칠이 닭을 잡아 형수와 아이를 불러 주방에서 요리하도록 했다. 일경쯤 술과 고기를 탁자 위에 차렸다. 오용이 형제들에게 술을 몇 잔 먹이고 물고기 사는 일을 끄집어내며 이야기를 시작했다.

"여기 이렇게 큰 호수에 어떻게 그만한 고기가 없단 말인가?"

완소이가 대답했다.

"선생님께 솔직하게 말하면 그런 큰 고기는 양산박 안에만 있어요. 여기 석갈촌은 좁아서 그런 큰 고기는 살 수가 없어요."

"여기하고 양산박은 멀지도 않고 상통하는 호수인데 어째서 그곳에 가서 잡지 않는가?"

완소이가 탄식하며 말했다.

"말도 마십시오!"

"소이는 어째서 그렇게 한숨을 쉬는가?"

완소오가 말을 이었다.

"선생님께서 모르시겠지만 전에 양산박은 우리 형제의 옷이며 밥이었는데 지금은 절대 갈 수 없는 곳입니다."

"이렇게 넓은 곳을 관아에서 고기를 잡지 말라고 금지시키기라도 했단 말인가?"

완소오가 혼자 부글부글 끓어올라서 말했다.

"어떤 관아가 감히 고기잡이를 금지시키겠습니까? 염라대왕이 살아오더라도 금지시킬 수 없지요!"

"관부가 금지시키지 않았다면 어째서 절대로 가면 안 된다는 것인가?"

완소오가 머뭇거리며 말했다.

"선생님이 정말 모르신다면 말씀드리겠습니다."

"나는 정말 모른다네."

완소칠이 뒤이어서 말했다.

"이 양산박이라는 곳은 정말 한마디로 말하기 어렵습니다! 지금 이호수를 새로운 도적들이 점령하여 우리가 고기 잡는 것을 허락하지 않습니다."

"그래? 나는 몰랐네. 원래 도적이 있었다니 내가 있는 곳에서는 듣지 못했네."

완소이가 자세하게 말했다.

"저기 양산박 강도 두목은 낙방한 선비인데 백의수사 왕륜이라고 합니다. 둘째 두령은 모착천 두천이고 셋째 두령은 운리금강 송만입니다. 그 밑으로 한지홀률 주귀가 지금 이가도구에 주점을 열고 전문적으로 소식을 염탐하고 있습니다. 이것도 별로 어렵지 않습니다. 그런데 지금 새로 또 한 명의 호걸이 왔다는데 동경 금군 교두 출신으로 무슨 표자두 임충이라는데 무술 실력이 대단합니다. 이 도적 무리 500~700명이 떼를 이뤄 오가는 길손을 노략질하고 있습니다. 우리는 이미 1년 동안 그곳에 고기를 잡으러 가지 못했습니다. 지금 저들이 호수를 차지하고 있어 저희 밥줄이 끊기고 먹고살 길이 막막합니다!"

"나는 정말 이런 줄은 몰랐네. 관아에서 왜 저들을 잡지 않나?"

완소오가 말했다.

"지금 저 관리라는 것들이 가는 곳마다 백성들에게 해를 끼칩니다. 마을에 한번 나오면 먼저 백성들 집에서 기르는 돼지, 양, 닭, 거위 할 것 없이 닥치는 대로 먹어치우고 노자까지 얻어갑니다. 그런 놈들이 저들 무리를 어떻게 할 수 있겠어요! 도적을 잡는 관군이 어디 감히 마을에 오기나 하겠습니까. 만일 윗대가리들이 도적 잡으라고 보내면 놀라 오줌이나 질질 흘리지 똑바로 쳐다보기나 하겠어요!"

완소이가 말했다.

"그래서 비록 큰 고기는 못 잡지만 세금하고 노역은 조금 줄었지요."

"그렇다면 도리어 저놈들만 신났구먼?"

완소오가 말했다.

"저놈들은 천지사방에 두려울 것이 없고 관아조차 두려워하지 않아요. 빼앗은 금은을 저울로 달아 나누어 갖고, 비단옷을 걸치며, 술은 항아리로 마시고, 고기는 덩어리로 뜯어 먹으니 어찌 유쾌하지 않겠소. 우리 삼형제는 덩치만 멀쩡했지 언제 저들처럼 살아보겠소!"

오용은 듣고 속으로 좋아하며 혼잣말했다.

'이제 슬슬 이야기를 꺼낼 때가 되었군.'

완소칠이 말했다.

"'사람의 일생은 봄에 나서 가을에 죽는 풀꽃처럼 짧다'고 하지 않소. 평생 고기나 잡으며 이렇게 사느니 차라리 하루라도 저들처럼 신나게 살아보고 싶어요."

"저런 짓을 배워서 어쩌려고! 저들이 하는 짓은 치도곤 50~70대는 족히 맞을 죄를 짓는 것 아닌가. 부질없이 그런 위엄을 부린들 소용없는 것 아니겠는가? 만일 관아에 잡힌다면 모두 자기 잘못이지."

완소이가 말했다.

"지금 관아에서 하는 짓거리가 엉망진창 아니오! 높은 놈들은 극악무도한 죄를 짓고도 잘 먹고 잘 사는데 우리 형제는 아무리 열심히 고기를 잡아도 이렇게 형편없이 살지 않소. 누가 우리를 끌어주면 시키는 대로 따라가면 그만 아니오."

완소오가 말했다.

"나도 항상 그렇게 생각했소. 우리 삼형제의 실력이면 남들보다 못할 것이 없소. 하지만 누가 우리를 알아주겠소?"

"만일 정말로 자네들을 알아주는 사람이 있다면 기꺼이 가겠는가?"

완소칠이 말했다.

"우리를 알아주는 사람이 있다면 물에 뛰어들라고 하면 뛰어들고 불속에 들어가라고 하면 들어가겠소. 만일 하루라도 저들처럼 살 수 있다면 죽어도 웃으면서 죽겠소."

오용이 속으로 좋아하며 말했다.

'이 세 사람 모두 그런 생각이 있으니 이제 꾀어야겠다.'

다시 술을 권하여 두 순배가 돌았다.

"자네 셋은 감히 양산박에 올라가서 이 도적들을 잡을 수 있겠는가?"

완소칠이 말했다.

"잡을 수는 있지만 어디 가서 상을 받겠소? 그랬다가 강호의 호걸들에게 웃음거리나 되겠지요."

"내 생각이 짧았네. 만일 자네들이 고기 잡는 것이 돈이 안 되어서 한스럽다면 저들에게 가서 한패가 되면 좋지 않겠는가?"

완소이가 말했다.

"선생님, 우리 형제가 몇 번이나 상의해서 도적이 되려고 했는지 모르실 겁니다. 그런데 저 백의수사 왕륜의 부하들이 하는 말이 두목의 도량이 좁아서 남을 받아들이지 않는다고 합니다. 저번에 동경 임충이 양산에 올라가서 갖은 고생을 다 했다고 말하더군요. 왕륜이란 놈이 남을 받아들이려 하지 않아서 우리 형제는 그 꼴을 당하느니 그냥 다 같이 포기해버렸습니다."

완소칠이 체념하듯 말했다.

"그들이 만일 형님처럼 이렇게 대범해서 우리 형제를 사랑한다면 얼마나 좋겠습니까."

완소오가 말했다.

"저 왕륜이 만일 선생님처럼 이렇게 정이 있었다면 일찌감치 달려갔지 오늘까지 기다리지 않았소. 우리 삼형제는 목숨이라도 기꺼이 내놓을 것이오!"

"나 정도야 어디 말 꺼내기도 민망하지 않겠나? 지금 산동이나 하북에 영웅호걸이 얼마나 많은데!"

완소이가 말했다.

"영웅호걸이야 많지만 우리 형제는 만난 적이 없지 않습니까?"

"운성현 동계촌 조 보정은 자네들이 알고 있지 않은가?"

완소오가 말했다.

"탁탑천왕이라는 조개를 말하는 것이 아니오?"

"바로 그 사람이라네."

완소칠이 말했다.

"비록 우리와 거리가 100리밖에 안 되지만 인연이 없어서 소문만 듣고 만난 적은 없습니다."

"이렇게 의를 중하게 여기고 재물을 가볍게 보는 사람을 어째서 찾아가 만나지 않았는가?"

완소이가 말했다.

"우리 형제는 거기에 찾아가볼 일이 없어 서로 만날 일이 없었습니다."

"내가 요 몇 년간 조 보정의 집 부근에서 촌 훈장 노릇을 했다네. 근래에 조 보정에게 돈을 벌 기회가 생겼다는 말을 듣고 일부러 자네들과 의논하러 온 것이네. 조 보정이 재물을 취하기 전에 우리가 그보다 먼저 중간에 막고 **빼앗는** 것이 어떤가?"

완소오가 고개를 좌우로 저으며 말했다.

"그래서는 안 돼죠. 의를 중하게 여기고 재물을 가볍게 보는 사람인데 우리가 그의 일을 방해한다면 강호의 사내들이 우리를 비웃을 겁니다."

"자네 형제들의 심지가 굳지 못하다고 생각했는데 정말 의리가 있군. 자네들이 과연 협조할 마음이 있으니 사실대로 말해주지. 나는 지금 조 보정의 집에서 머물고 있다네. 보정이 자네 삼형제의 이름을 듣고 일부러 나를 보내 만나러 온 것일세."

완소이가 말했다.

"우리 삼형제는 정말 조금의 거짓도 없습니다. 보정이 감추고 있는 큰 건수가 있어 우리를 데려가려는 겁니까? 그래서 형님께서 수고스럽게 여기까지 오셨군요. 만일 정말 이런 일이 있다면 우리 삼형제가 목숨을 아끼지 않고 도울 것을 이 술로 맹세합니다. 혹 우리가 이것을 어긴다면 못된 병에 걸려 비명횡사할 것입니다!"

완소오와 완소칠이 목을 두드리며 말했다.

"우리를 알아주는 사람을 위해 이 목숨을 바치겠습니다!"

"내가 나쁜 마음으로 삼형제를 유혹하는 것이 아니네. 이것은 정말 보통 사업이 아닐세! 조정 채 태사의 생일은 6월 15일이네. 채 태사의 사위 북경 대명부 양중서가 곧 금은보석 10만 관을 장인의 생일 선물로 보낼 것이네. 유당이라는 사람이 와서 알려주었다네. 지금 자네들을 찾아 상의해서 여러 사람이 산속 은밀한 곳에서 이놈들의 부당한 재물을 빼앗아 모두 같이 이 생을 멋지게 살아보세. 그래서 일부러 물고기를 산다는 핑계로 자네들과 상의하여 일을 성사시키려고 했다네. 자네들의 의향이 어떤지 모르겠네."

완소오가 듣고 나서 말했다.

"됐다. 이제 됐어!"

완소오가 갑자기 고함을 질러대며 좋아했다.

"소칠아, 내가 너더러 뭐라고 했니!"

완소칠이 벌떡 일어나 펄쩍펄쩍 뛰며 말했다.

"평생의 소원이 지금에야 이루어졌다! 우리의 가려운 곳을 긁어주시네. 우리 언제 갑니까?"

"당장에 가세. 내일 오경에 일어나 함께 조 천왕 집으로 가세."

완씨 삼형제가 매우 기뻐하며 신이 나서 아이들처럼 날뛰었다.

밤이 지나고 다음 날 아침 일찍 일어나 밥을 먹었다. 완씨 삼형제가 식구들에게 알리고 오용과 함께 석갈촌을 떠나 큰 걸음으로 서둘러 동계촌으로 향했다. 하루 길을 꼬박 걸으니 멀리 조개의 집이 보였고 푸른 회화나무 아래에 조개와 유당이 나와 기다리고 있는 것이 눈에 들어왔다. 오용이 완씨 삼형제를 데리고 회화나무 앞으로 와서 양쪽이 함께 마주보자 조개가 크게 기뻐했다.

"완씨 삼형제를 보니 역시 명성이 헛되이 퍼진 것이 아니구먼. 자, 안으로 들어가서 이야기 나눕시다."

여섯 사람이 장원 안으로 들어가 후당에서 자리를 잡고 앉았다. 오용이 먼저 그동안의 이야기를 하니 조개가 기뻐하며 장객에게 돼지와 양을 잡고 지전紙錢을 사를 준비를 시켰다. 완씨 삼형제는 조개의 인물이 위풍당당하고 말하는 것이 거리낌 없이 시원스러운 것을 보고 말했다.

"우리가 호걸과 사귀는 것을 좋아했는데 원래 진짜 호걸께서 여기에 계셨구려. 오늘 오 선생이 아니었다면 어떻게 만날 수 있었겠소?"

삼형제가 매우 기뻐했고 그날 저녁에 밥을 먹고 늦게까지 이런저런 이야기를 나누었다.

다음 날 아침 후당 앞에는 돈과 종이 말, 향과 초를 늘어놓고 밤새 삶은 돼지와 양을 차려놓고 지전을 태웠다. 사람들은 조개가 이렇게 정성을 들이는 것을 보고 모두 기뻐하며 각기 맹세했다.

"양중서가 북경에서 백성을 해치고 속여서 마련한 재물을 동경에 보내 채 태사의 생일을 축하하려고 합니다. 이것은 바로 불의의 재물입니다. 우리 여섯 명 중에 누구라도 사사로운 욕심이 있다면 하늘과 땅이 용서하지 않을 것입니다. 신명께서 굽어 살펴주십시오."

여섯 사내가 모두 맹세하고 지전을 불살랐다. 후당에서 음복하고 술을 마시고 있는데 장객이 들어와서 말했다.

"문 앞에 어떤 도사가 보정님을 뵙고 양식을 좀 얻고자 합니다."

"너 이놈, 정말 눈치도 없구나! 내가 여기서 손님들을 대접하며 술 마시고 있으면 네가 쌀 3~5되 주면 될 일을 직접 나한테 묻는단 말이냐?"

"소인이 쌀을 주었는데 받지 않고 보정님을 직접 보게 해달라고 합니다."

"분명히 양이 적어서 그런 것일 테니 다시 2~3말 주고 보내라. 네가 나가서 보정은 오늘 장원에서 아주 중요한 손님을 초청하여 술을 마시느라 볼 시간이 없다고 하여라."

장객이 나갔다가 잠시 뒤에 다시 돌아와서 말했다.

"그 도사가 쌀 3말을 주어도 받지 않고 또 가려 하지 않습니다. 자기는 '일청도인一淸道人'이라면서 돈이나 쌀을 얻으러 온 것이 아니라 보정님을 뵙기를 바란다고 합니다."

"네놈이 대답할 줄 모르는구나. 오늘은 진짜 시간이 없으니 나중에 다시 와서 차 한잔 드시라고 해라."

"소인도 그렇게 말했습니다. 그 도사가 말하기를 '나는 돈이나 쌀 때문에 온 것이 아니고 보정이 의로운 사람이라는 소리를 듣고 일부러 와서 보고자 청한다'고 합니다."

"너마저 이렇게 귀찮게 하느냐? 아무도 나를 도와주지 않는구나. 그가 만일 다시 적다고 할 때 3~4말을 줘버리지 왜 다시 왔느냐? 내가 만일 손님과 함께 있지 않다면 나가서 보는 것이 무슨 문제가 되겠느냐! 네가 가서 처리하고 다시는 말도 꺼내지 말아라!"

장객이 나가고 반 시진이 지나 장원 문밖이 시끄러워졌다. 장객 하나가 날듯이 달려 들어와 보고하여 말했다.

"그 도사가 화를 못 이기고 장객 10여 명을 쓰러뜨렸습니다!"

조개가 듣고 놀라 화급하게 일어나며 말했다.

"여러 형제는 잠시 앉아 계시오. 조개가 나가서 보고 오겠소."

후당에서 바로 나와 장원 문 앞에서 보니 그 도사는 키가 8척이고 모습은 당당했으나 생긴 것은 괴상했다. 장원 밖 푸른 회화나무 아래에서 장객을 패면서 말했다.

"어찌 이리 사람을 몰라보느냐!"

조개가 보고 소리쳤다.

"도사님 참으시오. 당신이 조 보정을 찾아온 것은 탁발하러 온 것이 아닙니까? 이미 쌀을 드렸는데 무슨 까닭으로 이처럼 나무라십니까?"

그 도사가 큰 소리로 웃으며 말했다.

"빈도가 술이나 밥 또는 쌀을 위해서 온 것이 아닙니다. 내게는 10만 관 재물조차 아무것도 아닙니다. 일부러 보정을 찾는 것은 할 말이 있어서입니다. 무지렁이 촌놈이 이유 없이 날뛴다고 빈도를 욕하기에 참지 못하고 성질을 부렸습니다."

"보정을 본 적이 있습니까?"

"이름만 들었을 뿐 본 적은 없습니다."

"소인이 조개입니다. 선생께서 무슨 일로 저를 찾으십니까?"

"보정께서 너무 나무라지 마십시오. 빈도가 고개 숙여 용서를 빕니다."

"도사님, 예는 나중에 하시고 장원 안에서 차나 한잔 하시지요."

"감사합니다."

두 사람이 장원 안으로 들어갔다. 오용이 그 도사가 들어오는 것을 보고 유당, 삼완과 함께 다른 곳으로 피했다.

조개가 그 도사를 후당으로 데리고 가서 차를 대접했다. 도사가 말했다.

"여기는 이야기할 만한 곳이 아닙니다. 앉아 이야기할 곳은 없습니까?"

조개가 그 말을 듣고 다시 조그마한 방으로 들어가 자리를 잡고 앉았다.

"선생의 존함과 고향을 물어도 되겠습니까?"

"빈도는 공손승公孫勝이라고 합니다. 도호는 '일청선생一淸先生'이고 고향은 계주薊州입니다. 어려서부터 고향에서 무술 익히기를 좋아하여 여러 무예를 익혀서 사람들이 공손대랑公孫大郞이라고 부릅니다. 그리고 또 도술을 배워 비바람을 부르고 안개를 몰고 구름에 오를 수 있으므로 강호에서 빈도를 '입운룡入雲龍'이라고 부릅니다. 빈도가 운성현 동계촌 조 보정의 이름을 들은 지 오래이나 인연이 닿지 않아 만나 뵙지 못했습니다. 오늘 금은보화 10만 관이 있어서 조 보정을 뵙는 예물로 드리고자 찾아왔습니다. 의사께서 기꺼이 받아들이시겠습니까?"

조개가 호탕하게 웃으며 공손승을 바라보았다.

"선생께서 말씀하시는 예물이 북경의 생신 선물을 말하시는 것이 아닙니까?"

공손승이 놀라 당황하며 말했다.

"보정이 어떻게 그것을 아십니까?"

"소인이 대강 추측한 것입니다. 선생의 의향은 어떻습니까?"

"이런 재물을 놓칠 수 없습니다. 옛날 사람들이 이르기를 '취해야 하는데 취하지 않고 나중에 후회하지 말아라'라고 했습니다. 조 보정은 어떻게 생각하십니까?"

바로 그때 한 사내가 방 밖에서 뛰어 들어오더니 공손승의 멱살을 잡고 말했다.

"잘하는 짓이다! 세상에는 국법이 있고 어두운 곳에는 신명이 있는데 네가 어떻게 이런 흉계를 꾸미느냐. 내가 숨어서 들은 지 이미 오래다!"

공손승이 깜짝 놀라서 얼굴이 흙빛으로 변했다.

 생신강[1]

공손승이 방 안에서 조개에게 북경의 생신강은 의롭지 못한 재물이므로 빼앗아도 괜찮다고 말했다. 그때 한 사내가 밖에서 뛰어 들어와 공손승을 붙잡고 말했다.

"너 정말 겁도 없구나! 금방 상의한 일을 숨어서 다 엿들었다."

그 사람은 바로 지다성 오용이었다. 조개가 낯빛이 하얗게 질린 공손승을 보고 웃으며 오용을 만류했다.

"훈장 선생, 장난 그만 치고 서로 인사나 하시지요."

둘이 서로 예를 갖추어 인사를 하고 오용이 말했다.

1_ 제15장 양지가 금은보석을 운송하다楊志押送金銀擔. 오용이 꾀를 써서 생신강을 빼앗다吳用智取生辰綱.

"강호에서 이름난 입운룡 공손승 일청선생을 오늘 여기서 이렇게 만나다니 영광입니다."

조개가 공손승에게 말했다.

"이 선비는 지다성 오용입니다."

"가량 선생의 큰 이름은 나도 강호에서 많이 들었는데 조 보정의 장원에서 만날 줄 어떻게 알았겠습니까. 조 보정이 의롭고 재물을 아끼지 않는 사람이라더니 과연 이 때문에 천하의 호걸들이 문하로 몰려드는군요."

"안에 알아야 할 사람이 더 있으니 후당 깊은 곳에 들어가 서로 인사합시다."

세 사람이 안으로 들어가 유당, 삼완과 인사를 했다. 다들 이구동성으로 말했다.

"오늘 이렇게 모인 것은 결코 우연이 아닙니다. 먼저 보정 형님을 정면 상좌에 모셔야겠습니다."

"제가 주인이지만 형편없는 사람인데 어찌 감히 상좌에 앉겠습니까?"

오용이 말했다.

"보정 형님이 연장자이니 제 말대로 앉으십시오."

조개가 첫 번째 자리에 앉고 오용이 두 번째 자리에 앉았으며 공손승, 유당, 완소이, 완소오, 완소칠 순으로 자리를 정했다. 이처럼 마음과 뜻을 서로 맞추고 술잔과 술과 안주를 다시 준비하여 함께 마셨다. 오용이 말했다.

"보정이 꿈에 북두칠성이 집 용마루에 떨어지는 것을 보았다고 하더니 오늘 우리 7명이 한뜻으로 뭉쳐 거사를 함께 한다면 어찌 하늘의 뜻에 따르는 것이 아니겠습니까! 이 재물을 빼앗기는 손바닥에 침을 뱉듯 별 어려움이 없을 겁니다. 지난번에 유형이 가서 어디로 운반하는지 노정을 알아보기로 했는데 오늘은 이미 날이 저물었으니 내일 아침 일찍 출발하도록 합시다."

공손승이 오용의 말을 듣고 나서서 말했다.

"그럴 것 없습니다. 빈도가 이미 그들이 오는 길목을 알아봤는데 황니강黃泥岡2 큰길로 올 것입니다."

조개가 말했다.

"황니강 동쪽 10리 거리에 안락촌安樂村이 있는데 그곳에 사는 '백일서白日鼠' 백승白勝이라고 하는 사람은 한동안 내게 와서 머물렀고 노자까지 대주었던 적이 있소."

오용이 말했다.

"북두 위의 흰빛3은 바로 이 사람을 말하는 것이 아니겠습니까? 당연히 이 사람은 다른 곳에 별도로 쓸모가 있습니다."

유당이 말했다.

"여기에서 황니강은 비교적 먼 곳인데 우리는 어디에 머물러야 합

2_『수호전』에서 황니강이 어디에 있는지에 대한 설명은 없다. 현재 산둥성山東省 량산梁山 남쪽 30킬로미터 밖에 황니강이 있는데, 현지 사람들이 그곳을 '지모로 생산강을 취하다'라고 하지만, 송대에 양산 남쪽은 늪과 호수로 지리적으로 위치가 맞지 않는다. 후대 사람들이 억지로 끌어다 붙인 것이 분명하다고 한다.

3_조개가 꾼 꿈에서 나타난 북두칠성 위의 흰빛을 말하는 것이다.

니까?"

오용이 말했다.

"백승의 집이 우리가 머무를 곳이오. 그리고 또 달리 백승을 쓸 곳이 있소."

조개가 말했다.

"오 선생, 우리는 꾀를 쓸 것인가요, 아니면 강제로 빼앗을 것인가요?"

오용이 웃으며 말했다.

"내가 이미 함정에 빠뜨릴 계책을 생각해놨는데 일단 그들이 오는 상황이나 지켜봅시다. 힘이 필요하면 힘으로 빼앗고 잔꾀가 필요하면 잔꾀로 빼앗아야지요. 제 계책은 바로 이러이러합니다. 여러분의 의견은 어떻습니까?"

조개가 듣고 기뻐서 다리를 번쩍 들어올리며 말했다.

"정말 좋은 계책이오. 지다성이라는 별호가 아깝지 않소. 과연 제갈량을 앞설 만큼 좋은 계책이오!"

오용이 말했다.

"그만하십시오. 속담에 '벽 사이에도 귀가 있는데 창밖에 어찌 사람이 없겠느냐?'라고 했습니다. 우리만 알고 아무도 알면 안 됩니다."

조개가 말했다.

"완가 형제는 일단 집으로 돌아가고 때가 되면 우리 집에 모입시다. 오 선생은 그전처럼 가서 아이들을 가르치시고, 공손 선생과 유당은 우리 집에 머물도록 합시다."

그날 밤늦게까지 술을 마시고 각자 사랑방으로 가서 쉬었다. 다음 날 오경에 일어나 아침밥을 준비하여 먹었다. 조개가 은자 30냥을 준비하여 완가 삼형제에게 주고 말했다.

"작은 뜻이니 절대 사양하지 마시오."

삼형제가 받지 않으려 하자 오용이 말했다.

"친구 사이의 정이니 거절하지 마시게."

삼완이 그제야 받고 함께 장원 밖으로 나갔다.

오용이 삼완의 귀에 낮은 목소리로 속삭였다.

"이렇게 저렇게 하고 때가 되면 놓쳐서는 안 될 것이네."

삼완이 인사하고 갈석촌으로 돌아갔다. 조개가 공손승과 유당을 장원에 머물게 했고 오용은 항상 찾아와 함께 계책을 논의했다.

한편 북경 대명부 양중서가 생신 선물 10만 관을 사서 준비하고 사람을 보낼 날짜를 잡았다. 어느 날 후당에 앉아 있는데 채 부인이 물었다.

"상공, 생신강은 언제 출발하나요?"

"선물은 이미 준비가 끝났고 내일모레 출발할 수 있는데 오직 한 가지 일을 아직 결정하지 못하고 망설이고 있소."

"무슨 일을 아직도 결정하지 못했어요?"

"작년에 10만 관을 써서 금은보석을 동경으로 보냈는데 사람을 잘못 골라 도중에 도적에게 빼앗기고 여태 잡지 못했소. 올해는 확실하게 보낼 만한 능력 있는 사람을 아직 찾지 못해 결정하지 못하고 망설이고 있소."

채 부인이 계단 아래를 가리키며 말했다.

"당신이 항상 이 사람이 대단하다고 말씀하시더니 어째서 그에게 발송 문서를 주고 보내지 않으세요? 이 사람이라면 잘못되지 않을 것입니다."

양중서가 부인이 말한 계단 아래를 바라보니 바로 청면수 양지였다.

머뭇거리다가 양지를 불러 안으로 올라오게 하고 말했다.

"너를 잊고 있었구나. 만일 생신강을 너에게 맡겨 동경에 무사하게 운반한다면 내가 추천해줄 곳이 있다."

양지가 두 손을 가슴 앞에 모으고 말했다.

"은상이 맡기신다면 어찌 따르지 않겠습니까! 다만 어떻게 준비해야 하고 언제 출발해야 할지 모르겠습니다."

"대명부에 태평거太平車4 10량이 있고 막사 앞에 상금군廂禁軍5 10개 부대가 마차를 호위하고 있다. 마차마다 황색 깃발을 꽂았는데 깃발에는 '태사의 생신을 축하하여 보내는 생신강獻賀太師生辰綱'이라고 씌어 있다. 수레마다 병졸이 따르고 3일 안에 출발해야 한다."

"소인이 핑곗거리를 찾아 거절하려는 것은 아니지만, 그렇게 하신다면 소인이 갈 수 없으니 다른 꼼꼼한 사람을 찾아 보내시기를 간절히 청합니다."

"내가 너를 발탁하려고 생신강을 보내는 문서 안에 별도로 추천서를

4_ 태평거太平車: 소나 말 여러 마리가 있어야 겨우 움직일 수 있는 수레.

5_ 상금군廂禁軍: 송의 군사제도. 수도 호위를 맡은 군대를 금군이라 하고 지방군은 상군이라 한다. 어떤 임무를 완성하기 위하여 임시로 두 부대를 섞어 편제한 군대.

넣었다. 태사에게 가면 너를 후하게 대하여 천자의 칙명을 받고 돌아올 것이다. 그런데 어째서 갑자기 억지를 부리며 사양하여 가지 않으려 하느냐?"

"작년에 도적들이 생신강을 강탈하여 지금까지 찾지 못했다고 들었습니다. 올해는 도중에 도적이 더 많고, 이번 동경 길은 수로도 없고 모두 육로입니다. 지나가야 할 곳이 자금산紫金山, 이룡산二龍山, 도화산桃花山, 산개산傘蓋山, 황니강, 백사오白沙塢, 야운도野雲渡, 적송림赤松林인데 모두가 강도들이 출몰하는 곳입니다. 게다가 혼자 지나는 길손이라도 감히 지나가지 못하는데 그들이 보화라는 것을 안다면 어찌 뺏으려 하지 않겠습니까? 이는 부질없이 목숨을 버리는 것이라 갈 수 없다는 것입니다."

"그렇다면 병사를 많이 데리고 호송해서 가면 될 것 아니냐."

"은상께서 군사 1만 명을 보내신다 하셔도 소용없습니다. 이놈들은 강도가 온다는 소리를 들으면 모두 앞다퉈 달아날 것입니다."

"네 말대로라면 생신강을 보내지 말라는 것이냐?"

"한 가지만 소인의 말대로 따르신다면 감히 호송해 가겠습니다."

"내가 이미 너에게 맡겼는데 어째서 네 말을 따르지 않겠느냐."

"소인의 말대로 따르신다면 수레는 필요 없고 선물을 10여 개의 멜대에 담고 길손의 복장을 해야 합니다. 멜대를 메는 사람도 건장한 병사 10명을 골라 짐꾼으로 변장시켜서 지게 해야 합니다. 또 따로 한 사람을 골라 소인과 함께 길손으로 변장하여 몰래 밤낮으로 길을 재촉하여 동경까지 운반한다면 될 것입니다."

"네 생각이 정말 옳다. 내가 편지를 써서 너를 거듭 추천하여 황상의 명령을 받고 돌아오도록 하겠다."

"은상의 추천에 거듭 감사드립니다."

그날 양지에게 짐을 준비시키고 병사도 선발하도록 했다. 다음 날 양중서가 양지를 불러 정당 앞에서 기다리게 하더니 정당에서 나와 물었다.

"양지, 언제 출발하겠느냐?"

"은상께 아룁니다. 문건을 주신다면 내일 아침 정확하게 출발하겠습니다."

"부인도 집안 가족에게 보내는 선물 한 짐을 준비했으니 네가 가서 받아오도록 하여라. 그리고 네가 처음 가는 길이라 특별히 유모의 남편 사謝 집사 그리고 우후 두 명과 함께 가도록 하여라."

"은상, 그렇게 해야 한다면 소인은 가지 않겠습니다."

"선물도 이미 다 싸놓았는데 어째서 또 아니 가겠다는 것이냐?"

"이 예물 10짐은 모두 소인에게 책임이 있고 모든 사람은 소인의 지시를 따라야 하므로 일찍 가라고 하면 일찍 가고 늦게 가라면 늦게 가며 멈추라면 멈추고 쉬라면 쉴 것입니다. 모든 일을 양지 뜻대로 지휘할 수 있습니다. 그러나 집사는 부인의 사람이고 태사부 유모 남편입니다. 지금 집사 및 우후 두 명과 함께 가다가 만일 도중에 소인과 의견이 맞지 않는다면 제가 어떻게 함부로 다투겠습니까? 그러다 만일 대사가 잘못된다면 양지가 그 사이에서 뭐라고 변명하겠습니까?"

"이것은 어려울 것 없다. 그 세 사람 모두 너의 말을 듣도록 하면 되지 않겠느냐."

"그렇게 말씀하시니 소인이 문서를 받겠습니다. 일이 잘못되면 중죄라도 달게 받겠습니다."

양중서가 매우 기뻐하며 말했다.

"내가 너를 제대로 골랐구나. 정말 식견이 보통이 아니구나."

즉시 사 집사와 우후 두 명을 불러 분부했다.

"제할 양지가 위임장을 받아 생신강 금은보화 11짐을 동경 태사부까지 호송하기로 결정했다. 모든 일을 그가 책임지고 진행할 것이다. 너희 세 사람은 함께 가면서 도중에 일찍 일어나고, 늦게까지 길을 멈추지 않고, 자고, 쉬는 것을 모두 양지의 명령에 따르고 어기지 않도록 하여라. 부인이 이미 모두 분부했을 테니 너희 세 사람 모두 잘 알 것이다. 도중에 조심하며 일찍 가서 일찍 돌아오고 실수가 없도록 하여라."

집사가 양중서의 말에 하나하나 대답했다. 당일 양지가 문서를 수령했다. 다음 날 오경에 일어나 대명부 정당 앞에 짐을 가져다놓았다. 집사와 우후 두 명이 재물을 담은 작은 짐 하나를 더 가져와 총 11단이었으므로 짐꾼으로 변장한 건장한 병사 11명을 선발했다. 양지는 햇볕을 가릴 수 있는 삿갓을 쓰고 푸른 비단 적삼을 입고 요대를 찼으며 미투리를 신고 요도를 가로로 찬 뒤 박도를 들었다. 집사는 길손의 모습으로 차렸고 우후 둘은 종으로 변장했다. 각자 박도를 들고 또 등나무 가지 몇 개씩을 들었다. 양중서가 문서와 서신을 건넸다. 일행이 모두 아침을 배부르게 먹고 양중서와 작별 인사를 하고 출발했다. 양중서가 병사들이 멜대를 메고 출발하는 것을 지켜보았다. 양지와 사 집사 그리고 우후 두 명 등 일행 15명이 생신강을 들고 양중서의 집에서 출발하여 북경 성문을 나와 큰길을 잡아 동경으로 향했다.

이때는 바로 5월 보름 날씨라 비록 맑았으나 날이 몹시 더워 짐을 지고 걷기에는 힘이 들었다. 양지는 6월 15일 생신에 맞추어 도착하려고 길을 서둘렀다. 북경을 떠나 5~7일 동안은 정확하게 오경에 일어나 날씨가 더워지기 전에 길을 재촉하고 해가 중천에 떠서 더워지면 쉬었다. 다시 5~7일이 지나자 인가가 점차 줄어들고 길을 지나는 사람도 드물어 역참 하나하나 지나면서 산길로 접어들기 시작했다. 양지는 진시(오전 7~9시)에 일어나 신시(오후 3~5시)에 쉬고자 했다. 어느 누구의 짐도 가볍지 않은 데다 날씨마저 더워 길을 가기가 쉽지 않았으므로 11명의 병사는 숲만 나타나면 쉬려고 했다. 양지가 일정에 맞추려 했기에, 만일 병사가 멈추면 가벼울 때는 욕하고 꾸짖었으며 심할 때는 등나무 가지로 때리며 쉬지 않고 계속 가도록 재촉했다. 우후 둘은 겨우 등에 짐 하나씩을 지고도 호흡을 가쁘게 하며 걷지 못했다. 양지는 화가 치밀어 말했다.

"너희 둘은 어떻게 이렇게 사리도 분별 못하느냐! 이 일은 전적으로 모두 내가 책임지고 있다. 너희는 나 대신 일꾼들을 때리며 도와주지는 못할망정 오히려 뒤에서 늑장을 부리며 거치적거리고 있느냐. 이 여정이 애들 장난인 줄 아느냐!"

"우리 둘이 일부러 천천히 걷는 것이 아니라 정말로 무척 더워 움직일 수가 없어서 뒤처졌습니다. 며칠 전에는 아침 일찍 시원할 때 걷더니 지금은 어째서 더울 때 걸으라고 하십니까? 어쨌든 기후 차이가 몹시 커서 힘듭니다!"

"무슨 그런 미친 헛소리를 하고 지랄이냐! 며칠 전에 걷던 길은 모든 지면이 평평하여 걷기가 좋았으나 지금은 길이 울퉁불퉁해서 밝은 대낮에 걷지 않고 어떻게 오경 밤길을 걷겠느냐?"

두 우후가 겉으로 말은 하지 않았지만 속으로 생각했다.

'저 자식이 말을 함부로 하네.'

양지가 박도를 잡고 등나무 가지를 들고 짐꾼들 뒤를 따라 갔다. 두 우후가 버드나무 그늘에 앉아 집사를 기다렸다가 말했다.

"양가 저놈이 기껏해봤자 겨우 우리 상공 문하의 제할밖에 되지 못하면서 뭐가 그리 대단하다고 이렇게 세도를 부립니까!"

"하지만 상공이 '그의 말을 잘 따르라'고 철석같이 분부해서 아무 소리 못하는 것이라네. 요 이틀 동안 계속 눈에 거슬리지만 참지 않으면 어쩌겠나."

"상공께서 아무리 그렇게 말씀하셨더라도 집사께서 나서서 책임지시면 그만입니다."

"그래도 참아야지."

그날은 신시까지 걷다가 객점을 찾아 짐을 내려놓고 쉬었다. 11명 병사가 땀을 비 오듯이 흘리고 숨을 헐떡거리며 집사에게 말했다.

"우리에게 가장 큰 불행은 병졸이 된 것이고 다음으로는 이 일을 맡게 된 것임을 잘 알고 있습니다. 그런데 요 이틀 동안은 시원한 아침에 가지 않고 이렇게 불가마같이 더운 날씨에 게다가 무거운 짐까지 지운 채 길을 재촉하며 걸핏하면 등나무 가지로 사람을 때립니다. 모두 부모에게 받은 몸이고 피부인데 어째서 우리만 이렇게 고통을 받아야 합니까!"

집사가 설득조로 말했다.

"너희는 너무 원망하지 말아라. 어떻게 해서든지 동경에만 도착하면 내가 너희에게 상을 내릴 것이다."

병사들이 말했다.

"만일 집사님이 우리를 대해주는 만큼만 해준다면 어떻게 감히 원망하겠습니까."

또 이렇게 하루가 지나갔다.

다음 날 아직 날이 밝지도 않았는데 병사들이 일찌감치 일어나 시원할 때 출발하려고 했다. 양지가 펄쩍 뛰며 고함을 질렀다.

"어디를 가려 하느냐! 잔소리할 것 없이 더 자거라."

병사들이 말했다.

"아침 일찍 가지 않으면 낮에 몹시 더워 제대로 걷지도 못할 텐데, 그러면 우리를 또 때리지 않겠습니까."

양지가 욕을 하며 말했다.

"닥쳐라! 너희가 뭘 안다고 까부느냐."

등나무 가지를 들고 때리려 하니 병사들은 참고 갈 수밖에 없었다. 그날도 진시에 일어나 천천히 불을 피워 밥을 지어 먹고 출발했으며 도중에 계속 재촉하여 그늘에서 쉬지 못하게 했다. 병사들이 낮은 소리로 끊임없이 불만을 내뱉었고, 두 우후가 집사 앞에서 쉬지 않고 주둥이를 놀리며 분란을 조장했다. 집사가 듣고 어쩔 수 없었지만 속으로는 짜증이 났다.

이렇게 14~15일 동안 가면서 불만이 쌓여 14명 중에서 양지를 미워하지 않는 사람이 없었다. 그날도 객점에서 진시에 일어나 천천히 불을 피워 아침밥을 지어먹고 출발했다. 이날은 6월 4일이었고 날씨가 정오가 아닌데도 구름 한 점 없었으며 붉은 태양이 하늘에 떠 있는데 찌는 듯이 더웠다. 이날 가는 길은 모두 외지고 울퉁불퉁한 좁은 산길인 데다 남북이 모두 산으로 둘러싸여 있었다. 병사 11명을 감독하며 대략 20여 리 길을 갔다. 병사들이 버드나무 그늘 아래에서 잠시 쉬려고 했으나, 양지가 등나무 가지를 들고 때리며 소리쳤다.

"빨리 가자! 잠시 뒤에 쉬게 해주마."

병사들이 하늘을 바라보니 사방 어디에도 구름 한 점 없었고 몹시 더워 도저히 견딜 수가 없었다. 양지가 산중의 한적한 길에서 벗어나도록 일행을 재촉했다. 시간이 차츰차츰 흘러 정오가 되자 햇볕이 길바닥에 깔린 돌을 뜨겁게 달구어 발바닥이 뜨겁고 아파 도저히 걸을 수가 없었다. 군사들이 고통스러워하며 호소했다.

"이렇게 뜨거워서야 그늘에 피해도 사람이 쪄 죽겠네!"

양지가 병사들에게 소리쳤다.

"빨리 가자! 일단 앞의 언덕을 지난 다음에 쉬도록 하자."

계속 걸어 앞의 흙언덕에 이르렀다. 일행은 언덕으로 달려가 짐을 내려놓고 군사 11명은 모두 소나무 숲에 가서 누워버렸다.

양지가 소리쳤다.

"큰일이네! 여기가 도대체 어딘지 알고 쉬려 하느냐. 일어나 빨리 여기를 떠나자!"

병사들이 말했다.

"때려죽여도 정말 더는 못 가겠습니다."

양지가 등나무 가지로 머리 정면을 때리는데 이쪽에 있는 자를 때리면 마지못해 일어났으나 저쪽에 일어났던 자는 도로 누워버리니 양지도 어찌 해볼 도리가 없었다. 두 우후와 집사가 그제야 있는 힘을 다하여 간신히 언덕으로 올라오더니 소나무 밑에 앉아 숨을 헐떡거렸다. 양지가 병사들을 볶아치고 있는 것을 집사가 보고 말했다.

"제할, 정말 몹시 더워서 갈 수가 없으니 너무 닦달하지 마시오!"

"집사가 잘 모르겠지만 여기가 바로 강도가 자주 출몰하는 황니강이라는 곳이오. 어떤 때에는 백주 대낮에도 버젓이 나타나 약탈하는데 지금 같은 상황이라면 더 말할 것도 없소. 누가 감히 여기에서 멈추고 쉰단 말이오?"

두 우후가 양지의 말을 듣고 말했다.

"그런 말로 사람을 놀라게 한 것이 벌써 몇 번째입니까?"

집사도 곁에서 거들었다.

"다들 잠시 쉬었다가 정오가 지나서 가는 것이 어떻겠습니까?"

"참 답답하오. 그게 말이 된단 말이오! 이 언덕을 내려가서 7~8리 안에는 인가가 전혀 없는데 어디로 간단 말이오? 감히 여기서 더위를 피하다니."

"나는 여기서 잠시 앉았다가 갈 테니 당신은 사람들 데리고 먼저 가시오."

양지가 등나무 가지를 들고 소리쳤다.

"하나라도 가지 않는 놈이 있다면 몽둥이 20대를 맞는 줄 알아라!"

병사들이 다들 소리치며 일어났다. 그들 중에서 하나가 말했다.

"제할님, 우리는 100근짜리 짐을 지고 가므로 빈손으로 가는 제할님과 비교가 안 됩니다. 당신은 정말 사람을 사람으로 대하지 않는군요. 유수 상공이 친히 압송할 때에도 우리에게 말할 기회를 주었습니다. 우리의 노고는 전혀 알아주지 않고 혼자 억지를 부리십니까!"

"이런 짐승 같은 놈이 나를 열 받아 죽게 하려는 것 아니냐! 네가 맞아야 정신을 차리겠구나."

등나무 가지를 들어 얼굴을 또 때리기 시작했다. 그때 집사가 소리 지르고 거들먹거리며 말했다.

"어이 양 제할! 멈추어라. 내 말 좀 들거라. 내가 동경 태사부에서 유모의 남편일 때 문하의 군관이 1000명이건 1만 명이건 모두 나한테 굽실거렸다. 내가 말을 이렇게 함부로 해서는 안 되겠지만 자네는 겨우 죽음만 면하고 유배온 군인 아닌가? 상공이 불쌍하게 여겨 제할로 발탁했더니 겨자씨만 한 관직을 믿고 이처럼 교만을 떠는가! 내가 우리 상공 집안의 집사라는 것은 말할 것도 없지만 설령 시골 노인네라도 타이르면 들어야지. 사람들을 그렇게 때리면 어떻게 하는가?"

"집사는 도시 사람이고 태사의 집안에서 자라 여행길의 천 가지 만 가지 어려움을 어떻게 알겠소!"

"사천, 광동, 광서도 다 가보았지만 자네처럼 이렇게 난리를 부리는 것은 보지 못했네."

"지금을 태평성세와 비교해서는 안 됩니다."

"네놈이 그런 말을 함부로 하다니 혀가 뽑히고 싶냐! 지금 천하가 어째서 태평치 않다는 것이냐?"

양지가 막 대답하려고 할 때 맞은편 소나무 숲 안에서 사람 그림자가 언뜻 비치더니 머리를 살짝 내밀고 두리번거리며 여기저기 살피는 것이 보였다.

"내가 뭐라고 그랬소? 이렇게 도적이 나타나지 않았소!"

등나무 가지를 던지며 박도를 들고 소나무 숲으로 달려 들어가 소리쳤다.

"네놈들 정말 대담하구나. 감히 우리 짐을 노리느냐!"

쫓아가서 보니 소나무 숲 안에 강주거江州車6 7대가 나란히 늘어서 있었고 여섯 사람이 웃통을 벗은 채로 더위를 피하고 있었다. 한 사람은 구레나룻 옆에 커다란 붉은 반점이 있었고 손에 박도를 들고 있었다. 양지가 달려오는 것을 보고 일곱 사람은 일제히 "어이쿠!" 하며 일어났다. 양지가 대뜸 소리쳤다.

"너희는 뭐하는 사람이냐?"

"당신은 누구요?"

양지가 물었다.

"너희 강도 아니냐?"

6_ 강주거江州車: 손으로 미는 외바퀴 수레로 산길로 물건을 운반하기에 편리하다. 제갈량이 파군巴郡 강주현江州縣에 있을 때 고안했기 때문에 이렇게 부른다고 한다.

그 7명이 어이없다는 듯 대답했다.

"우리가 물어보고 싶은 말이오! 우리는 가난한 장사치라 당신에게 줄 돈이 없소이다."

"너희가 가난한 장사치라면 우리는 대상인이란 말이냐!"

"당신은 정말 무엇하는 사람이오?"

"너희는 어디 사람이냐?"

"우리 7형제는 호주濠洲7 사람인데 대추를 팔러 동경으로 가려고 여기를 지나는 중이었소.8 사람들이 말하길 여기 황니강에서 항상 도적이 지나가는 상인을 턴다고 말합디다. '우리는 다른 것은 아무것도 없고 대추뿐이니 고개를 넘어도 아무 일 없을 것이다'라고 얘기하며 여기까지 왔습니다. 몹시 더워 잠시 숲에서 쉬었다가 날이 서늘해지면 가려고 했소. 그런데 사람들이 언덕을 올라오는 소리를 듣고 강도일까 두려워 이 사람을 시켜 둘러보게 한 것이오."

양지가 말했다.

"원래 그랬군요. 그냥 일반 장사꾼이군요. 방금 우리를 엿보기에 강도인지 알고 쫓아와본 것이오."

"손님, 대추나 먹어보시오."

"아니, 됐소."

7_ 호주濠洲: 지금의 안후이성安徽省 펑양鳳陽.

8_ 호주는 동경(개봉)의 동남쪽이고 대명은 동경의 정북쪽이다. 호주로부터 동경까지 대추를 팔러 간다는데 동경과 대명 사이에 있는 황니강으로 온다는 것은 이치에 맞지 않음.

박도를 들고 짐이 있는 곳으로 돌아왔다. 집사가 앉은 채 말했다.

"도적이 있으면 우리는 빨리 갑시다!"

"금방 도적인지 알았는데 원래 대추를 팔러 가는 길손이오."

집사가 고개를 돌려 병사들을 보며 말했다.

"네 말대로라면 대추 장사들은 모두 끝장 아니냐!"

"다툴 것 없소. 아무 일 없으면 그만이오. 너희는 잠시 쉬고 서늘해지면 출발하자."

병사들이 모두 비웃었다. 양지가 박도를 땅에 꽂고 나무 아래에 가서 앉아 쉬었다. 밥 한 그릇 먹기에 조금 부족한 시간이 지나고 한 사람이 멀리서 멜대에 통 두 개를 지고 노래를 부르며 언덕을 올라왔다.

붉은 해가 타는 듯 뜨겁게 이글거리니	赤日炎炎似火燒
들판의 벼가 반쯤 말라가는구나.	野田禾稻半枯焦
농부의 마음은 펄펄 끓어오르는데	農夫心內如湯煮
왕공의 자손들은 부채만 부지런히 흔들어대는구나.	公子王孫把扇搖

남자는 노래를 부르며 언덕을 올라와 소나무 숲에 술통을 내려놓고 앉아 더위를 피했다. 병사들이 보고 물었다.

"통 안에 든 것이 무엇이오?"

"백주요."

"어디로 가지고 가는 것이오?"

"팔려고 마을에 가지고 가는 것이오."

"한 통에 얼마요?"

"닷 관이오."

병사들이 서로 의논하며 말했다.

"날도 덥고 목도 타는데 더위 좀 가시게 사서 마십시다."

돈을 모으려고 하는데 양지가 보고 소리쳤다.

"뭐하는 짓이냐?"

"술을 사서 마시려고 합니다."

양지가 박도를 잡고 손잡이로 치며 욕을 했다.

"너희, 내 말을 듣지 않고 함부로 술을 사서 마시려 하느냐. 정말 겁도 없고 대담하구나!"

"별것도 아닌데 무슨 거시기 같은 소란이오. 우리끼리 술을 사서 마시려고 하는데 당신과 무슨 상관이오? 또 사람을 때리시오!"

"너희 개 같은 촌뜨기들이 알긴 뭘 아느냐! 주둥이로 처먹을 줄만 알고 여행길이 얼마나 어려운지 아무것도 모르는구나. 얼마나 많은 사람이 몽한약을 먹고 쓰러진 줄 아느냐!"

술을 짊어지고 온 사내가 양지를 보고 비웃으며 말했다.

"손님은 뭘 몰라도 한참 모르시오. 내가 당신한테 팔 생각도 전혀 없는데 헛다리 짚지 마시구려. 그리고 함부로 그런 말을 입 밖에 내다니!"

양지 일행이 있는 곳에서 소란이 일어나니 맞은편 소나무 숲에서 대추를 파는 손님들이 박도를 들고 나와 물었다.

"왜 이리 소란스럽소?"

술장수가 억울하다는 듯이 말했다.

"내가 산언덕 너머 마을에 가서 술을 팔려고 지나가다가 더워서 쉬고 있었소. 저들이 술을 사서 마시겠다고 하는데 나는 전혀 팔 생각이 없었소. 그런데 저분이 내 술 안에 무슨 몽한약을 탔다고 하니 당신이 보기엔 우습지 않소? 어떻게 그런 말을 함부로 내뱉을 수 있단 말이오!"

그 7명의 길손이 말했다.

"난 또 뭐라고! 원래 도적이 나타난 줄 알았더니 그런 일이 있었구려. 말 한마디 잘못한 것 가지고 너무 따지지 마시오. 우리도 술 한잔 마셔서 갈증이라도 풀려고 했는데 저 사람들이 의심하니 우리에게 파시오."

"안 팔아요. 안 팔아!"

"거시기같이 아무것도 모르는 소리 말라니까. 우리가 당신더러 뭐라 그랬소? 당신이 근처 마을에 가져다가 팔아 돈을 버는 것이나 여기서 우리한테 파는 것이나 매한가지지 않소. 보시오, 당신이 우리에게 파는 것이 차 한잔 베풀어 더위와 갈증을 씻어주는 것과 무엇이 다르겠소."

"술 한 통 때문에 싸우려는 것이 아니오. 저 사람 말이 괘씸하고 또 퍼 마실 표주박이 없소."

"뭐 그리 소심하오! 한 귀로 듣고 흘려버리면 그만이지. 표주박은 우리에게 있소."

두 대추장수 중 하나가 표주박 두 개를 꺼내고 다른 하나는 대추를 잔뜩 들고 오더니 7명이 술통 뚜껑을 열고 돌아가며 표주박으로 술을 퍼 마시고 대추를 먹더니 금방 술 한 통을 비웠다.

"아 참, 술값이 얼마인지 묻지도 않았네."

"나는 원래 장사할 때 술값을 말하지 않소. 한 통에 5관, 한 짐에 10관이오."

"5관이면 당신 말대로 5관 줄 테니 남은 통에서 한 바가지만 더 먹읍시다."

"더는 안 됩니다. 정해진 가격이오."

한 사람이 돈을 건네고 다른 한 사람은 나머지 통을 열더니 한 바가지 떠가지고 가서 마셨다. 술 파는 사람이 바쁘게 달려가 손님 손에서 바가지를 빼앗으려 하니 반쯤 남은 술을 가지고 숲으로 도망갔다. 술 파는 사람이 서둘러 쫓아갔다. 그러자 이쪽의 다른 사람이 소나무 숲에서 나와 바가지를 들고 통에서 술을 펐다. 술 파는 사람이 돌아와 바가지를 빼앗아 통 안에 도로 부으며 뚜껑을 덮고 바가지를 땅바닥에 던지며 말했다.

"점잖지 못한 사람들 같으니. 염치를 아는 이라면 어찌 이런 소란을 피우겠소!"

한편 맞은편 모든 병사가 술을 마시고 싶어 마음들이 조급해졌다. 그중 한 병사가 집사에게 다가가서 말했다.

"나리, 한마디만 해주십시오. 대추 파는 사람들도 사서 먹었는데 우리도 까짓것 사서 먹고 목 좀 축여도 되지 않겠습니까. 사실 덥고 목이 말라 참을 수가 없습니다. 여기 언덕 위에 물을 얻어먹을 수 있는 곳도 없는데 나리가 좀 도와주세요!"

집사는 병사들이 말하는 것을 보고 자기도 속으로 마시고 싶어서 양지에게 말했다.

"대추 파는 사람들이 이미 한 통 사서 먹었는데 아무 일 없고 이제 한 통만 남았으니 우리도 더위도 피할 겸 사서 마십시다. 언덕 위엔 물 얻어먹을 곳도 없지 않소."

양지가 생각했다.

'저놈들을 살펴보니 한 통 마시고 아무 일도 없었고 다른 통 안에 든 술도 이미 한 놈이 반 바가지 마셨는데 아무 일 없는 것을 보면 괜찮을 것 같은데. 오전 내내 두들겨 팼으니 대충 한 바가지씩 먹여도 괜찮을 것 같은데.'

양지가 돌아보며 말했다.

"집사님 말씀대로 사서 먹이고 곧 출발합시다."

병사들이 듣고 돈 5관을 모아 술을 사려고 했다. 술 파는 사람이 말했다.

"안 팔아요. 안 팔아! 이 술에 몽한약을 탔어요."

병사들이 웃으며 말했다.

"형씨, 그렇게 말할 것까지야 없잖소?"

"안 팔아요. 귀찮게 하지 마시오!"

대추장수들이 달래며 말했다.

"이런 쪼잔한 사람 같으니. 저 사람이 말을 잘못하긴 했지만, 당신도 그런 걸로 마음에 담아둘 거야 없지 않소! 우리도 저쪽에 연루되어 당신한테 한 소리 들었잖소. 저 사람들 잘못이 아니니 대강 그만하고 먹게 파시오."

술장수가 여전히 불만을 쏟아내며 말했다.

"아무 근거 없이 다른 사람을 의심하는 것은 도대체 무슨 짓이오?"

대추장수가 술 파는 사람을 한쪽으로 밀어내고 술통을 병사들에게 넘겨주었다. 병사가 통 뚜껑을 열었으나 떠먹을 수 있는 바가지가 없어서 조심스레 대추장수에게 바가지를 빌려달라고 말했다.

"여기 대추랑 같이 드시오."

"무슨 소리요? 그럴 수 없소!"

"사양할 것 없소. 다 같은 장사치인데 대추 몇 개가 뭐 대단하다고 그러시오."

병사가 감사 인사를 하고 두 바가지에 떠서 집사에게 한 바가지 주고 양지에게 주었다. 그러나 양지가 어찌 기꺼이 마시겠는가? 집사가 먼저 한 바가지 마시고 두 우후가 한 바가지씩 마셨다. 병사들이 한 바가지씩 마시자 독 안의 술은 금방 바닥났다. 양지는 다들 마시고 아무 일 없는 것을 보고 원래 마실 마음이 없었으나 날이 몹시 덥고 목도 말라 가져다가 반쯤 마시고 대추도 몇 알 먹었다. 술 파는 사람이 말했다.

"그 술은 저쪽 손님들이 반 바가지 떠 마셔서 조금 부족하니 내가 반 관 깎아주겠소."

병사들이 거둔 돈을 지불했고 술 팔던 사람은 돈을 받으며 빈 통을 지고 노래를 부르며 언덕 아래로 내려갔다. 7명의 대추를 파는 사람이 소나무 옆에 서서 15명을 가리키며 말했다.

"쓰러져라. 쓰러져라!"

15명이 머리는 무겁고 다리는 가벼워지더니 서로 바라보며 모두 쓰러졌다. 7명의 길손이 소나무 숲에서 7량의 강주거를 밀고 나와 수레에 실었던 대추를 모두 버리고 11개의 금은보석 짐을 싣고 잘 덮은 다음 신이 나서 소리쳤다.

"폐를 끼쳐서 미안하오."

서둘러서 황니강에서 내려갔다.

양지는 입으로 큰일났다고 말했으나 몸에 힘이 빠져서 발버둥쳐도 일어날 수 없었다. 15명은 눈을 멀뚱멀뚱 뜬 채 7명이 짐을 싣고 가는 것을 보고도 일어나지 못했고 움직이지도 못했으며 말할 수도 없었다.

독자 여러분에게 물어보겠습니다. 이 7명은 누구일까요? 다른 사람이 아니라 원래 조개, 오용, 공손승, 유당, 삼완 일곱 사람이었다. 그리고 술을 지고 왔던 사람은 백일서 백승이었다. 어떻게 약을 탔는가? 원래 언덕 위에 지고 왔을 때에는 두 통 모두 좋은 술이었다. 7명이 먼저 한 통을 마시고 유당이 나머지 한 통 뚜껑을 열어 반 바가지를 일부러 떠 마셔 독이 없다는 것을 보임으로써 자원해서 마시도록 만든 것이었다.

나중에 오용이 소나무 숲 안에서 약을 가지고 나와 표주박 안에다 넣고 술을 뜨는 것처럼 하면서 섞어넣고 거짓으로 한 바가지를 뜬 것이다. 백승이 빼앗아 도로 통 속에 넣을 때 이미 몽한약은 술에 섞여 있었다. 이것이 오용이 마련한 '지혜로 생신강을 빼앗는 계책'이었다.

원래 양지가 먹은 술은 많지 않아서 빨리 깨고 일어났으나 아직도 몸을 제대로 가눌 수 없었다. 14명을 보니 입가에 침을 흘리며 모두 움직이지 못했다. 양지가 분노하며 말했다.

"너희가 생신강을 가져가버리면 내가 돌아가서 어떻게 양중서를 본단 말이냐! 이 위임장을 이제 제출할 수 없게 되었구나.”

그 자리에서 문서를 찢어버렸다.

“이제 다른 곳으로 도망간다면 집이 있어도 돌아갈 수 없고 나라가 있어도 머물 수 없으니 어디로 가야 한단 말인가? 차라리 이 언덕에서 죽어버리자!”

옷을 걷고 발걸음을 성큼성큼 내디디며 황니강 아래로 뛰어내리려고 했다.

이룡산 보주사[1]

양지는 당시 황니강에서 생신강을 빼앗기고 돌아가 양중서를 볼 면목이 없어서 언덕 아래로 뛰어내려 자진하고자 했다. 언덕 아래를 내려다보며 몸을 던져 뛰어내리려 할 때 문득 깨달아지는 게 있어 발길을 멈추고 속으로 생각했다.

'부모님이 나를 낳아주시고 위풍당당하고 늠름한 사내로 길러주셨다. 또 어려서부터 18반 무예를 몸에 익혔는데 이렇게 끝날 수는 없잖은가? 오늘 이렇게 죽을 곳이나 찾기보다는 일단 살아남아 나중에라도 그놈들을 붙잡고 나서 다시 생각해보자.'

1_ 제16장 화화상이 혼자 이룡산에서 싸우다花和尙單打二龍山. 청면수가 짝을 지어 보주사를 탈취하다靑面獸雙奪寶珠寺.

몸을 돌려 언덕에서 내려와 다시 보니 14명 모두 눈만 멀뚱멀뚱 뜨고 멍하니 양지만 바라보며 발버둥쳤지만 일어날 수 없었다. 양지가 삿대질하며 욕을 퍼부었다.

"네놈들이 내 말을 듣지 않더니 결국 이렇게 되어서 나까지 연루시키고 말았구나!"

나무 밑동에서 박도를 집어들고 요도를 차며 주변을 살펴보니 흩어진 대추 외에는 아무것도 없었다. 양지는 한숨을 내쉬고 망설임 없이 언덕을 걸어 내려갔다.

나머지 14명은 이경이 되어서야 겨우 깨어났다. 한 명씩 일어나면서 화살을 연달아 쏘는 것처럼 일어나는 순서대로 '큰일났다' 하며 소리쳤다. 집사가 말했다.

"너희가 양 제할의 바른말을 따르지 않아 나도 죽게 생겼다!"

"나리, 이미 일이 이렇게 되었으니 살아날 방법이나 찾아봅시다."

"너희에게 무슨 좋은 방법이 있느냐?"

"모두 우리 잘못입니다. 옛말에 '불이 몸에 옮겨 붙으면 각자 알아서 끄고, 독충이 품안으로 들어오면 즉시 옷을 벗으라'고 했습니다. 만일 양 제할이 아직 여기에 남아 있다면 우리는 아무 할 말이 없습니다. 지금 양 제할이 떠나버리고 어디로 갔는지 모르므로 우리는 양중서 상공에게 돌아가서 모든 책임을 그에게 뒤집어씌워야 합니다. '양지가 도중에 우리에게 모욕을 주었으며 때리고 욕하며 핍박하여 꿈쩍 못하게 만들었다. 그는 강도들과 한패로 우리에게 몽한약을 먹여 쓰러뜨린 뒤 손발을 묶어놓고 보물을 모두 빼앗았다'고 해야 합니다."

집사가 말했다.

"네 말이 옳다. 우리는 날이 밝거든 먼저 이곳 관아에 가서 고발하고, 우후 둘은 관아에 남아 도적을 잡는 데 협조하여라. 우리는 밤낮으로 북경으로 돌아가 본관에게 알리고 문서를 작성하여 다시 태사에게 보고하고 제주부에 명하여 강도를 잡게 해야겠다."

다음 날 날이 밝자 집사는 일행과 함께 제주부로 가서 해당 관리에게 고발했다.

한편 양지는 박도를 들고 답답하고 막막한 심정으로 황니강을 떠났다. 밤새도록 남쪽으로 정처 없이 가다가 숲으로 들어가서 쉬며 생각했다.

'노자도 한 푼 없고 아는 사람도 하나 없는데 이제 어떻게 해야 하나?'

날이 차츰 밝아오자 서늘한 틈을 타 발길을 재촉했다. 다시 20여 리 길을 힘들게 걸어 한 주점 앞에 도착했다. 양지가 말했다.

"술이라도 한잔 마셔야지 그렇지 않고 어떻게 견디겠어?"

주점 안으로 들어가 뽕나무 탁자의 의자에 앉고 박도를 몸 옆 가까이에 기대어 세웠다. 부뚜막 옆에 서 있던 부인이 물었다.

"손님, 식사하시렵니까?"

"먼저 술 두 각 가져오고 쌀 좀 빌려 밥도 짓고 고기도 있으면 조금 가져오시오. 계산은 나중에 한꺼번에 하겠소."

그 부인은 젊은이를 불러서 술을 따르게 하고 한편으로는 밥을 짓고 고기를 볶아 양지가 먹을 수 있도록 내왔다. 양지가 모두 먹고 일어나 박도를 들고 주점을 나서자 부인이 따라 나와서 말했다.

"술과 음식 값을 안 냈습니다!"

"다음에 돌아올 때 줄 테니 외상으로 달아놓으시오."

그러고는 곧 주점을 나왔다. 술을 따르던 젊은이가 뛰어나와 양지를 붙잡았다가 한 대 맞고 쓰러졌다. 부인이 억울해서 소리쳤으나 양지는 전혀 신경 쓰지 않고 앞으로 걷기만 하는데 뒤에서 한 사람이 쫓아 나와 외쳤다.

"너 이놈 어디로 도망가느냐!"

양지가 뒤돌아보니 그 사람은 팔을 걷어붙이고 간봉杆棒[2]을 끌면서 달려왔다. 양지가 말했다.

"네놈은 정말 재수 없는 놈이구나! 너 때마침 잘 걸렸다."

가던 걸음을 멈추고 돌아서서 기다렸다. 그 뒤를 보니 맞고 쓰러졌던 젊은이가 삼지창을 들고 뒤에 따라 나왔다. 또 장객 두세 명이 각자 간봉을 들고 날듯이 쫓아 나왔다.

양지가 말했다.

"이놈을 쓰러뜨리면 저놈들은 감히 쫓아오지 못하겠구나."

박도를 잡고 달려오는 사내와 싸웠다. 사내 또한 간봉을 돌리며 맞서서 덤볐다. 둘이 20~30합을 싸웠는데 사내는 양지의 상대가 되지 않아서 간격을 두고 막는 데 급급하여 위아래로 피할 따름이었다. 나

2_간봉杆棒: 병기로 사용하는 나무 몽둥이.

중에 따라온 젊은이와 장객들이 함께 도와주려고 하니 싸우던 사내는 펄쩍 뛰어 뒤로 물러서면서 소리쳤다.

"모두 잠시 멈추시오! 거기 박도 쓰는 장사께서는 성명을 알려주실 수 있겠소?"

양지는 가슴을 두드리며 말했다.

"내 이름을 숨기거나 바꿀 생각은 추호도 없다. 청면수 양지가 바로 나다!"

"그럼 바로 동경 전사 양 제사 아니시오?"

"내가 양 제사라는 것을 어떻게 아느냐?"

그 사람은 몽둥이를 던지고 절하며 말했다.

"소인이 눈을 달고 태산을 알아보지 못했습니다."

양지가 이 사람을 부축하여 일으키며 물었다.

"당신은 뉘시오?"

"소인은 원래 개봉부 사람인데 80만 금군 교두 임충의 제자로 이름은 조정曹正이며 대대로 백정 노릇을 하고 있습니다. 짐승을 잘 잡으며 근육을 추려내고 뼈도 잘 잘라내며 가죽을 벗겨 밀어내는 솜씨가 좋아 사람들이 저를 '조도귀操刀鬼(칼 잡은 귀신)'라고 부릅니다. 어떤 재산가가 5000관을 소인에게 대주어 이곳 산동에 와서 장사를 하게 했는데 뜻대로 안 되어 본전을 다 까먹고 돌아가지 못하다가 여기 농부의 데릴사위가 되었습니다. 방금 부엌에 있던 부인이 소인의 집사람이고 삼지창을 든 사람은 처남입니다. 조금 전 소인이 제사와 겨룰 때 솜씨가 제 스승과 같은 것을 보고 당할 수 없음을 알았습니다."

"원래 임 교두의 제자였구려. 당신의 스승이 고 태위의 모함을 받아 산으로 가서 도적이 되었네. 지금은 양산박에 있다네."

"소인도 그런 말을 들었으나 진실을 알 수가 없었습니다. 제사께서는 저희 집으로 가서서 잠시 쉬시지요."

양지는 조정과 다시 주점 안으로 들어갔다. 조정은 양지를 내실 안에 앉히고 부인과 처남을 불러서 절을 시킨 후 다시 술과 음식을 내와서 대접했다. 술을 마시는 도중에 조정이 물었다.

"제사께서는 무슨 연고로 이곳에 오셨습니까?"

양지는 제사가 되어 화석강을 물에 빠뜨렸고 또 지금 양중서의 생신 강을 잃어버린 일을 처음부터 자세하게 얘기했다. 조정이 말했다.

"이미 이렇게 됐으니 잠시 소인의 집에서 머무르며 다시 의논해보시죠."

"그렇게 말하니 호의가 아주 고맙네. 다만 관아에서 곧 잡으러 올 테니 오래 머무를 수는 없네."

"그럼 제사께서는 어디로 가려고 하십니까?"

"양산박에 가서 자네 스승인 임 교두를 찾아보려고 하네. 전에 그곳을 지날 때 산 아래로 내려온 임 교두와 실력을 겨룬 적이 있었다네. 우리 둘의 실력이 막상막하인 것을 왕륜이 보고 나를 산채로 데려가 그때 자네 사부인 임충을 알게 되었다네. 왕륜이 당시 간절하게 남기를 바랐으나 도적이 되고 싶지는 않았다네. 이제 와서 얼굴에 금색으로 자자한 꼴로 찾아가려 하니 용기가 나지 않네. 그래서 망설여져 결정도 못하고 진퇴양난일세."

"제사께서 잘 보셨습니다. 저도 소문을 들어보니 왕륜 그놈은 도량이 작아서 사람을 받아들이지 않는답니다. 제 사부 임 교두도 입산할 적에 그놈에게 갖은 봉변을 당했답니다. 소인이 사는 여기에서 멀지 않은 곳이 바로 청주靑州인데 그곳에 이룡산二龍山이 있고 산 위에는 보주사란 절이 있습니다. 이룡산은 본디 보주사를 사방으로 잘 감싸고 있어서 올라가는 길이 하나밖에 없습니다. 지금 절의 주지가 환속하여 머리를 기르자 나머지 중들도 모두 따라서 도적이 되었습니다. 듣자 하니 그가 400~500명을 모아 곳곳에서 재물을 약탈하는데 사람들이 주지를 '금안호金眼虎' 등룡鄧龍이라고 한답니다. 제사께서 만일 도적이 되겠다고 마음 먹으셨다면 그곳에 몸을 의탁하는 것이 좋을 듯합니다."

"그런 곳이 있다면 어찌 달려가서 발붙이고 의지하지 못하겠는가?"

그날은 조정의 집에서 하루 머물고 약간의 노자를 빌려 박도를 들고 이별한 후 발걸음을 이룡산으로 향했다.

하루 내내 쉬지 않고 걸어 날이 저물 무렵 눈앞에 높은 산이 보였다.

'오늘 밤은 숲에서 쉬고 내일이나 산에 올라야겠다.'

방향을 돌려 숲으로 들어가다가 깜짝 놀랐다. 뚱뚱한 중 하나가 윗통을 벗어던지고 꽃무늬 문신이 가득한 맨몸으로 소나무 밑동에 앉아 더위를 피하고 있었다. 그 중은 양지를 보고 나무 밑동에서 선장을 집어들고 벌떡 일어나더니 크게 소리질렀다.

"이런 거시기 같은 경우가 있나. 너는 어디서 온 놈이냐?"

양지가 상대의 사투리를 듣고 반가워서 말했다.

"원래 당신도 관서 중이구려. 당신은 나와 같은 고향 출신이니 한 가지 물어봅시다."

양지가 소리쳤다.

"스님은 어디 사람이오?"

그 중은 아무 대답도 하지 않고 선장을 손으로 돌리며 덤벼들었다. 양지가 말했다.

"이런, 빡빡 대가리 놈이 어찌 이리 무례하냐? 잘됐다. 네놈에게 화풀이나 해야겠구나!"

손에 박도를 잡고 그 중에게 달려들었다. 둘은 숲속에서 왔다 갔다 위로 한 번 아래로 한 번 서로 공격을 주고받으며 40~50합을 쉬지 않고 싸웠으나 승부가 나지 않았다. 그 중이 빈틈을 보이며 펄쩍 뛰어 뒤로 물러나며 말했다.

"잠깐 쉬자!"

둘은 손을 멈추었다. 양지는 속으로 실력에 감탄하며 생각했다.

'어디서 나타난 중인지 정말 실력도 뛰어나고 기술도 대단하구나! 나도 지금까지 간신히 버텼네!'

그 중이 소리치며 말했다.

"거기 얼굴 퍼런 놈아, 너는 누구냐?"

"동경 제사 양지요."

"당신이 동경에서 칼을 팔다가 파락호 우이를 죽인 사람이오?"

"내 얼굴에 새겨진 금인이 보이지 않소?"

중이 웃으면서 말했다.

"여기서 당신을 만날 줄은 몰랐소."

"감히 묻겠는데, 사형은 도대체 누구시오? 내가 칼을 판 것을 어떻게 아셨소?"

"나는 다른 사람이 아니라 원래 연안 노종 경략상공 휘하 군관 노제할이오. 진관서를 세 방에 쳐 죽이고 오대산에 가서 머리를 깎고 중이 되었소. 사람들이 등에 새겨진 꽃 문신을 보고 '화화상花和尙' 노지심이라 부릅니다."

양지가 밝게 웃으며 반갑게 말했다.

"원래 우리는 동향이구려. 강호를 돌아다니며 사형의 큰 이름을 자주 들었습니다. 듣기로는 대상국사에서 머무신다던데 지금 무슨 까닭에 여기 계십니까?"

"한마디로 말하기 어렵소. 대상국사에서 채소밭을 관리하다가 표자두 임충을 만났소. 고 태위의 함정에 빠져 위태로울 때 나서서 구해주고 창주까지 호송했소. 그런데 두 압송관원이 돌아가 고구 그놈에게 '야저림에서 막 임충을 죽이려고 할 때 대상국사 노지심이 나타나 구해주었습니다. 그리고 그 중이 창주까지 호송해서 임충을 죽일 수 없었습니다'라고 했소. 이 고구라는 애미도 팔아쳐먹을 도적놈이 한을 품고 나를 죽이려고 장로를 시켜 절에서 쫓아내게 했소. 또한 관가에서 나를 잡으려고 사람을 보냈는데 다행히도 동네 무뢰한들이 알려주어 그놈의 손길을 피할 수 있었소. 채소밭의 관사를 불태우고 강호를 떠돌았으나 동쪽에서도 머물지 못하고 서쪽으로 가서도 자리잡지 못했소. 맹주孟州 십자파十字坡를 지나다가는 주점의 부인이 몽한약을 탄 술을 먹여 목숨을 잃을 뻔했는데 다행히 부인의 남편이 일찍 돌아와 내 모습과 선장과 계도를 보고 놀라 서둘러 해독약을 먹여 깨웠소. 내 이름을 물어보더니 며칠 더 머물게 했고 의형제를 맺었소. 그 부부는 강호에서도 유명한 사람으로 사내는 채원자菜園子 장청張靑이고 처는 모야차母夜叉3 손이랑孫二娘으로 매우 의로운 사람들이오. 그곳에서 4~5일 머무르다 가 여기 이룡산 보주사가 몸을 피하기 좋다 하여 일부러 등룡에게 가 서 산적 일당에 가담하려 했소. 그런데 그놈이 나를 산채에 받아들이 지 않아 싸웠는데 당해내지 못하자 산 아래 관문 세 개를 꼭꼭 잠가버 렸소. 달리 갈 데는 없고 그 거시기 같은 놈이 욕지거리만 하고 내려와 싸우지도 않으니 몹시 화가 나서 여기서 어찌지 못하고 있는데 마침 형 씨가 나타난 것이오."

양지는 노지심을 만난 것이 무척 기뻤다. 둘은 숲 안에서 서로 인사 를 하고 땅바닥에 앉아 밤을 새웠다. 양지는 칼을 팔려다가 우이를 죽 인 일을 소상하게 말하고 또 생신강을 빼앗기던 일을 자세하게 설명했 다. 또 조정이 여기를 찾아오게 한 일을 자세하게 설명한 뒤에 말했다.

"요새를 닫아버리면 우리가 여기 바깥에서 그를 내려오게 할 수는 없습니다. 일단 조정의 집에 가서 상의하는 것이 좋겠습니다."

둘은 발길을 재촉하여 숲을 벗어나 조정의 주점 안으로 들어갔다. 양지가 노지심을 인사시키자 조정은 서둘러 술을 준비하여 대접하고 이룡산을 치는 일을 상의했다. 조정이 말했다.

"만일 정말로 문을 걸어 잠근다면 두 분뿐만 아니라 1만 군마가 와

3_ 야차夜叉: 귀신을 잡아먹을 수 있는 신을 이른다. 불경에서는 사람을 잡아먹는 악귀다.

도 올라갈 수 없습니다. 그렇다면 꾀를 내어 취해야지 힘으로 빼앗을
수 없습니다."

노지심이 말했다.

"그 짜증나는 거시기 같은 놈이 사람을 처음 만날 때 문밖에서만
만나더라고. 나를 받아들이지 않는다고 해서 덤벼들어 그놈 배때기를
차서 쓰러뜨렸지. 그놈을 끝장내려고 하는데 졸개들이 몰려들어 그놈
을 구해 산으로 올라가 그 개 같은 문을 잠가버리더라고. 너는 밖에
서 욕해라, 나는 안에서 지키고 나가지 않겠다고 하니 싸울 수가 있어
야지."

"거처하기 좋은 곳이니 우리가 어떻게 해서라도 싸워야지요!"

"무슨 방법을 찾지 않으면 그놈을 어떻게 할 수가 없네!"

조정이 말했다.

"소인에게 계책이 있는데 두 분의 뜻에 맞을지 모르겠습니다."

양지가 말했다.

"좋은 계책이 있다면 들려주게."

"제사께서는 그런 복장을 하지 마시고 소인의 말대로 근처 마을 농부
복장으로 갈아입으십시오. 소인은 스님의 선장과 계도를 모두 가진 채
제 처남과 하인 몇 명 데리고 밧줄로 스님을 묶어서 산 아래까지 데리고
가겠습니다. 제가 밧줄은 풀어지게 묶을 수 있습니다. 산 아래에 가서
소리칩니다. '우리는 근처에 주점을 하고 있는 농가인데 이 중이 우리 주
점에 와서 술을 먹고 크게 취하여 술값을 내지 않았습니다. 입으로는
사람을 불러서 대왕님의 산채를 치겠다고 했습니다. 그래서 그가 취한

틈에 묶어 여기로 끌고 와 대왕께 바칩니다'라고 합니다. 그러면 그놈은 반드시 우리를 산채 안으로 들일 것입니다. 산채 안으로 들어가 등룡을 만나면 밧줄을 풀고 소인은 선장을 스님에게 건네주겠습니다. 두 분이 함께 싸운다면 그놈이 어디로 도망가겠습니까? 만일 두령 놈을 끝장내 버린다면 나머지는 모두 굴복할 것입니다. 이 계책이 어떻습니까?"

노지심과 양지가 일제히 감탄했다.

"좋네, 절묘하군!"

그날 밤 모두 술과 고기를 먹고 가는 도중에 먹을 식량도 준비했다. 다음 날 오경에 일어나서 다들 배부르게 먹었다. 노지심의 짐과 보따리는 모두 조정의 집에 두었다.

당일 양지, 노지심, 조정은 처남과 5~7명의 농부를 데리고 이룡산으로 가는 길을 잡았다. 정오가 지나 숲속에 들어가 옷을 갈아입고 풀리는 매듭을 만들어 노지심을 묶어 두 농부에게 밧줄을 잡게 했다. 양지는 햇빛을 가릴 수 있는 삿갓을 쓰고 몸에는 다 낡은 적삼을 입었으며 손에는 박도를 거꾸로 잡았다. 조정은 노지심의 선장을 들었고 나머지는 모두 간봉을 들고 앞뒤에서 노지심을 둘러쌌다. 산 아래에 도착하여 관문을 살펴보니 곳곳에 쇠뇌와 회병灰瓶4, 포석砲石5이 설치되어 있었다. 관 위에 서 있던 졸개들이 중을 묶어 끌고 오는 것을 보고 번개같이 산 위로 보고하러 올라갔다. 얼마 뒤 소두목 두 명이 관 위에

4_ 회병灰瓶: 고대 전쟁에서 쓴 도구. 석회를 담은 병으로 적과 싸울 때 뿌려 눈을 못 뜨게 했다.
5_ 포석砲石: 고대 전투에서 포를 사용하여 날려보내던 돌.

올라와 물었다.

"너희는 누구이며 여기에 무엇하러 왔느냐? 그 중은 어디서 잡았느냐?"

"소인들은 산 아래 근처 마을의 농부로 조그만 주점을 열고 있습니다. 이 뚱뚱한 중이 갑자기 우리 주점에 나타나더니 술 마시고 크게 취하여 돈도 내지 않고 떠들기를 '양산박에 가서 졸개 500~600명을 끌고 와서 이룡산을 치고 주변 마을도 모두 쓸어버리겠다!'고 했습니다. 그래서 소인이 좋은 술로 청하여 취하게 만든 뒤 이놈을 밧줄로 묶어서 대왕에게 바치러 왔습니다. 우리가 이렇게 이웃을 공경하는 마음을 보여드렸으니 마을에 뒤탈이 없도록 해주십시오."

소두목 둘은 이 말을 듣고 아주 기뻐서 말했다.

"잘했다! 거기서 잠시 기다리거라."

소두목은 곧 산 위로 올라가서 등룡에게 뚱뚱한 중을 잡아왔다고 보고했다. 등룡이 듣고 크게 기뻐하며 소리쳤다.

"산 위로 끌고 오너라. 이놈의 심장과 간을 꺼내 술안주로 삼아 발에 채인 원한을 풀겠다!"

졸개가 명령을 받고 내려가 요새의 문을 열고 산 위로 데리고 올라갔다.

양지와 조정이 노지심을 끌고 산 위로 올라가면서 세 개의 관문을 보니 매우 험준했다. 두 개의 높은 산이 사방을 둘러막고 절을 감싸고 있었으며 산봉우리는 웅장했고 관으로 올라갈 수 있는 길은 가운데 하나밖에 없었다. 세 개의 관문 위에는 뇌목, 포석, 궁노 등이 늘어서 있었고 고죽苦竹6으로 만든 창이 **빽빽하게** 꽂혀 있었다. 세 개의 관문을 지나서 보주사 앞에 도착하여 바라보니 세 개의 전각이 서 있고 땅은 거울처럼 평평하여 평지 같았으며 주위는 모두 목책을 세워 성을 만들었다. 절 앞 산문 아래에 졸개 7~8명이 서 있다가 노지심이 묶여 오는 것을 보고 손가락질하며 욕을 했다.

"이 까까머리 당나귀 같은 놈이 우리 대왕을 다치게 했으니 오늘 이 놈을 천천히 잘게 토막내 잡아먹을 테다!"

노지심은 아무 말도 하지 않았다.

불전에 끌려와 바라보니 불단 위의 불상을 들어내고 그곳에 호랑이 가죽을 덮은 교의를 놓았고 졸개들은 창을 들고 양쪽에 늘어서 있었다.

잠시 뒤에 등룡은 두 졸개의 부축을 받고 교의에 앉았다. 조정과 양지는 노지심을 양쪽에서 꽉 붙들어 부축하고 계단 아래로 갔다. 등룡이 신이 나서 말했다.

"너 이 머리 벗겨진 당나귀 놈아. 지난날 네가 나를 쓰러뜨리고 배를 상하게 해서 지금도 검푸른 멍이 사라지지 않았는데 오늘 이렇게 만났구나!"

노지심이 눈을 크고 둥그렇게 뜨며 기괴한 눈빛으로 노려보면서 크게 소리질렀다.

"야 이 개 같은 놈아, 거기서 기다려라!"

6_ 고죽苦竹: 참대. 볏과의 여러해살이풀.

두 장객이 밧줄을 잡아당기자 묶었던 줄이 풀렸다. 노지심은 조정의 손에서 선장을 받아들고 돌리며 휘두르기 시작했고, 양지는 삿갓을 벗어던지고 박도를 돌려 잡았다. 조정도 간봉을 잡아들었고 여러 농부들도 한꺼번에 일어나 앞으로 나갔다. 등룡이 급히 발버둥쳤으나 노지심의 선장에 두개골을 맞아 머리가 반으로 깨지고 교의조차 부서져버렸다. 부하들도 양지에게 맞아 4~5명이 쓰러졌다. 조정이 소리쳤다.

"모두 항복하라! 따르지 않는 자는 모두 당장에 죽여버리겠다!"

절 앞뒤로 모여 있던 500~600명 졸개와 소두목들은 모두 놀라 넋이 나가 항복할 수밖에 없었다. 즉시 졸개를 불러 등룡의 시체를 뒷산으로 가져가 불태웠다. 다른 한편으로 창고를 간단하게 점고하고 가옥들을 정돈했으며 다시 그 절 뒤에 가서 물건이 얼마나 되는지 점검하고 술과 고기를 준비하여 먹었다. 노지심과 양지는 산채의 대왕이 되고 술을 가져와 잔치를 벌여 축하했다. 졸개들은 모두 항복하고 예전과 같이 소두목을 두어 관리하도록 했다. 조정은 두 호걸을 떠나 농부들과 집으로 돌아갔다.

한편 생신강을 압송하던 집사는 상금군들과 새벽에 걷고 낮에 쉬면서 북경으로 돌아왔다. 양중서의 부로 돌아와 바로 정당 앞에 가서 모두 땅에 나란히 엎드리고 죄를 청했다. 양중서가 물었다.

"운반하느라 수고했다. 모두 너희 덕분이다."

그러고는 다시 물었다.

"양 제할은 어디 있느냐?"

"모르겠습니다! 이 사람은 대담하고 은혜를 저버린 도적놈입니다. 여기서 출발하여 5~7일 뒤 황니강에 도착하여 날씨가 몹시 더워 숲 안에서 쉬고 있었습니다. 그런데 양지가 대추장수로 가장한 도적 7명과 내통했습니다. 양지와 내통한 도적들은 먼저 7량의 강주거를 황니강 소나무 숲 안에 숨겨놓고 우리를 기다리고 있었습니다. 그리고 또 한 사람을 시켜서 술을 짊어지고 언덕에 올라와 쉬게 했습니다. 소인들은 그의 술을 사서 마시면 안 되는 것인데 참지 못하고 마셨습니다. 몽한약에 취하여 쓰러지자 밧줄로 우리를 묶었습니다. 양지는 그 일곱 명의 도적과 함께 생신강 재물과 짐을 모두 수레에 싣고 가버렸습니다. 지금 이미 제주 관아에 가서 알리고 우후 두 명은 그곳에 남아 관아에서 도적을 잡는 것을 돕도록 했습니다. 소인들은 은상에게 알리려고 밤낮으로 쉬지 않고 돌아왔습니다."

양중서가 듣고 깜짝 놀라며 욕을 퍼부었다.

"이 도적 같은 죄인 놈, 범죄를 저지른 죄수를 발탁해서 사람 노릇하게 만들어주었더니 어찌 감히 이렇게 배은망덕한 짓을 저지른단 말이냐. 잡히기만 하면 내가 발기발기 찢어 죽여버리겠다!"

즉시 서리를 불러서 문서를 작성하고 제주로 사람을 보내 밤낮을 가리지 않고 달려가 전달하게 했다. 또 동경으로 사람을 보내 밤낮없이 달려가 태사에게 알렸다. 제주에 공문을 보낸 것은 말할 것도 없고 동경 태사부에 사람을 보내 서찰을 전했다. 채 태사는 편지를 보고 깜짝 놀라서 말했다.

"이 도적놈들이 어찌 이처럼 대담하단 말이냐! 작년에 사위가 보낸 선물도 강탈당해서 받지 못했고 아직도 도적을 잡지 못했다. 올해에 또 선물을 받지 못하게 되었으니 어떻게 참고 가만히 있겠느냐!"

즉시 공문을 작성하여 자기 부간府干[7]을 골라 밤낮으로 제주 부윤을 찾아가 죄인을 잡아 보고하라고 했다.

한편 제주 부윤은 북경 대명부 유수사 양중서에게 서찰을 받은 후 매일같이 잡을 방법을 논의했다. 한참 근심하고 있을 때 문을 지키는 서리가 들어와서 말했다.

"동경 태사부에서 보낸 부간이 이미 대청 앞에 와서 공문을 들고 상공을 뵙고자 합니다."

부윤이 크게 놀라며 말했다.

"분명히 생신강 때문이겠구나!"

서둘러서 정당에 올라 태사부에서 파견한 사람과 만나 말했다.

"이 일은 제가 양중서 우후의 소장을 받아 이미 군관과 포도 관찰觀察[8]을 보내 도적을 추적하고 있으나 아직 행적을 알 수 없습니다. 전날 유수사께서 사람을 보내 명령하셔서 이미 위사慰司[9]와 포졸을 풀어 살피고 있으며 기한 내에 잡지 못하면 장형을 당할 것이라 했으나 아직 잡지 못하고 있습니다. 만일 약간이라도 소식이 있으면 제가 친히 찾아

7_ 부간府干: 송나라 때 고급 관리들이 집에서 부리던 시종이다.

8_ 관찰觀察: 송나라 때 지방 관아에서 죄인을 잡던 하급 무관.

9_ 위사慰司: 오늘날 경찰서 서장에 해당된다. 현승縣丞과 함께 지현을 보좌하는 관직으로 치안과 포도를 담당했다.

가서 말씀드리겠습니다."

부간이 얼굴에 근심이 가득 차서 심각하게 말했다.

"소인은 태사부의 심복입니다. 지금 태사의 명을 받들고 특별히 이곳에 도적을 잡으러 나왔습니다. 출발 전에 태사께서 소인을 여기에 보내시며 관아에서 머물면서 상공을 도와 7명의 대추장수와 술장수 그리고 도주 군관 양지를 빠른 시간 안에 잡으라고 친히 당부하셨습니다. 각 도적을 10일 안에 모두 잡아들여 동경으로 압송해야 합니다. 만일 10일 안에 잡아들이지 못한다면 아마 상공께서 먼저 사문도沙門島10로 가시게 되지 않을까 싶습니다. 소인도 태사부로 돌아가기 힘들 것이고 목숨조차 어떻게 될지 알 수 없습니다. 상공께서 믿기 힘드시다면 이 공문을 보십시오."

부윤이 모두 읽고 식은땀을 흘리며 즉시 집포인緝捕人11들을 불렀다. 정당 계단 아래의 주렴 앞으로 한 사람이 와서 서 있는 것을 보고 태수太守12가 말했다.

"너는 누구냐?"

"소인은 집포사신緝捕使臣 하도河濤입니다."

10_ 사문도沙門島: 산동 봉래蓬萊 서북 해상의 섬. 송나라 때 중죄인을 유배보내던 곳으로 살아 돌아오기 힘든 곳이었다.

11_ 집포인緝捕人: 도적 잡는 일을 주관하던 아역.

12_ 태수太守: 본래 한대 군수의 관명이다. 송대에는 군을 부나 주로 고쳐 태수라는 관명을 폐지했으나 습관적으로 지부나 지주를 태수라고 불렀다.

"전날 황니강에서 약탈당한 생신강 책임자가 바로 너냐?"

"상공께 아룁니다. 소인 하도는 이 일을 맡은 이후로 잠도 자지 못하고 주야로 눈치 빠르고 민첩한 집포군사를 황니강에 보내 수사하고 있습니다. 비록 여러 번 형장으로 문책했으나 지금까지 흔적을 찾지 못했습니다. 제가 공무에 소홀해서 그런 것이 아니라 정말로 어쩔 수가 없습니다."

부윤은 큰 소리로 꾸짖으며 말했다.

"헛소리 말아라! '윗사람이 재촉하지 않으면 아랫사람이 게으름 피운다'고 했다. 내가 진사 출신으로 시작하여 한 군의 제후가 된 것은 결코 쉬운 일이 아니었다. 오늘 동경 태사부에서 부간에게 문서를 보내 10일 이내에 죄인을 잡아 동경에 압송해야 한다는 태사의 뜻을 전해왔다. 만일 기한을 어기면 내가 관직을 잃어버릴 뿐 아니라 사문도로 귀양을 가게 될 것이다. 네가 집포군관으로 책임을 다하지 못해서 화가 나에게 이르렀다. 내가 사문도로 가기 전에 네놈을 먼저 기러기조차 도달할 수 없는 먼 군주軍州에 귀양보낼 것이다!"

그리고 자자를 새기는 문필장인을 불러서 하도의 얼굴에 '유배지 ○○주'라고 문양을 새기고 지역만 비워놓고 말했다.

"하도! 네가 도적을 잡지 못한다면 중죄에 대한 처벌을 면치 못할 것이다."

하도는 명을 받고 부윤의 정당에서 나와 자기 집무실로 가서 많은 공인을 불러 기밀실에서 일을 상의했다. 공인들은 입에 화살 맞은 기러기 주둥이처럼 그리고 아가미가 낚싯바늘에 걸린 물고기처럼 아무 말도 못하고 서로 얼굴만 바라보았다. 하도가 답답하고 걱정되어 말했다.

"너희는 평소 이 방에서 번 돈을 잘도 쓰더니 오늘 이 사건은 해결하기 어렵다고 아무 말도 않는 것이냐? 너희도 제발 내 얼굴에 새겨진 자자를 보고 가엾게 여겨보거라."

"관찰께 아룁니다. 소인들이 초목이 아닌 이상 어떻게 모르겠습니까? 이 장사치들은 분명 다른 주부州府 깊은 산골짜기의 강도들로 무리를 지어 재물을 약탈하고 산채로 돌아가 즐거워한다면 무슨 재주로 잡겠습니까? 안다 하더라도 바라볼 수밖에 없습니다."

하도는 그 말을 듣고 절반쯤 차 있던 근심에 나머지 절반이 다 차오른 것 같았다. 집무실을 나와 말을 타고 집으로 돌아가 말을 말구유 앞에 묶어놓고 혼자 속을 썩이고 있었다. 부인이 보고 말했다.

"여보, 무슨 일로 그런 몰골을 하고 계세요?"

"당신은 모르겠지만 그제 태수가 내게 공문을 내렸소. 양중서가 장인 채 태사에게 보낸 생일 선물 11짐을 도적들이 황니강에서 약탈했소. 그런데 누가 약탈했는지 알 수가 없소. 내가 공문을 받은 이후 오늘까지 잡지 못했고 오늘이 그 기한이었소. 그런데 갑자기 태사부에서 사람을 보내 빠른 시일 안에 도적을 잡아 동경으로 압송하라고 하고 있소. 태수가 도적에 대한 말을 묻기에 '단서가 없어 아직 잡지 못하고 있습니다'라고 했더니 내 얼굴에 이렇게 문양을 새기고 빌어먹을 유배지는 적지 않고 비워놓았으니, 앞으로 내 목숨이 어떻게 될지 모르겠소!"

부인이 눈물을 펑펑 흘리며 바닥에 쓰러져 울면서 말했다.

"이 일을 어쩌면 좋아요? 아이고 어떻게 해요!"

둘이 대화하는 중에 동생 하청河淸이 형을 보러 찾아왔다. 하도가 말했다.

"넌 무엇하러 왔느냐? 도박하러 가지 않고 여기는 무슨 일이냐?"

하도의 부인이 눈치 빠르게 얼른 손짓하면서 말했다.

"도련님! 여기 부엌으로 잠깐 오세요. 할 말이 있어요."

하청은 형수를 따라 부엌에 들어가 앉았다. 형수는 술과 고기와 야채를 준비하고 술을 데워 하청에게 먹였다. 하청이 형수에게 물었다.

"형이 왜 날 못 잡아먹어서 안달입니까? 내가 못났어도 우리는 형제 아니오! 자기가 아무리 대단해도 결국은 내 친형이잖습니까. 나와 술 한잔 먹는 것이 무슨 망신스런 일이라도 되나!"

"도련님은 아무것도 모르십니다. 이제 형님은 살기 힘들게 생겼어요!"

"형님이 매일 벌어오던 그 많은 돈과 재물을 어디에 두었기에 살기 힘들단 말입니까? 형제간인데 나더러 찾아오지도 말란 것입니까? 도대체 뭐가 살기 힘들단 말이오."

"도련님은 잘 모르실 거예요. 황니강에서 얼마 전에 대추를 파는 상인들이 북경 양중서가 채 태사에게 보내는 생일 선물을 강탈했어요. 지금 제주 부윤이 10일 이내에 반드시 죄인을 잡아 압송하라는 태사의 명을 받았어요. 만일 범인을 잡지 못한다면 멀리 변경으로 귀양을 가게 될 거예요. 부윤이 형님의 얼굴에 '유배지 ○○주'라는 글자를 새기고 장소만 비워놓은 것을 보지 못하셨어요? 조만간에 잡지 못한다면 정말 그렇게 될 거예요. 지금 무슨 심정으로 도련님과 술이나 마시겠어요? 이미 제가 술상을 챙겼으니 천천히 드세요. 시간이 조금 지나면 괜찮아질 테니 너무 탓하지 마세요."

"나도 도적이 생신강을 약탈했다는 이야기는 진작 들었습니다. 대체 어디에서 그랬답니까?"

"황니강이라는 얘기밖에 못 들었어요."

"도대체 어떤 사람들에게 털렸답니까?"

"삼촌, 술도 아직 안 취했는데 벌써 잊으셨어요? 내가 금방 말했잖아요. 대추장수 7명이 털었다고."

하청이 큰 소리로 하하 웃으며 말했다.

"그러면 잘됐네. 대추를 팔던 상인이라면서 답답하게 뭐하고 있는 거야? 똑똑한 사람 보내서 잡으면 되잖아요."

"말이 쉽지 어디 가서 잡으란 말이에요?"

"형수, 정말 걱정스럽소! 형이 항상 찾아오는 술친구들은 잘 대접하고 친동생만 매일 천대하더니 오늘 일이 생기니 어디 가서 잡아야 할지 모르잖소. 만일 한가할 때 나와 술이라도 한잔 했다면 오늘 이 도적놈들에 대해 귀띔이라도 해주지 않았겠습니까."

"삼촌, 어디 무슨 실마리라도 있는 게요?"

"친형이 위급한 이때에 구할 방법이 있을지도 모르겠네요."

말을 마치고 일어나 돌아가려고 했다. 형수가 잡아 다시 몇 잔을 먹였다.

하도의 부인이 하청의 말을 듣고 수상쩍어 서둘러 남편에게 자세하게 말했다. 하도는 급히 동생을 앞으로 불렀다. 하도가 웃으며 동생에게 말했다.

"하청아, 도적이 어디 있는지 알면서 왜 형을 구해주지 않니?"

"나는 아무것도 몰라요. 내가 형수랑 농담한 거죠. 못난 내가 어떻게 잘난 형님을 구하겠습니까!"

"아이고 동생아, 냉대받을 때만 생각하지 말고 내가 잘해주었던 때 좀 생각해보아라. 내가 막 대했던 일은 잊어버리고 나 좀 살려다오!"

"형님, 재주 많고 똑똑한 군졸도 많고 수하가 200~300명은 될 텐데 형님을 위해 나서지 않고 뭐한답니까? 동생 혼자 무슨 재주로 형님을 구하겠어요!"

"동생아, 부하들은 얘기도 꺼내지 말아라. 네 말 속에 단서가 있는데 제발 남 좋은 일 시키지 말고 살려다오. 나한테 그놈들이 어디에 있는지 말해주면 네게 보상해줄 테니, 내가 어떻게 해야 마음을 풀겠니!"

"어디 있는지 난들 어떻게 알겠소. 난 정말 몰라요!"

"내가 아무리 미워도 같은 부모에게서 태어난 형제이니 나 좀 봐주렴!"

"서두르지 마세요. 급해지면 내가 힘을 보태 그 좀도둑들을 잡으면 되지 않겠어요."

형수가 옆에서 간절하게 말했다.

"삼촌, 제발 형님 좀 구해주세요. 그게 형제간의 도리입니다. 지금 태사부에서 즉각 잡으라고 명을 내렸습니다. 하늘처럼 큰일인데 도리어 '좀도둑'이라고 하시나요!"

"형수도 잘 알지 않습니까. 내가 도박만 한다고 형한테 얼마나 욕을 먹었습니까. 내가 형을 무서워해서 감히 아무 말도 못했지요. 평소에 술 먹을 일이 있으면 다른 사람이랑 즐기더니 오늘에서야 겨우 동생도 쓸 데가 있다는 것을 알지 않았습니까!"

하도는 동생의 말 속에 어떤 단서가 있음을 알고 서둘러 은자 10냥을 꺼내 탁자 위에 놓으며 말했다.

"하청아, 먼저 여기 이 은자를 받아라. 나중에 도적을 잡으면 금은 비단의 상금은 내가 전부 책임지고 챙겨주겠다."

하청이 웃으며 말했다.

"'급하면 부처님 발 잡고 매달리고 한가하면 향조차 사르지 않는다'고 하더니 형님이 바로 그 꼴이오. 내가 만일 형 돈을 바랐다면 협박하여 강탈하는 것과 무엇이 다르겠습니까. 돈으로 나를 속이려 하지 말고 빨리 치우세요. 형이 만일 이렇게 한다면 나는 아무 말 안 할래요. 우리는 형 동생 사이이므로 말하는 것은 어렵지 않으니 돈으로 나를 놀라게 하지 말아요."

하도가 얼굴에 환한 화색이 돌고 바싹 다가앉으며 말했다.

"이 돈은 모두 관부의 상금에서 나오는 것인데 300~500관이라고 안 되겠니? 애야 물리지 말거라. 내가 좀 물어보자. 이 도적놈들에 대해 무슨 단서가 있니?"

하청은 허벅지를 두드리며 말했다.

"도적놈들은 모두 내 주머니에 있지요."

"하청아, 도적들이 네 주머니에 들어 있다는 말이 무슨 소리냐?"

"형, 내 말은 신경 쓰지 마세요. 모두 여기에 있어요. 형은 돈이나 치우시죠. 돈으로 사람 속일 생각 말고 평소 하던 대로 하세요."

하청은 천천히 입을 열기 시작했다.

四 송강전

지키는 사람 없는 무법천지[1]

하도는 동생 하청에게 말했다.

"이 은자는 내가 너를 꾀려고 주는 것이 아니라 관청에서 상으로 주는 것이고 잘되면 나중에 더 큰 상을 내릴 것이다. 하청아, 그놈들이 어째서 네 주머니에 들어 있단 말이냐?"

하청은 몸의 문서 주머니 안에서 작은 명부를 꺼내서 가리키며 말했다.

"그 도적놈들은 모두 이 안에 있습니다!"

"어떻게 장부에 기입하게 되었는지 말해봐라."

1_ 제17장 미염공이 꾀를 써 삽시호를 따돌리다美髥公智穩揷翅虎. 송 공명이 사사로이 조 천왕을 풀어주다宋公明私放晁天王.

"솔직히 말하면 제가 전에 도박을 하다가 집에 돌아올 돈 한 푼 없이 모두 잃은 적이 있습니다. 같이 도박하던 사람이 북문 밖에서 15리 떨어진 안락촌安樂村 왕가객점王家客店에 저를 데리고 가 잔돈푼이라도 벌게 일을 시켰습니다. 관아에서 공문을 보내 모든 객점은 명부를 만들어 마을에 머무르는 사람을 기록하고 확인도장을 찍도록 했습니다. 매일 밤 객점에 와서 쉬는 행상이 있으면 반드시 어디서 왔고, 어디로 가며, 성명은 무엇이고, 무슨 장사를 하는가를 모두 명부에 적어야 했습니다. 관청에서 조사할 때마다 매월 한 차례 이정에게 보고해야 했는데 주점의 주보가 글을 모르기 때문에 제가 대신 반달 동안 기록했습니다. 6월 13일 대추를 파는 상인 7명이 강주거 7량을 끌고 객점에 머물렀습니다. 그중에 상인 우두머리인 운성현 동계촌 조 보정은 내가 아는 사람이었습니다. 어떻게 그를 알아보았냐고요? 내가 전에 노름꾼과 그의 집에 투숙한 적이 있기 때문에 알 수 있었습니다. 문서를 적으며 '성이 어떻게 되십니까?'라고 물었어요. 그런데 수염이 세 가닥으로 나고 얼굴이 하얀 사람이 끼어들어서 '우리는 이씨로 호주濠州에서 온 대추 장수인데 동경으로 팔러 갑니다'라고 말했어요. 받아 적긴 했지만 뭔가 석연치 않았지요. 다음 날 그들은 떠나고 객점 주인을 따라 마을에 도박을 하러 가다가 어떤 삼거리에서 통 두 개를 지고 가는 사람을 보았어요. 나는 모르는 사람인데 주점 주인이 그놈을 불러서 말했어요. '백대랑白大郎, 어디 가나?' 하니 그 사람은 '마을 부자에게 식초를 팔러 간다' 하고 말했어요. 주인이 저 사람은 백일서 백승인데 노름꾼이라고 했어요. 나는 그냥 그런가보다 했지요. 얼마 후 여기저기에서 온통 왁

자지껄 소란스러워지더니 '황니강에서 대추를 파는 상인들이 몽한약으로 사람을 쓰러뜨린 후 생신강을 강탈했다'는 소리를 들었어요. 그래서 조 보정이 아니면 그 누구겠는가 하고 생각했지요! 지금 백승만 잡아서 물어보면 확실히 알 수 있을 겁니다. 이것은 명부인데 내가 베낀 필사본이지요."

하도는 듣고 크게 기뻐하며 즉시 동생 하청을 데리고 제주 관아에 가서 태수를 만났다. 부윤이 말했다.

"일에 조금이라도 진전이 있느냐?"

"소식이 조금 있습니다."

부윤이 후원으로 불러 자세한 내막을 물었고, 하청은 하나하나 대답했다. 하도는 부윤의 명을 받고 즉시 하청과 8명 군졸을 데리고 밤새 안락촌으로 달려갔다. 객점 주인을 불러 길잡이로 삼아 바로 백승의 집으로 갔을 때 이미 삼경이었다. 객점 주인이 속여 문을 열게 하고 불을 켜니 백승은 침대에서 끙끙 앓고 있었다. 백승의 아내에게 물으니 열병에 걸렸으나 아직 땀을 빼지 못했다고 말했다. 침대에서 끌어내리니 백승의 얼굴은 열병 때문인지 붉고 하얗게 질려 있었다. 가릴 것 없이 밧줄로 묶으며 소리쳤다.

"황니강에서 한 일이 기억나느냐!"

백승이 어떻게 그렇다고 하겠는가? 그의 부인도 묶었으나 자백하지 않았다. 아역들이 집 안을 샅샅이 뒤졌다. 침대 아래 바닥이 울퉁불퉁하여서 땅을 팠다. 3척도 못 파서 아역들이 금은 한 포대를 꺼내며 소리를 지르자 백승은 얼굴이 흙빛이 되었다. 즉시 백승의 얼굴을 덮어

씌웠으며 그의 부인을 데리고 장물을 들쳐 멘 채 밤새 제주 성내로 들어오니 오경 정각이 되었다. 백승을 꽁꽁 묶은 채 공당 앞에 압송하여 계책을 꾸민 주모자를 물었다. 백승은 잡아떼면서 서너 차례 얻어맞아 피부가 찢기고 선혈이 터져나와도 조 보정 등 7명을 발설하지 않았다.

부윤이 분노하며 소리를 질렀다.

"우두머리가 운성현 동계촌 조 보정이라는 것을 이미 알고 있는데, 네놈이 어떻게 부인하려 하느냐! 나머지 6명이 누군지 어서 대면 매질은 면하게 해주겠다."

백승이 또 매질을 당하자 도저히 견디기 힘들어 자백할 수밖에 없었다.

"우두머리는 조 보정이 맞습니다. 그가 6명을 데리고 와서 저를 끌어들여 술을 가져다주었지만 나머지 6명은 전혀 모릅니다."

"아는 것은 어렵지 않다. 조 보정만 잡으면 나머지 6명의 정체는 저절로 밝혀질 것이다."

먼저 사형수에게 채우는 20근 칼을 백승에게 채웠으며 그의 부인도 족쇄를 채우고 여자 감옥에 가두고 즉시 공문을 작성했다. 하도와 날랜 포졸 20명을 운성현에 보내 현령에게 문서를 전달하고 즉시 조 보정과 이름을 모르는 도적 6명을 잡도록 했다. 또한 원래 생신강을 운반하던 우후 2명을 딸려보내 범인을 확인하도록 했다. 하 관찰은 소식이 알려지지 않도록 아무도 모르게 비밀리에 일행을 데리고 출발했다. 밤새 운성현에 와 일행과 두 우후는 객점에 숨어 있게 하고 두 명만 데리고 운성현 관아로 갔다.

때는 이미 사시라 지현은 아침 근무를 마쳤으므로 현 관아 앞은 쥐

죽은 듯이 조용하기만 했다. 하도는 관아 맞은편 찻집에 가서 차를 마시며 기다렸다. 차를 끓여 마시며 차박사茶博士[2]에게 물었다.

"오늘 현 관아 앞이 왜 이리 조용한가?"

"지현 나리의 아침 조회가 방금 끝나고 아역과 소송인들이 모두 밥 먹으러 가서 아직 돌아오지 않았습니다."

"오늘 현 관아 안에 당직 서는 압사押司[3]는 누구냐?"

차박사가 손가락으로 찻집 밖을 가리키며 말했다.

"오늘 당직 압사께서 오시네요."

하도가 현 관아를 보니 압사 한 사람이 나오고 있었다. 그 사람의 성은 송宋이고 이름은 강江이며 자는 공명公明이고 항렬은 셋째였으며 운성현 송가촌 사람이었다. 얼굴이 검고 키가 작아서 사람들은 '흑송강黑宋江'이라고 불렀다. 그는 효자로 널리 알려졌고 의를 중시하고 재물을 가볍게 여겨서 사람들은 그를 '효의 흑 삼랑孝義黑三郞'이라고 칭송하기도 했다. 부친은 살아 있었고 모친은 일찍 여의었으며 밑으로 남동생 하나가 있는데 '철선자鐵扇子' 송청宋清이라고 하며 부친 송 태공과 농사를 지어 생활했다. 송강은 운성현에서 압사가 되었는데 문장에 정통했으며 벼슬아치의 생리를 꿰뚫고 있었다. 게다가 창봉 익히기를 좋아하여 여러 무술을 배웠다. 평생 강호의 호걸과 사귀기를 좋아했으며 그에

2_ 차박사茶博士: 찻집의 점원.

3_ 압사押司: 송대 관아에서 문서를 담당하는 품계가 없는 서리다. 주로 해당 지역에서 글재주가 있고 재산도 있는 사람을 임용했다. 그러나 한번 서리가 되면 결코 관리가 될 수 없었다.

게 기대는 사람은 지위의 높고 낮음을 막론하고 받아들이지 않은 적이 없었고 집에서 숙식까지 제공하며 종일 함께하면서 귀찮아하지 않았다. 만일 식객이 떠나고자 하면 돈을 아끼지 않고 있는 힘껏 노자를 대주니 진실로 금덩이를 흙덩이 던지듯 했다. 사람들이 그에게 금전을 요구하면 핑계대지 않았고 남을 돕기 좋아하여 매번 도움을 주었으며 사람의 생명을 구해주려고 했다. 항상 관棺이나 약재를 나누어주어 가난하고 어려운 사람을 도와줬으며 다급하고 곤란한 사람들을 구제해줬다. 그래서 산동 하북에서는 그 이름이 잘 알려졌는데 때맞춰 내리는 비에 비교하여 '급시우及時雨'라고 불렀다.

송강이 하인을 데리고 현 관아에서 걸어 나왔다. 하도는 길에 나가서 말했다.

"압사님, 여기 안에 들어가셔서 차 한잔 하시지요."

송강은 아역 복장을 보고 황급하게 답례하며 말했다.

"존형께서는 어디서 오셨습니까?"

"안에 들어가셔서 차 한잔 드시면서 말씀 나누시지요."

"그러시지요."

두 사람은 찻집 안에 자리를 잡고 하인은 문 앞에 서서 대기했다.

"실례합니다만 존함이 어떻게 되십니까?"

"소인은 제주부 집포사신 하도입니다. 실례합니다만 압사님의 존함은 무엇입니까?"

"관찰님을 몰라본 무례를 용서하십시오. 소인은 송강입니다."

하도가 땅에 엎드려 절을 하며 말했다.

"대명은 들은 지 오래됐는데 인연이 닿지 않아서 이제야 뵙습니다."

"황공합니다. 관찰께서 상좌에 앉으십시오."

"안 됩니다. 소인이 어찌 감히 상좌에 앉겠습니까?"

"관찰께서는 상급 관아에서 오신 분이고 또 멀리서 오신 손님입니다."

서로 양보하다가 송강이 주인의 자리에 앉고 하도가 객석에 앉았다. 송강이 차박사를 불러 차를 시켰다. 잠시 후 차가 나오자 둘은 차를 마시며 이야기를 나누었다.

송강이 하도에게 말했다.

"관찰께서 우리 현에 어떤 공무로 오셨습니까?"

"솔직하게 말씀드리면 이 현에 중요한 사람을 잡으러 왔습니다."

"도적에 관한 일이 아닌가요?"

"여기 밀봉 공문이 있습니다. 압사님을 귀찮게 해서 죄송합니다."

"관찰은 상급 관아에서 오신 분인데 소인 같은 아전이 어찌 감히 함부로 대하겠습니까? 도적에 관해 무슨 급한 일인지 모르겠습니다만."

"압사께서는 문서를 다루는 사람이니 말해도 상관없겠네요. 제주부 관할 황니강에서 도적 8명이 북경 대명부 양중서가 생신강을 보내기 위해 파견한 군졸 15명을 몽한약을 써서 쓰러뜨리고 10만 관에 달하는 금은보석 11짐을 강탈해갔습니다. 지금 공범 백승이란 자를 잡았는데 나머지 7명 도적은 모두 귀현 사람입니다. 지금 태사부에서 제주부에 사람을 보내 재촉하고 있으니 압사께서는 서둘러 도와주시기 바랍니다."

"태사부의 분부가 아니더라도 관찰께서 공문을 가지고 요구하시는데 어찌 감히 체포하지 않을 수 있겠습니까? 백승이 자백한 7명이 누군지 모르겠습니다."

"사실대로 말씀드리면 귀현 동계촌 조 보정이 수괴입니다. 나머지 공범은 성명을 모르니 번거롭지만 신경을 써주시기 바랍니다."

송강은 놀라서 생각했다.

'조개는 내게 친형제 같은 사람인데 이렇게 큰 죄를 저질렀으니 내가 구해주지 않는다면 틀림없이 잡혀가서 생명을 잃을 것이다!'

내심으로는 당황했으나 자기 생각과는 완전히 상반되게 말했다.

"조개 이놈은 간악한 이정이라 본 현에서도 싫어하지 않는 사람이 없습니다. 이번에 벌인 일로 제대로 걸려들었군요!"

"압사님, 번거롭겠지만 이 일을 빨리 처리해주십시오."

송강은 무슨 수를 써서라도 시간을 벌어야 했다.

"그렇게 하지요. '독 안에 든 자라는 손으로 잡는다'는 말처럼 어려울 것 없습니다. 다만 한 가지 문제가 있습니다. 이 밀봉 공문은 관찰께서 친히 관아에 가지고 가서 본관 지현께 보여야 분부를 받고 사람을 보내 잡을 수 있습니다. 소인 같은 아전이 어떻게 감히 맘대로 열어볼 수 있겠습니까? 이 일은 보통 일이 아니니 절대 함부로 누설할 수 없습니다."

"압사의 말씀이 지극히 합당합니다. 번거롭지만 지현을 뵙게 해주십시오."

다시 송강이 허도를 찻집에 묶어놓으려고 말했다.

"지현께서는 아침 사무를 마치고 피곤하셔서 잠시 쉬고 계십니다.

관찰께서 잠시 기다리고 계시면 지현이 돌아오자마자 소인이 직접 와서 모시겠습니다.”

“압사님, 잘 부탁드립니다.”

“당연한 일이니 그런 말씀 마십시오. 소인은 잠시 집에 가서 일 좀 보고 오겠습니다. 잠시만 앉아 계십시오.”

“그렇게 하십시오. 저는 여기서 기다리겠습니다.”

송강은 일어나서 방을 나와 차박사에게 분부했다.

“저 안에 계시는 분이 차 한잔 더 달라고 하거든 가져다드리고 내 앞으로 달아놓아라.”

송강은 찻집을 나와 날듯이 달려 자기 거처로 돌아왔다. 그리고 하인에게 당직을 불러 찻집 앞에서 집포사신을 돌보게 하라고 분부했다.

“만일 지현이 오후 일을 시작하면 찻집 안의 관찰을 달래고 ‘압사께서 집에 일이 있어서 아직 돌아오지 않았으니 잠시만 기다리세요’라고 하면서 대접하도록 하여라.”

마구간의 말을 준비하여 끌고 뒷문으로 나와 채찍을 소매 안에 넣고 황급하게 말에 뛰어올라 천천히 관아를 나섰다. 동문으로 나와 채찍질하자 말이 히히힝 울며 동계촌으로 달렸다. 반 시진이 안 되게 달려 조개의 집에 도착했다. 장객이 보고 사람을 시켜 알렸다.

조개는 오용, 공손승, 유당과 후원 포도나무 아래에서 술을 마시고 있었다. 이때 완씨 삼형제는 이미 돈을 가지고 석갈촌으로 돌아갔다. 조개는 송강이 문 앞에 왔다는 말을 듣고 물었다.

“몇 명이나 왔느냐?”

"혼자 말을 타고 와서 빨리 보정을 뵈어야 한다고 합니다."

"분명 무슨 일이 있구나."

서둘러 나가서 맞았다. 송강은 인사를 하고 조개의 손을 잡아끌고 옆의 작은방에 들어갔다. 조개가 물었다.

"송 압사, 왜 이리 서두르시오?"

"형님은 모르겠지만 친형으로 여겨서 내 목숨을 걸고 구하러 왔습니다. 지금 황니강 사건이 들통났습니다! 백승이 이미 제주 감옥 안에 잡혀 7명을 자백했습니다. 제주부에서 하 집포를 보내 사람을 데리고 태사부의 명과 제주부의 문서를 받아 7명을 잡으러 왔는데 형님을 수괴라고 합니다. 천만다행으로 이 일이 내 손에 떨어졌소이다. 지현이 지금 잔다고 핑계를 대고 하 관찰은 관아 맞은편 찻집에서 기다리게 해놓고 말을 타고 달려왔습니다. 형님, '36계, 도망가는 것이 최고 계책이다'라고 했어요. 빨리 도망가지 않고 뭐하시오! 나는 돌아가 하 관찰을 데리고 가서 공문을 제출하면 지현이 즉시 밤낮없이 사람을 보낼 것이오. 꾸물거리지 마시오. 무슨 일이 생기면 어떻게 하겠소! 나중에 구해주지 않는다고 나를 원망 마시오!"

조개가 송강의 말을 듣고 크게 놀라며 말했다.

"동생, 이 은혜를 어떻게 갚나!"

"더 이상 아무 말 말고 빨리 도망갈 채비나 차려서 늦지 않도록 하시오. 나는 곧 돌아가겠소."

"우리 7명 중 완소이, 완소오, 완소칠 삼형제는 재물을 가지고 이미 석갈촌으로 돌아갔고 나머지 세 사람은 여기 있으니 들어가 만나보게나."

송강이 후원에 들어가자 조개가 일일이 가리키며 소개했다.

"이 세 사람 중에 이 사람은 우리 마을 오용이고, 저기는 공손승으로 계주에서 왔네. 여기는 유당이고 동로주 사람이네."

송강은 대강 예를 표하고 몸을 돌려 나가며 부탁했다.

"형님 몸조심하시고 빨리 가시오. 나는 갑니다."

송강은 조개의 집을 나와서 말을 타고 채찍질하며 나는 듯이 현 관아로 달려갔다.

한편 조개는 오용, 공손승, 유당 세 사람에게 말했다.

"금방 본 사람이 누군지 아시오?"

오용이 말했다.

"그 사람이 도대체 누구기에 그렇게 허겁지겁 서둘러 돌아갔소?"

"세 분은 아직 아무것도 모르시는구려. 저 사람이 아니었으면 우리 목숨이 얼마 안 가 끝장날 뻔했소!"

세 사람은 놀라서 물었다.

"혹시 일이 들통난 것입니까?"

"저 동생이 연루되면 피바다가 될 위험을 무릅쓰고 목숨을 건 채 우리에게 알려주었소. 백승이 제주 감옥에 잡혀가 우리 7명을 자백했다 하오. 제주에서 하 관찰과 사람 몇이 태사의 명을 받들고 운성현에 와 우리 7명을 잡으려고 한다 하오. 다행히 그 관찰을 찻집에서 기다리게 하고 번개같이 말을 타고 와 우리에게 알려주었소. 지금 돌아가 공문을 내리고 즉시 우리를 잡으러 사람을 보낼 것이오. 이 일을 어떻게 해야 좋겠소!"

오용이 말했다.

"그 사람이 알려주지 않았다면 전부 잡혔을 것이오. 이 은인의 이름이 어떻게 됩니까?"

"우리 현 압사 호보의呼保義 송강이라오."

"송 압사의 이름은 오래전에 들었는데 본 적은 없었습니다. 가까이 살면서도 인연이 없었습니다."

공손승과 유당은 말했다.

"강호에서 말하는 급시우 송 공명이 바로 이 사람 아니오?"

조개가 고개를 끄덕이며 말했다.

"그렇소. 그와 나는 허물없는 사이로 결의형제를 맺었소. 오 선생도 만나본 적이 없단 말이오? 천하에 이름이 알려진 것이 헛된 소리가 아니구려! 이런 사람과 결의형제를 맺었으니 헛되지는 않았소이다."

조개가 오용에게 물었다.

"사태가 이렇게 위급하니 어떻게든 벗어나야 하지 않겠소?"

"상의할 것도 없습니다. 도망가는 것이 상책입니다."

"송 압사도 도망가는 것이 상책이라고는 했는데 어디로 가야 좋겠소?"

"내가 이미 마음속에 생각해둔 곳이 있습니다. 지금 짐을 5~7개로 만들어서 지고 함께 석갈촌 완씨 삼형제에게 가시지요. 먼저 서둘러 사람을 보내 알려야 합니다."

"완씨 삼형제는 어부인데 어떻게 이렇게 많은 사람을 받아들일 수 있겠소?"

"형님, 정말 아무 생각도 없으시오! 석갈촌에서 몇 걸음만 나가면 바로 양산박입니다. 지금 양산박 세력이 왕성하여 포도 관군들도 감히 똑바로 쳐다보지 못하고 있습니다. 만일 다급해지면 우리도 함께 도적이 됩시다."

"이것이 상책이지만 우리를 받아들이지 않을까 걱정스럽소."

"우리에게 금은이 넘쳐나니 어느 정도 바치면 받아들일 것입니다."

"이제 이렇게 상의하여 결정했으니 늦지 않게 서두릅시다. 오 선생, 유당 및 장객 몇 명과 짐을 가지고 먼저 완가 집으로 가서 정리하고 다시 육로로 마중 나오시오. 나와 공손 선생은 집 안을 정리하고 가겠소."

오용과 유당은 생신강을 약탈해 얻은 금은보석을 나누어 5~6개로 쌌다. 5~6명의 장객을 불러 술과 음식을 배부르게 먹이고 오용은 소매에 전권을 집어넣고 유당은 박도를 들고 일행 10여 명을 이끌어 석갈촌으로 갔다. 조개와 공손승은 장원을 정리했다. 같이 가지 않으려는 장객에게는 재물을 나누어주고 다른 사람을 찾아가도록 했다. 함께 가기를 원치 않는 장객들도 물건을 쌓아놓고 짐을 쌌다.

한편 송강은 나는 듯이 말을 몰아 현 관아로 돌아가서 급하게 찻집 안으로 들어가니 하 관찰이 문 앞에서 밖을 바라보며 기다리고 있었다. 송강이 말했다.

"관찰, 오래 기다리셨습니다. 방금 마을에 친척과 집안일에 대해서 이야기하느라 늦었습니다."

"압사를 끌어들여서 번거롭게 하는군요."

"관아로 들어가시지요."

두 사람이 관아로 들어가니 지현 시문빈時文彬이 정당에서 사무를 지시하고 있었다. 송강은 밀봉문서를 들고 하 관찰을 데리고 들어가 책상 앞으로 가서 공인에게 아무도 들이지 말라고 했다. 목소리를 낮추어 지현에게 말했다.

"제주부에서 도적에 관한 긴급한 공문이 왔는데 특별히 집포사신 하관찰을 보냈습니다."

지현이 현청에서 뜯어보고 크게 놀라 송강에게 말했다.

"이것은 태사부에서 제주부에 간판을 보내 즉시 처리하도록 한 안건 아니냐! 빨리 사람을 보내 도적들을 잡도록 하여라!"

송강이 시간을 끌기 위해 말했다.

"대낮에 간다면 소식이 들통날까 두려우니 밤에 가서 잡는 것이 좋을 것 같습니다. 조개만 잡으면 나머지 6명은 저절로 알 수 있을 것입니다."

"동계촌 조 보정은 좋은 사람이라고 명성이 자자하던데 어찌 이런 짓을 저질렀단 말인가?"

즉시 위사尉司와 도두 주동과 뇌횡 두 명을 불렀다. 그 도두 둘은 모두 평범한 인물이 아니었다.

주동과 뇌횡이 후당에 들어와서 지현의 명령을 받고 현위와 말에 올라 위사로 가서 마보궁수馬步弓手4와 향병 100여 명을 점검했으며 하 관

4_ 마보궁수馬步弓手: 기마궁수와 보병궁수를 합쳐서 이르는 말.

찰과 우후 둘은 범인을 잡으면 확인하기로 했다. 그날 밤 밧줄과 무기 등을 가지고 현위와 두 도두는 말을 타고 각자 요도와 활을 차고 손에 박도를 들고 마보궁수들과 함께 동문으로 나와 동계촌 조개의 집으로 향했다. 동계촌에 도착했을 때는 이미 일경이었으며 모두 관음암 앞에 모였다. 주동은 어떻게 해서라도 조개를 도우려고 했다.

"앞이 조개의 집입니다. 조개의 집은 앞뒤로 두 길이 있습니다. 만일 다 같이 앞문으로 치고 들어가면 뒷문으로 도망갈 것이고 뒷문으로 들어가면 앞문으로 도망갈 것입니다. 조개는 무술이 뛰어나고 6명도 어떤 사람들인지 알 수 없지만 선량하지는 않을 것입니다. 그놈들은 이미 죽음을 각오한 무리라 만일 한꺼번에 몰려나오고 게다가 장객들의 협조까지 받아 저항한다면 어떻게 막아내겠소? 성동격서聲東擊西(동쪽을 치는 척하다가 서쪽을 치는)의 계교를 사용하여 당황하게 만들면 처리하기 쉽습니다. 나와 뇌 도두가 군사를 반씩 둘로 나누어 모두 걸어가서 먼저 후문 밖에 매복하고 휘파람 소리를 신호로 뇌횡은 앞문으로 들어가 보이는 족족 잡아들이면 됩니다."

뇌횡이 조개를 도와주려고 말했다.

"옳은 말이오. 주 도두는 현위와 함께 앞문으로 치고 들어가시오. 내가 뒷문에서 지키겠소."

"동생, 자네는 모를 거야. 조개의 집에는 모두 통로가 셋인데 내가 평소에 보아두었다네. 내가 그곳으로 갈 것인데 길을 잘 알고 있으니 횃불도 필요 없다네. 자네는 잘 모를 터이니 만일 놓치기라도 한다면 큰일일세."

현위가 말했다.

"주 도두의 말이 맞네. 자네가 절반을 데리고 가게나."

주동이 말했다.

"30명쯤이면 충분합니다."

주동은 궁수 10명과 향병 20명을 데리고 먼저 뒷문으로 갔다. 현위가 다시 말 위에 오르고 뇌횡은 마보궁수를 앞뒤로 벌여 서서 현위를 보호하도록 했다. 병사들은 말 앞에 서서 20~30개의 횃불을 밝히고 삼지창, 박도, 유객주留客住, 구렴도鉤鐮刀5를 들고 함께 조개의 집으로 몰려 들어갔다. 조개의 집에 도달하기 반 리 거리가 남았을 때 집 안에서 불길이 솟아오르는 게 보였는데 바로 중당에서 타오르는 것으로 검은 연기가 집 안을 온통 뒤덮고 붉은 화염이 하늘로 치솟았다. 열 걸음도 못 가서 앞뒤 문 사방팔방에서 30~40개의 불길이 한꺼번에 맹렬하게 치솟아올랐다. 앞문을 맡은 뇌횡은 박도를 가로로 들고 뒤에는 군사들이 고함을 지르며 일제히 장원 문을 열고 안으로 몰려 들어갔다. 불빛이 대낮처럼 밝게 비쳤으나 사람은 그림자도 보이지 않았다. 뒷문 쪽에서 고함을 질러대는 소리가 들렸다.

"앞문에서 도적을 잡아라."

주동은 원래 조개를 놓아주려고 뇌횡을 속여 앞문을 공격하도록 했다. 뇌횡도 조개를 구하기 위해 뒷문으로 가려고 다투었으나 주동을

5_ 구렴도鉤鐮刀: 칼등에 튀어나온 갈고리가 있고, 칼날로 벨 수도 있다.

설득하지 못하고 앞문을 지키게 되자 일부러 소란을 피워 성동격서의 계책을 사용하여 조개를 도망가게 하려는 것이었다.

그때 주동은 장원 후문에 도착했으나 조개는 아직 도망갈 준비를 끝내지 못한 상태였다. 장객이 상황을 살펴보고 조개에게 보고하며 말했다.

"관군이 도착했습니다. 더 이상 망설일 수 없습니다!"

조개는 사방에 불을 지르게 하고 공손승과 같이 갈 장객 10여 명과 고함을 지르며 박도를 들고 후문으로 뛰쳐나왔다.

"나를 막는 자는 죽고 피하는 자는 살려주겠다!"

주동은 어둠 속에서 소리쳤다.

"조 보정은 빨리 도망가시오! 주동이 여기서 한참 기다렸소."

조개는 주변이 소란하여 그 말을 듣지 못하고 공손승과 목숨을 걸고 달려들었다. 주동은 살짝 피하며 조개에게 길을 열어주었다. 조개는 공손승과 장객을 먼저 보내고 혼자 뒤에서 지키고 섰다. 주동은 보궁수에게 후문에서 달려가게 하면서 말했다.

"앞으로 가서 도적을 잡아라!"

뇌횡이 소리를 듣고 몸을 돌려 장원 밖으로 나와 마궁수와 보궁수를 나누어 쫓게 하고 혼자 남았다. 뇌횡은 불빛 아래에서 여기저기 사람을 찾았다.

주동이 향병은 내버려두고 박도를 들고 조개를 쫓아왔다. 조개가 달아나면서 말했다.

"주 도두, 나만 따라와서 어쩌겠다는 것이오? 내가 평소에 도두를 소홀하게 대접하지 않았는데!"

주동은 뒤에 사람이 없는 것을 살펴보고 비로소 말했다.

"보정, 아직도 내가 도와주고 있는 것을 모르겠소? 뇌횡이 정신 팔려 인정을 베풀지 않을까 걱정되어 그를 속여 앞문으로 보내고 나는 뒷문에서 기다려 놓아주고 있는 것이오. 내가 길을 비켜주는 것을 보지 못했소? 다른 곳에 갈 필요 없이 양산박으로 간다면 안전할 것이오."

"구해줘서 감사하고 다음에 반드시 보답하겠소!"

주동이 따라가며 조개와 이야기하는 중에 뒤에서 뇌횡이 소리지르는 것을 들었다.

"도적들을 놓치지 말아라!"

주동이 조개에게 당부하며 말했다.

"보정, 당황하지 말고 도망가시면 내가 돌려보내겠습니다."

주동은 고개를 돌려서 소리쳤다.

"도적 셋이 동쪽 오솔길로 갔다. 뇌 도두 빨리 쫓아가시오."

뇌횡이 병사를 데리고 동쪽 오솔길로 달려갔다. 주동은 조개와 이야기를 나누며 쫓아가는데 경호하는 것과 다를 것이 없었다. 조개가 차츰차츰 어둠 속으로 사라지고 보이지 않자 주동은 발을 헛디디며 땅바닥에 쓰러졌다. 병사들이 달려와 부축하여 일으켰다.

"어두운 밭길로 잘못 들어와 미끄러져서 왼발을 접질렸소."

현위가 말했다.

"도적을 놓쳤으니 어떻게 해야 좋으냐?"

"소인이 쫓지 않은 것이 아니라 몹시 어두워서 쫓아갈 수가 없었습니다. 여기 향병들은 쓸 만한 사람도 몇 안 되어서 감히 앞으로 나가지도 않습니다!"

현위가 다시 병사들에게 쫓아가도록 했다. 병사들은 속으로 말했다.

'도두 두 명도 아무 소용없고 접근도 못했는데 우리가 있어봤자 무슨 소용 있겠어?'

모두 거짓으로 쫓는 척하다가 돌아와서 말했다.

"어두워서 도적들이 어느 길로 갔는지 알 수가 없습니다."

뇌횡도 돌아오며 속으로 생각했다.

'주동은 조개와 관계가 좋으니 틀림없이 놓아주었을 텐데 나는 인정도 베풀지 못했군.'

할 수 없이 현위에게 돌아와서 말했다.

"쫓아갈 수가 없습니다. 이 도적들은 정말 대단합니다!"

현위와 두 도두가 장원 앞으로 돌아오니 이미 사경이었다. 하 관찰은 사분오열되어 밤새도록 도적 하나도 잡지 못한 것을 보고 비명을 지르며 말했다.

"무슨 면목으로 제주 관아에 돌아가서 부윤 얼굴을 본단 말이냐!"

현위는 그냥 돌아갈 수가 없어 이웃 몇 명을 잡아 운성현으로 데리고 갔다.

이때 지현은 밤새 한숨도 자지 못하고 소식을 기다리다가 보고를 들었다.

"도적은 모두 놓치고 마을 사람 몇을 잡아왔습니다."

지현은 잡아온 이웃을 당장에 심문했다. 이웃들은 말했다.

"소인들이 조 보정의 이웃이라 해도 멀리 사는 사람은 2~3리 떨어져 있고 가깝다 하더라도 마을과는 떨어져 있습니다. 그의 집에 항상 창봉을 든 사람이 드나드는데 이런 일을 할지 어떻게 알았겠습니까?"

지현이 하나씩 캐물어 그들의 행방을 알아내려고 애썼다. 여러 사람 중에 가까운 이웃이 말했다.

"정말 아시고 싶으면 그의 장객에게 직접 물어보십시오!"

"그의 장객들은 모두 떠났다고 하던데."

"떠나기 원치 않던 자들은 이곳에 남았습니다."

지현이 듣고 서둘러 이웃을 길잡이 삼고 동계촌에 사람을 보내 두 시진이 안 되어 장객 둘을 잡아다가 물었다.

장객은 처음에는 모르는 척 잡아떼다가 매를 견디지 못하고 불었다.

"처음에 6명이 상의했습니다. 한 사람은 본향에서 훈장 노릇을 하던 선생으로 오용이라고 합니다. 또 하나는 공손승이라고 하는데 전진교全眞敎6 도사입니다. 또 하나는 검은 사내로 성은 유씨입니다. 나머지 세 명은 소인도 알지 못합니다. 모두 오 선생이 데려왔습니다. 그들의 성은 완씨이고 석갈촌에 살며 어부이고 삼형제라 들었습니다. 아는 것은 이게 전부입니다."

지현은 소장을 가져다가 두 장객을 하 관찰에게 넘기고 자세한 공문을 작성하여 본부에 올렸다. 송강은 이웃들을 도와주고 보호하여 집

6_ 전진교全眞敎: 도교 일파로 금나라 왕중양王重陽이 창립했다. 주로 북방에서 성행했으며 북경 백운관이 중심이었으며 도교 북종이라고 부른다.

으로 돌려보냈다.

사람들과 하도는 두 장객을 압송하여 제주부로 돌아와 보니 마침 부윤이 정당에 나와 있었다. 하도가 사람들과 당 앞에 나가서 조개가 장원을 불태우고 도망친 일을 아뢰고 잡아온 장객에 대하여 이야기했다. 부윤이 말했다.

"장객이 그렇게 말했다면 백승을 다시 끌어내라!"

끌려나온 백승에게 물었다

"완씨 삼형제는 어디에 사느냐?"

이렇게 이름까지 나오자 백승은 더 이상 버틸 수 없었으므로 자백했다.

"완씨 삼형제는 입지태세 완소이, 단명이랑 완소오, 활염라 완소칠입니다. 모두 석갈촌 호수에 살고 있습니다."

"또 나머지 셋은 누구냐?"

"지다성 오용, 입운룡 공손승, 적발귀 유당입니다."

지현이 듣고 말했다.

"이제 다 알아냈으니 백승은 원래대로 감옥에 넣어라."

즉시 하 관찰을 불러 석갈촌으로 보내며 말했다.

"완씨 삼형제만 잡으면 두목도 거기에 함께 있을 것이다."

양산박[1]

하 관찰은 지부의 명령을 받고 나와서 즉시 기밀방[2]에 들어가 함께 상의했다. 많은 공인은 말했다.

"석갈촌 호수는 양산박에서 가깝고 한없이 넓으며 갈대숲이 끝없이 이어진 강의 지류입니다. 대규모의 관군과 선박도 없이 누가 감히 그곳에 가서 도적을 잡겠습니까?"

하도가 듣고 옳다고 생각하고 다시 정당에 가서 부윤에게 아뢰었다.

"원래 석갈촌 호수는 양산박 옆이고 주위는 호수로 흘러가는 지류로

1_ 제18장 임충이 양산박 왕륜을 죽이다林冲水寨大幷火. 조개가 양산에서 소수로 수채를 빼앗다晁蓋梁山小奪泊.

2_ 기밀방機密房: 고대 관아 안의 기밀을 관장하는 기구.

둘러싸여 있으며 끝없는 갈대숲으로 이루어져 있습니다. 평상시에도 항상 사람들에게 강도질을 할 뿐 아니라 근래에는 한 무리의 강도들이 새로이 더해졌습니다. 만일 대규모의 군사를 일으키지 않는다면 어떻게 감히 들어가 강도를 잡아오겠습니까."

부윤이 말했다.

"그렇다면 아주 유능한 포도 순간巡簡3 한 명과 관군 500명을 더 보내줄 테니 함께 가서 잡아오너라."

하 관찰은 명령을 받고 다시 기밀방으로 돌아와 공인을 소집하여 500명을 고르고 각자 필요한 물건을 준비하도록 했다. 다음 날 포도순간은 제주부의 공문을 수령하고 하 관찰과 함께 관군 500명과 공인 500명을 이끌고 일제히 석갈촌으로 달려갔다.

한편 조개 공손승은 장원을 불태우고 장객 10여 명과 함께 석갈촌으로 갔다. 도중에 무기를 들고 마중 나온 완씨 삼형제를 만나 7명이 모두 완소오의 집에 모였다. 그때 완소이는 이미 가족을 호수 안쪽으로 피난시킨 터였고, 7명은 양산박으로 가는 일을 상의했다. 오용이 입을 열었다.

"지금 이가도구李家道口에 한지홀률 주귀가 객점을 열고 사방을 오가는 호걸들을 상대하고 있다고 합니다. 만일 산적이 되려면 먼저 주귀에

3_ 순간巡簡: 순검사巡檢司라는 관청에 소속된 관직으로 순검사巡檢使라고도 한다. 송나라 때 국경지역이나 강가, 바닷가에 순검사巡檢司를 두었다. 군사를 훈련시키고 순찰 임무를 담당했으며 직권이 매우 강했다.

게 가야 합니다. 우리는 이미 배를 준비하여 모든 물건을 실었고 약간의 선물을 보내 소개해주도록 주귀에게 부탁해야겠습니다."

모두 그곳에서 양산박에 가는 일을 상의하고 있는데 어부 몇 명이 와서 보고했다.

"관군이 마을로 몰려오고 있습니다!"

조개가 일어나서 소리쳤다.

"이놈들이 쫓아온다고 우리가 달아날 필요 없다."

완소이가 말했다.

"옳은 말씀입니다. 우리는 그들에게 대항할 방법이 있습니다. 그놈들 태반은 물속에 수장시키고 남은 놈들은 쳐죽입시다!"

공손승이 말했다.

"당황할 것 없소. 이제 빈도가 실력을 보여주겠소!"

조개가 말했다.

"유당 아우는 훈장 선생과 함께 재물과 가족을 배에 싣고 가서 이가 도구 좌측에서 기다리시오. 우리는 형세를 살펴보고 나중에 가겠소."

완소이는 배를 두 척 골라 어머니와 가족과 집 안의 재물을 모두 배에 실었다. 오용과 유당은 각기 배를 한 척씩 맡아 일행 7~8명에게 노를 저어 먼저 이가도구로 가서 기다리기로 했다. 또 완소이는 완소오와 완소칠에게 작은 배로 어떻게 적과 맞설지 분부했다. 두 형제는 각자 배를 저어 어디론가 사라졌다.

하도는 포도 순간과 함께 관군을 거느리고 석갈촌으로 오면서 물가에 배가 있으면 모두 빼앗았다. 수영을 할 줄 아는 관병은 배를 타고 물가의 병사는 말을 타고 나란히 전진하게 했다. 배와 기병이 수륙으로 나란히 진격하여 완소이의 집에 도착했다. 일제히 함성을 지르며 달려들어가보니 방은 일찌감치 비어 있고 안에는 무겁고 큰 살림살이만 남아 있었다. 하도가 말했다.

"가서 주변의 어부를 잡아오너라."

잡아온 어부에게 물어보니 다음과 같이 대답했다.

"완소이의 두 형제 완소오와 완소칠은 호수 안에 살기 때문에 배가 아니면 갈 수가 없습니다."

하도는 순검과 상의하여 말했다.

"이 호수는 지류도 많고 길도 매우 복잡하며 좁고 깊이가 각기 달라 지형을 전혀 알 수 없습니다. 만일 여럿으로 나누어 가다가는 도적들의 계책에 넘어갈까 두렵습니다. 말들은 모두 사람들에게 여기서 지키게 하고 나머지는 배를 타고 한꺼번에 갑시다."

포도 순간과 하 관찰은 공인들과 함께 배에 올랐다. 그때 빼앗은 배는 이미 100척이 넘었으며 상앗대로 가는 배도 있었고 노를 젓는 배도 있었으며 모두 완소오의 집을 향하여 나갔다. 물길로 5~6리도 지나지 않아서 갈대숲에서 어부가 부르는 노래 소리가 들려왔다.

평생 양산 호수에서 물고기만 잡았지	打魚一世蓼兒窪
농사를 짓지 않았고 삼베도 짜지 않았다네	不種青苗不種麻
잔혹한 구실아치[4]와 탐욕스런 관리를 모두 죽여	酷吏贓官都殺盡
조씨의 송나라에 충성으로 보답할까나	忠心報答趙官家

하 관찰과 병사들 모두가 노래를 듣고 놀라서 바라보니 멀리 한 사람이 조그만 배를 저으면서 노래 부르며 다가오는 것이 보였다. 얼굴을 아는 사람이 외쳤다.

"저놈이 완소오다!"

하도가 손을 흔들어 신호를 보내자 모두 무기를 들고 완소오의 배를 향하여 쫓아갔다. 완소오가 껄껄 웃으며 욕을 했다.

"너희 백성을 해치는 도적놈들아, 정말 대담하구나. 감히 어르신을 따라와서 무엇하자는 짓이냐. 잠자는 호랑이 수염을 건드리는 것 아니냐!"

하도는 뒤에 있던 궁수에게 한꺼번에 화살을 쏘도록 명령했다. 완소오는 화살을 쏘는 것을 보고 노를 들고 공중제비를 돌며 물속에 뛰어들었다. 군사들이 배를 저어 다가갔으나 아무것도 없었다.

다시 작은 물길 두 개를 다 지나지 않아 갈대 숲속에서 누군가 휘파람을 부는 소리가 들려왔다. 병사들이 배를 벌려보니 앞에서 두 사람이 배 한 척을 저어오고 있었다. 뱃머리에 한 사람이 서 있는데 머리에 푸른 삿갓을 쓰고 몸에는 푸른 도롱이를 걸쳤으며 손에는 붓통같이 생긴 창을 들고 노래를 불렀다.

| 석갈촌에서 나서 자란 이 어르신께서는 | 老爺生長石碣村 |

4_ 구실아치: 각 관아의 벼슬아치 밑에서 일을 보던 사람.

천성적으로 사람 죽이기를 좋아한다네	稟性生來要殺人
먼저 하도와 포도 순간의 머리를 베어	先斬何濤巡簡首
경사에 계신 송나라 조씨 황제에게 바치리라	京師獻與趙王君

하 관찰과 병사들이 듣고 또 깜짝 놀랐다. 얼굴을 아는 사람이 외쳤다.

"저놈이 바로 완소칠이오!"

하도가 외쳤다.

"모두 힘껏 전진하여 저 도적을 놓치지 말고 잡아라!"

완소칠이 듣고 웃으며 말했다.

"쳐죽일 놈들!"

창끝으로 방향을 가리키며 배를 돌려 조그마한 물길을 향해 들어갔다. 병사들은 목숨을 걸고 소리치며 따라 들어갔다. 완소칠과 배를 젓는 사람은 번개같이 노를 저으며 입으로는 휘파람을 불고 호수 지류를 가로지르며 배를 저을 뿐이었다. 관군들이 이리저리 쫓아가는데 뱃길이 갈수록 좁아졌다. 하도가 말했다.

"멈춰라! 배를 정박하고 물가로 올라가라."

뭍에 올라서 보니 아득히 넓고 사방이 모두 갈대밭일 뿐 물길은 보이지도 않았다. 하도는 내심 의심스러워하면서 어떻게 해야 할지 결정하지 못하고 마을(석갈촌)에 사는 사람에게 물으니 그가 대답했다.

"소인이 비록 이 동네에 살지만 여기에 모르는 곳도 많습니다."

하도는 작은 배 두 척을 골라 각각 2~3명의 공인을 태우고 앞으로 나가 길을 찾도록 했다. 떠난 지 두 시진이 지나도 돌아오지 않았다. 하도가 말했다.

"이놈들, 일 하나를 제대로 못하는구나!"

다시 공인 다섯을 배 두 척에 타고 나가서 길을 찾도록 시켰다. 이 공인들도 배를 저어 나간 뒤 한 시진이 넘어도 여전히 돌아오지 않았다. 하도가 말했다.

"공무에 익숙하고 재빠르고 노련한 공인들이 어찌 이리 일을 제대로 처리하지 못하느냐. 어찌 배 한 척도 돌아와 보고하지 않는단 말이냐? 어떻게 데리고 온 관군들이 이렇게 하나같이 사리에 어둡단 말이냐!"

날이 점차 저물자 하도는 생각했다.

'여기에서 뭍을 찾지 못한다면 어떻게 해야 하나? 내가 직접 나가봐야겠다.'

작고 빠른 배를 고르고 노련한 공인 몇 명을 뽑아 무기를 들고 하도는 뱃머리에 앉고 노 5~6개를 저으며 갈대 숲길 안으로 들어갔다.

그때 이미 해는 서쪽으로 기울었고 배를 저어서 물길 5~6리를 가니 옆으로 뭍 위에 한 사람이 호미를 들고 걸어오는 게 보였다. 하도가 물었다.

"거기 이봐, 너는 누구냐? 여기는 어디냐?"

"나는 이 마을 농부이고 이곳은 단두구斷頭溝라고 부르며 앞에 길은 없습니다."

"너는 여기서 지나가는 배 두 척을 보지 못했느냐?"

"완소오를 잡으러 온 것 아닙니까?"

"완소오를 잡으러 왔는지 네가 어떻게 아느냐?"

"그 사람들이 앞에 오림鳥林 안에서 서로 싸우던데요."

"여기서 얼마나 더 가야 하느냐?"

"바로 앞에 보이는 곳입니다."

하도가 그 말을 듣고 배를 물가에 대고 공인 두 명이 삼지창을 들고 올라가서 지원하도록 했다. 그 사내가 호미로 두 공인을 한 대씩 치자, 공인 둘은 몸이 공중에서 한 바퀴씩 돌더니 물속에 빠졌다. 하도가 보고 깜짝 놀라 급히 일어서서 물가로 달아나려 하는데 배가 갑자기 흔들리더니 물 밑에서 한 사람이 튀어나와 하도의 두 다리를 잡아당기자 풍덩 하고 물에 빠졌다. 배 안에 있던 사람들이 달아나려고 하는데 그 농민이 배 위로 올라와 호미를 휘두르니 머리를 내려칠 때마다 뇌수가 터져나왔다.

하도를 물에 빠뜨린 사내는 다시 뭍으로 거꾸로 끌고 나와 하도의 요대를 풀어 손을 묶었다. 물에서 하도를 잡아 빠뜨린 사람은 완소칠이었고 물가에서 호미를 든 사내는 완소이였다. 두 형제는 하도에게 욕을 퍼부었다.

"이 어르신 삼형제는 원래 살인 방화를 즐기는 사람이다. 네놈은 정말 아무것도 모르는 놈이구나. 네가 얼마나 대담하기에 관군을 이끌고 우리를 잡으러 왔느냐!"

"호걸님, 소인은 윗분의 명령을 받는 사람이라 제 마음대로 할 수가 없었습니다. 소인이 어떻게 감히 대담하게 와서 나리를 잡으려고 하겠습니까? 호걸께서 불쌍하게 보시고 살펴주십시오. 저희 집 팔십 노모를 부양할 사람이 없으니 제발 목숨만 살려주십시오!"

완가 형제가 말했다.

"그놈을 꽁꽁 묶어서 선창 안에 던져놓읍시다."

남은 시체는 모두 물속에 던져넣었다. 각기 휘파람을 불어대니 갈대 숲에서 어부 4~5명이 나타나 모두 배에 올랐고 완소이와 완소칠도 각기 배 한 척에 올라타서 노를 저었다.

한편 포도 순간은 관군들과 함께 아직도 그곳 배에서 기다리며 말했다.

"하 관찰은 공인들이 일을 제대로 못한다고 자기가 길을 찾으러 가더니 시간이 이렇게 지났는데도 돌아올 줄 모르는구나."

때는 바야흐로 초경 전후라서 하늘에 별이 가득 찼다. 모두 배 안에서 더위를 식히고 있었다. 갑자기 등 뒤에서 이상한 바람이 불어와서 모두 아이쿠 하며 놀라 얼굴을 가렸다. 그때 배를 묶어둔 닻줄이 이미 모두 끊어져 있었다. 당황하여 어쩔 줄 몰라 하고 있는데 뒤쪽에서 휘파람 소리가 들렸다. 바람을 맞으며 바라보니 갈대 꽃 사이로 비추는 환한 불빛이 다가오고 있었다. 군졸들이 말했다.

"이젠 끝장났다!"

크고 작은 100여 척의 배가 바람에 밀려 일정한 방향 없이 서로 부딪치며 불빛을 실은 채 앞으로 다가왔다. 원래 모두 작은 배였는데 두 척을 나란히 붙여서 묶었다. 그 위에 갈대와 땔감을 잔뜩 쌓아서 불을 붙이니 맹렬한 불덩어리가 타닥타닥 타는 소리를 내며 바람을 타고 밀려오고 있었다. 관군이 타고 온 100여 척의 배는 한 덩어리로 뭉쳐 좁은 물길을 막아서서 피할 곳도 없었다. 큰 배도 10여 척 있었으나 불을 실은 배가 바람에 밀려와 부딪히자 모두 옮겨 붙어 타들어갔다. 원래 물 밑에서 사람이 배를 밀어 불태운 것으로 큰 배에 불이 옮겨 붙자 배 위의 관군들은 뭍에 뛰어내려서 목숨을 부지하고자 달아났다. 그러나 사방이 모두 갈대밭이고 강의 지류라 땅이 없었다. 게다가 물 위 갈대까지 타닥타닥 소리를 내며 맹렬하게 불타오르자 포도 관군들은 이러지도 저러지도 못한 채 진퇴양난의 지경에 빠졌다. 바람은 더욱 세게 불고 불길도 맹렬하여 관군들은 진흙탕 속으로 달아나 발을 디디고 섰다.

여기저기 불길이 피어오르는 사이로 조그맣고 빠른 배 한 척이 노를 저으며 다가오는데 선미에서 한 사람은 배를 젓고 선두에 한 선생이 앉아 손에 번득이는 보검을 들고 소리쳤다.

"한 놈도 놓치지 말아라!"

관군들이 한 무더기로 진흙탕에 서서 당황하며 어쩔 줄 몰라 했다. 말이 끝나기가 무섭게 갈대숲 동쪽에서 두 사람이 어부 네댓을 데리고 손에 번쩍이는 칼과 창을 들고 달려왔다. 갈대숲 서쪽에서도 두 사람이 어부 네댓을 데리고 손에는 번뜩이는 갈고리를 들고 달려들었다. 동서 양쪽 4명의 사내와 어부는 함께 관군을 공격하여 선봉에 선 이들을 죽였다. 삽시간에 진흙탕에 빠진 허다한 관군이 찔려 죽임을 당했다.

동쪽의 두 사람은 조개와 완소오였고 서쪽은 완소이 완소칠이었으며 배 위의 선생은 바람을 일으킨 공손승이었다. 5명의 호걸은 수십 명의 어부를 이끌고 관병을 갈대밭에서 물리친 것이다. 혼자 남은 하 관찰은 꽁꽁 묶인 채 배 선창에 남겨져 있었다. 완소이는 하 관찰을 물가에 끌어다놓고 손가락질하며 욕을 해댔다.

"너 이놈, 제주에서 백성을 해치던 버러지 같은 놈아! 내가 본래 너를 갈가리 찢어 죽이려고 했으나 살려줄 테니 제주부로 돌아가 책임을 맡은 도적놈에게 똑바로 전하거라. 석갈촌 완씨 삼웅三雄과 동계촌 천왕 조개는 모두 만만한 사람이 아니다! 우리는 너희 제주부 성내로 양식을 빌리러 가지 않을 터이니 부윤도 우리 마을에 와서 목숨을 버릴 생각은 말라고 전하여라! 함부로 쳐다보기만 해도 가만두지 않겠다. 좁쌀만 한 제주 부윤은 말할 것도 없고 채 태사가 간판을 보내 우리를 잡으려 하더라도, 아니 채 태사가 직접 오더라도 온몸에 구멍을 20~30개는 뚫어 벌집을 만들어주마. 우리가 너를 풀어줄 테니 다시 올 생각은 말고 네 거시기 같은 나리께 꿈 깨라고 전하거라! 여기에는 아예 길이 없으니 우리 형제가 너를 입구까지 데려다주겠다."

완소칠은 작고 빠른 배에 하도를 실어 큰길까지 데리고 와서 소리쳤다.

"이 길로 곧장 가면 길이 나올 것이다. 다른 사람들이 모두 죽었는데 너만 혼자 이렇게 멀쩡하게 놓아주면 너희 부윤이란 멍청이에게 웃음거리가 되지 않겠느냐! 네 귀때기를 증표로 맡겨놓고 가거라."

완소칠이 몸에서 날카로운 칼을 꺼내 하 관찰의 귀 두 개를 잘라내자 선혈이 줄줄 흘렀다. 칼을 넣고 하 관찰을 묶은 요대를 풀고 물가에 놓아주었다. 하도는 겨우 목숨을 건지고 혼자 길을 찾아 제주부로 돌아갔다.

한편 조개와 공손승 그리고 완씨 삼형제는 10여 명의 어부와 함께 작은 배 5~7척을 몰고 석갈촌 호수를 떠나 이가도구로 갔다. 그곳에 도착하여 오용과 유당의 배를 찾아 함께 모였다. 오용이 관병을 물리친 일을 묻자 조개가 자세하게 설명했다. 오용 등은 크게 기뻐하며 배를 정돈하고 한지홀률 주귀의 주점으로 갔다. 주귀는 많은 사람이 산채로 가서 한패가 되고자 하자 서둘러 맞이했다. 오용이 그동안의 내력을 설명하니 주귀는 크게 기뻐하며 한 명씩 서로 인사를 나누었다. 안으로 청하여 자리를 정한 뒤에 주보를 불러 정상적인 술을 준비하여 잘 대접했다. 그리고 활을 꺼내 우는 화살을 먹이고 건너편 갈대숲에 쏘았다. 화살이 떨어진 곳에서 졸개들이 배를 한 척 저어서 나왔다. 주귀가 급히 편지를 쓰고 여러 호걸의 성명과 사람 수를 자세하게 적어 졸개에게 산채로 가서 보고하도록 했다. 다시 양을 잡아 호걸들을 대접했다. 하룻밤이 지나고 다음 날 아침 일찍 일어나니 주귀가 큰 배를 불러 사람들을 태우고 조개 일행이 타고 온 배와 함께 산채로 향했다. 한참 만에 양산박 입구에 이르니 물가에서 북소리와 징 소리가 들려왔다. 조개가 바라보니 7~8명 졸개가 정찰선 4척을 저어 다가오더니 주귀를 보고 인사를 하고 아무 일 없는 듯이 배를 저어 지나갔다.

다시 작은 배와 어부를 남겨두고 일행은 금사탄에 내렸다. 수십 명 졸개가 산에서 내려와 관문 앞으로 안내했다. 왕륜은 두령들을 데리고 관에서 나와 영접했다. 조개 등이 황급하게 예를 갖추니 왕륜은 답례하며 말했다.

"소생 왕륜, 이미 오래전부터 조 천왕의 대단한 명성을 귀가 따갑게 들어왔습니다. 오늘 초라한 산채를 방문해주셔서 기쁘기 그지없습니다."

조개가 말했다.

"저 조개는 경서나 사서를 읽은 사람이 아닌 거친 사람입니다. 오늘 제 미련함을 숨기고 기꺼이 두령님 밑에서 졸개가 되고자 합니다. 버리지 않으신다면 매우 다행스런 일입니다."

"그런 말씀 마십시오. 일단 산채로 가시고 나중에 다시 상의하시지요."

일행은 사람들을 따라 산으로 올라갔다. 산채 취의청에 도착하여 왕륜은 여러 차례 양보하여 조개 일행에게 계단을 오르도록 했다. 조개 등 7명은 모두 우측에 줄지어 서고 왕륜과 두령들은 좌측에 자리를 잡았다. 하나씩 인사를 마치고 주객이 자리를 나누어 마주 앉았다. 왕륜이 계단 아래 소두목들을 불러 인사를 끝내자 산채 안에 음악이 울려 퍼졌다. 먼저 소두목을 산 아래로 보내 같이 온 사람들을 접대하게 하고 별도로 관 아래의 객사에 머물러 쉬도록 했다.

산채에서 황소 2마리를 잡았으며 양 10마리와 돼지 5마리를 잡고 풍악을 울리며 연회를 열었다. 많은 두령이 술 마시는 도중에 조개가 벌인 일을 처음부터 끝까지 왕륜과 여러 사람에게 이야기했다. 왕륜은 듣고 몹시 놀라서 한참 동안 속으로 주저하며 아무 말도 하지 않았다. 한참을 혼자 중얼거리고 혼자 대답했다. 연회가 늦게야 끝나자 두령들은 조개 일행을 관 아래 객관 안에 보내고 따로 시중들 사람을 보내지 않고 자기가 데려온 사람에게 시중받도록 했다. 조개는 속으로 기뻐하며 오용과 나머지 사람에게 말했다.

"우리가 이렇게 큰일을 저지르고 어디로 가서 편안하게 지내겠소? 왕 두령이 이렇게 환대해주지 않았다면 우리는 이미 아무 데도 갈 곳이 없을 것이니 이 은혜를 잊어서는 안 되겠소!"

이 말을 듣고 오용은 씁쓸하게 냉소를 지을 수밖에 없었다.

조개가 말했다.

"선생은 무슨 까닭에 냉소만 짓고 있소? 무슨 일이 있으면 말씀하시오."

"형님은 너무 곧이곧대로 믿으십니다. 왕륜이 우리를 받아줄 것이라고 생각하십니까? 형님은 왕륜의 마음은 보지 못하지만 그의 얼굴색과 동작이 어떠한가를 자세히 살펴보아야 했습니다."

"그 사람 얼굴색이 어떻단 말이오?"

"형님은 보지 못했습니까? 일찍이 연회에서 형님과 말할 때는 오히려 정분이 있었습니다. 나중에 많은 관병과 포도 순간을 죽이고 하도를 풀어준 것과 완씨 삼웅의 영웅적인 활약을 말하니 안색이 변했습니다. 비록 입으로는 동의했지만 마음은 그렇지 않았습니다. 만일 우리를 받아줄 마음이 있었다면 아침에 이미 서열을 상의했을 것입니다. 두천, 송만은 거칠고 무딘 사람이라 손님을 대접하는 일을 어떻게 알겠습니까? 다만 임충은 원래 경사 금군 교두로 큰 동네 사람인데 무슨 일이라고 모르겠습니까? 지금 부득이하여 서열 4위에 있을 따름입니다. 아침에 임충은 왕륜이 형님에게 대답하는 표정을 보고 불만에 가득 차 있었으며 여러 차례 왕륜을 노려보았으나 마음속으로 주저하고 있었습니다. 내가 보기에 이 사람은 우리를 돌봐줄 마음을 가지고 있지만 서열이 낮아 하지 못할 뿐입니다. 소생이 몇 마디로 자기들끼리 내분이 일어나도록 해보겠습니다."

"선생의 계책만 믿겠소."

그날 밤 7명은 자리에 들어가서 쉬었다.

다음 날 날이 밝자 한 사람이 들어와서 보고했다.

"임 교두가 찾아왔습니다."

오용이 조개에게 말했다.

"이 사람이 제 발로 찾아오다니 이제 제 꾀에 걸려들었다."

7명은 서둘러 일어나 임충을 맞이하여 객관 안으로 들였다. 오용이 나가서 감사하며 말했다.

"어젯밤에 그처럼 후하게 대해주셨는데 폐를 끼쳐서 죄송합니다."

"소생의 정성이 부족했습니다. 비록 잘 모시고 싶었지만 제가 어쩔 수 있는 위치가 아니라 용서해주시기 바랍니다."

"우리가 비록 재주는 없지만 초목도 아닌데 어찌 두령의 흠모하는 마음과 돌봐주려는 마음을 보지 못하겠습니까? 진심으로 은혜에 감사드립니다!"

조개가 여러 차례 임충에게 윗자리를 양보했으나 어찌 받아들이겠는가? 조개가 상좌에 앉고 임충이 아래에 앉은 후 오용과 5명이 같이 앉았다. 조개가 말했다.

"교두의 명성은 일찌감치 들었는데 오늘 드디어 만나서 영광입니다."

"소생이 전에 동경에 있을 때 친구를 사귀며 예의를 어긴 적이 없었습니다. 비록 오늘 뵐 수 있게 되었으나 평생의 소원을 이룰 수 없어서 일부러 서둘러 사과하러 찾아왔습니다."

조개가 감사하며 말했다.

"호의에 깊이 감사드립니다."

오용이 바로 임충을 자극하려고 물었다.

"소생은 두령이 전에 동경에 있을 때 대단한 호걸이라 들었습니다. 무슨 까닭에 고구와 화목하지 못해서 피해를 입었는지 모르겠습니다. 나중에 창주에서 대군 초료장을 불 지른 것도 고구의 계책이라 들었습니다. 후에 누가 두령을 추천하여 양산박 산채에 오게 되었습니까?"

"고구 이 도적놈이 나를 해치려고 한 것을 생각하면 머리카락이 곤두섭니다. 그런데 이 원수를 갚을 수도 없고! 여기에 머물게 된 것은 모두 시 대관인이 추천해준 덕택입니다."

"시 대관인이라면 강호에서 말하는 소선풍 시진 아닙니까?"

"바로 그렇습니다."

조개가 끼어들어 한가하게 말했다.

"소생은 시 대관인이 의를 중하게 여기고 재물을 아끼지 않으며 사방의 호걸을 받아들이고 대주 황제의 직계 자손이라고 들었습니다. 어떻게 해서 얼굴이라도 한번 보면 좋겠습니다."

오용이 다시 임충을 자극했다.

"시 대관인은 명성이 전국에 자자하고 천하에 널리 알려진 분입니다. 만일 두령의 무술이 남들보다 훨씬 뛰어나지 않았다면 시 대관인이 어찌 기꺼이 산채에 추천했겠습니까? 오용이 과장한 것이 아니고 이치상 왕륜은 대두령의 자리를 임 두령에게 양보해야 했습니다. 이것은 천하의 공통된 의견으로 시 대관인의 뜻을 저버리지 않는 것입니다."

"선생의 말씀은 좋은 말이지만 소생이 큰 죄를 지었으므로 시 대관인에게서 떠나온 것이지 그가 임충을 버린 것이 아닙니다. 진정으로 폐를 끼칠까 두려워서 자원해서 산채에 온 것입니다. 그러나 지금 떠나려 해도 갈 곳이 없습니다! 내 지위가 미천해서 떠나고 싶은 것이 아니고 왕륜의 마음이 바르지 못하고 말도 신의가 없어서 함께하기 어렵기 때문입니다."

"왕 두령은 사람을 대할 때 허물없이 화목하게 지내야지 어찌 그렇게 속이 좁단 말이오?"

"오늘 하늘이 산채를 돌보아 여러 호걸이 오셔서 서로 도울 수 있게 되었으니 비단에 꽃을 수놓은 것 같고 마른 싹에 비가 내린 것 같습니다. 그는 어질고 능력 있는 사람을 질투하는 마음만 품고 있으므로 여러 호걸에게 세력이 꺾일 것을 두려워하고 있습니다. 어젯밤에 형장들이 관군을 죽인 일을 듣고 왕 두령은 속으로 걱정하며 여러분을 산채에 머물게 하지 않으려는 마음을 품고 있습니다. 이 때문에 호걸들을 관 아래로 내려보내 쉬시라고 한 것입니다."

오용이 망설이지 않고 바로 말했다.

"왕 두령이 그렇게 마음먹었다면 우리는 떠나라고 하기 전에 알아서 다른 데로 가면 그만이오."

임충이 잠깐 당황하더니 곧 단호하게 말했다.

"임충에게 따로 생각이 있으니, 여러 호걸은 남이라고 생각하지 마시기 바랍니다. 소생은 다만 호걸들이 물러나려는 뜻이 있을까 두려워 일부러 미리 알려드리는 것입니다. 오늘 그가 어떻게 대하는지 보겠습니다. 만일 그놈이 말에 도리가 있고 어제와 다르다면 만사를 접어두겠습니다. 그러나 만일 이놈이 오늘 아침 한마디라도 잘못된 말을 한다면 모든 일을 임충에게 맡겨두십시오."

조개가 임충의 심정은 전혀 알지 못하고 말했다.

"두령이 이렇게 과분하게 보살펴주시니 우리 형제는 감사할 따름입니다."

오용이 받아서 더 단호하게 말했다.

"두령이 새로 온 형제들 체면 때문에 옛 형제들과 사이가 벌어졌소. 만일 받아들이면 여기에 남고 받아들이지 않는다면 소생들은 즉시 다른 곳으로 떠나겠소."

"선생의 말은 틀렸소! 옛말에 영웅은 영웅을 알아보고 호걸은 호걸을 아낀다고 했소. 여기 이 더러운 짐승 같은 나쁜 놈을 어찌 형제라고 말하겠소! 호걸분들은 마음 놓으시오."

임충은 일어나서 떠나며 말했다.

"잠시 후 다시 만납시다."

다들 나와 배웅하여 임충은 혼자 산채로 올라갔다. 얼마 지나지 않아 졸개가 내려와 청하며 말했다.

"오늘 산채 안에서 두령이 여러분을 청했습니다. 산 남쪽 수채水寨5 정자의 연회에 가시지요."

5_ 수채水寨: 물가에 방어를 위하여 설치한 울타리나 시설물.

조개가 말했다.

"잠시 뒤에 도착한다고 두령에게 아뢰어주게."

졸개가 나가자 조개가 오용에게 물었다.

"선생, 이 일은 어떻게 해야겠소?"

오용이 웃으며 말했다.

"형님, 걱정하지 마시오. 이참에 산채의 주인이 될 수도 있을 것이오. 오늘 임충은 반드시 왕륜을 죽이려는 마음을 가지고 있습니다. 만일 그의 마음이 약해지면 소생이 말재주를 부려서 반드시 분란이 일어나도록 하겠습니다. 형님께서는 몸에 무기를 감추고 가서 소생이 손으로 수염을 만지며 신호를 보내면 즉시 힘을 합치도록 하시지요."

조개 일행은 속으로 좋아했다.

진시 이후 서너 차례 사람을 보내 초청했다. 조개와 여러 사람은 각자 무기를 몸에 숨기고 단정하게 차려 입고 함께 연석에 갔다. 송만이 친히 말을 타고 나와서 청하고 졸개들은 7개의 산 가마를 들고 7명을 태운 후 남산 수채로 가서 정자 앞에 내려주었다. 왕륜, 두천, 임충, 주귀가 모두 나와 맞이하면서 물가 정자에 오르기를 청했고 손님과 주인으로 나누어 자리에 앉았다. 왕륜과 네 두령(두천, 송만, 임충, 주귀)은 왼쪽 주인 자리에 앉고 조개와 6명(오용, 공손승, 유당, 삼완) 등은 오른쪽 손님 자리에 앉았다. 계단 아래 졸개들이 번갈아 가며 잔을 올렸다. 술이 몇 차례 돌고 음식이 두 번 올라왔다. 조개는 왕륜과 이야기를 나누었다. 매번 양산박에 가입하려고 뜻을 함께하자는 말만 하면 왕륜은 다른 말로 얼버무렸다. 오용이 임충을 바라보니 옆자리에 앉아 왕륜을 노려보고 있었다.

술을 마시며 차츰 정오가 지나자 왕륜이 고개를 돌려 졸개에게 말했다.

"가져오너라."

3~4명이 나가고 얼마 안 되어 졸개 하나가 커다란 은덩어리 5개를 접시에 받쳐들고 와서 놓았다. 왕륜이 일어나 잔을 들고 조개에게 말했다.

"여러 호걸과 여기서 의를 함께하자는 말은 감사하나 우리 양산박은 작은 산채로 작은 웅덩이에 위치해 있으니 어떻게 이렇게 많은 진짜 용을 받아들이겠습니까? 약소하나마 선물을 준비했으니 웃으며 받아주시기 바랍니다. 번거롭지만 큰 산채를 찾아서 자리잡으시면 소생이 친히 휘하에 가서 항복하겠습니다."

조개가 지체 없이 말했다.

"저는 오래전부터 크고 넓은 양산에서 현명한 인재를 받아들인다기에 망설이지 않고 즉시 한패가 되려고 왔습니다. 만일 받아들이지 않겠다면 우리는 스스로 물러나겠소. 주신 은자는 고마우나 절대 받을 수없소. 우리가 부유하다고 자랑하는 것은 아니지만 소생도 여비는 쓸만큼 있소. 대단한 예물을 빨리 거두시고 우리는 지금 이만 떠나겠소."

왕륜은 당장 떠난다는 말에 적잖이 당황하며 말했다.

"무슨 까닭에 사양하시오? 우리 산채에서 여러 호걸을 받아들이지 않으려는 것이 아니라 양식이 부족하고 방도 없어서 나중에 여러분 체면에 손상이 갈까 두려워 감히 붙잡지 못하는 것입니다."

왕륜의 말은 임충의 아픈 상처를 자극하기에 충분했다.

말이 다 끝나지 않았는데 임충의 두 눈썹이 꿈틀대더니 두 눈을 동그랗게 뜨고 교의에 앉은 채 큰 소리로 말했다.

"너는 지난번에 내가 산채에 왔을 때 양식이 부족하고 방도 적다고 핑계를 댔다. 오늘 조형과 호걸들이 산채에 찾아왔는데 또 이런 말을 하는 것은 무슨 도리냐?"

왕륜이 반응도 하기 전에 오용이 끼어들어 임충의 아픈 상처를 들쑤셨다.

"임 두령 참으시오. 우리가 잘못 찾아와서 당신들 산채의 정분을 망쳤소. 오늘 왕 두령이 예를 갖추어 우리에게는 내려가라 하며 노자도 주고 서둘러 내쫓지는 않았으니 두령은 화를 멈추시오. 우리가 알아서 내려가면 그만이오."

임충이 말했다.

"네놈은 겉으로 웃으면서 속에 칼을 감추고 말은 번지르르하고 하는 짓거리는 비열한 놈이다! 내가 오늘은 정말 저놈을 가만두지 않겠다."

왕륜은 얼굴이 붉어지더니 화가 나서 소리쳤다.

"너 이 짐승 같은 놈을 봐라. 술도 안 취했는데 무례한 말로 망신을 주다니 너는 위아래도 모른단 말이냐!"

임충이 큰 소리로 욕을 퍼부으며 말했다.

"네 스스로 낙방한 초라한 유생의 몰골을 좀 살펴보아라. 가슴속에 아무런 포부도 없이 어떻게 산채의 주인 노릇을 할 수 있겠느냐!"

오용이 결정적인 한마디를 내뱉었다.

"조개 형님, 우리가 산채에 와서 한패가 되겠다고 하다가 도리어 두 령의 체면만 상하게 만들었소. 배를 준비해서 즉시 물러납시다."

조개 등 7명이 일어나서 정자에서 내려오려고 했다. 왕륜은 아무것 도 눈치채지 못하고 당황하여 조개 일행을 붙잡으며 말했다.

"연회라도 끝내고 가시오."

임충은 탁자를 발로 차고 벌떡 일어나 저고리 앞자락에서 차갑게 빛 나는 칼을 꺼내서 꽉 잡았다. 오용이 손으로 수염을 만지자 조개 유당 이 정자로 올라와 왕륜을 말리는 척하며 말했다.

"같은 편끼리 싸우지 마시오!"

오용이 거짓으로 임충을 붙잡는 척하며 말했다.

"두령님, 경솔한 짓 하지 마시오!"

공손승은 양쪽을 번갈아 돌아보며 말했다.

"우리 때문에 대의를 망치지 마시오."

완소이가 가서 두천을 잡고 완소오는 송만을, 완소칠은 주귀를 잡았 으며, 졸개들은 놀라서 눈을 크게 뜨고 입을 벌린 채 경악하여 바라보 기만 했다. 임충이 왕륜을 잡고 그동안 눌러왔던 울분을 욕으로 토해 냈다.

"너는 촌구석 가난한 유생으로 두천의 도움을 받아 여기까지 왔다. 시 대관인이 너에게 노자를 보태주고 교류하여 나를 추천했는데 오히 려 여러 차례 갖가지 핑계를 대어 거절했다. 오늘 호걸들이 일부러 찾 아왔는데 또 산 아래로 내쫓으려고 한다. 여기 양산박이 네 것이냐! 자 기보다 현명하고 능력 있는 사람을 시기하는 너 같은 도적놈을 죽이지 않고 살려두어 무엇하겠느냐! 너같이 도량 없고 아무런 재주도 없는 놈이 산채의 주인이 되어서는 안 된다!”

두천, 송만, 주귀가 앞으로 와서 말리려고 했으나 꽉 붙잡혀서 움직일 수가 없었다. 왕륜은 그때 길을 찾아 피하려고 했으나 조개와 유당에게 붙잡혀 꼼짝할 수 없었다. 왕륜은 형세가 좋지 못한 것을 알고 입을 열어 말했다.

“나의 심복들은 모두 어디에 있느냐?”

주변에 심복이 와서 구하려고 했으나 임충의 사나운 기세를 보고 누가 감히 나설 수 있으랴? 임충은 즉시 왕륜을 붙잡고 다시 욕을 한바탕 퍼부으며 심장을 찌르자 정자 안에 털썩 하고 쓰러졌다. 조개는 왕륜이 찔린 것을 보고 칼을 손에 잡았다. 임충이 재빠르게 왕륜의 머리를 잘라 손에 들자 놀란 두천, 송만, 주귀는 모두 무릎을 꿇고 말했다.

“등자 옆에 서서 말채찍을 들고 형님을 따라다니며 충성을 다하겠습니다!”

조개 일행이 서둘러서 세 사람을 부축하여 일으켰다. 오용이 피가 낭자한 바닥에서 최고 두령의 교의를 끌어다가 임충을 앉히며 소리쳤다.

“만일 따르지 않는 자가 있다면 왕륜처럼 될 것이다. 오늘 임 교두를 산채의 주인으로 세우겠다!”

임충이 정색하며 크게 소리를 질렀다.

“선생님, 잘못 아셨습니다! 내가 오늘 여러 호걸과의 의리를 중요하게 여겨서 인의라고는 손톱만큼도 없는 도적놈을 죽인 것이지 이 두령의 지위를 얻으려는 마음은 전혀 없습니다. 오늘 오형은 임충을 첫째 두령의 지위에 앉히려 하니 어찌 천하의 영웅들에게 웃음거리가 되지 않겠습니까! 만일 강제로 앉힌다면 차라리 죽고 말겠소. 제가 여러분께 할 말이 있는데 제 말을 따르시겠습니까?"

모두 한목소리로 대답했다.

"누가 감히 두령의 말을 거역하겠습니까? 말씀하십시오."

위험한 방문[1]

　　임충은 왕륜을 죽이고 손에 날카로운 칼을 들고 여러 사람을 가리키
며 말했다.

　　"나 임충은 비록 한때는 금군이었으나 유배되었다가 여기에 왔소. 오
늘 여기 모인 호걸들 앞에서 한마디 하겠습니다. 왕륜은 속이 좁아 자
기보다 현명하고 능력 있는 사람을 시기하고 갖은 핑계로 받아들이지
않아 죽여버렸습니다. 나 임충이 두령의 자리를 노리고 한 짓이 아닙니
다. 제 도량과 용기로 어떻게 감히 관군에게 대항하여 나중에 황제 주
변의 흉악한 간신배들을 제거하겠습니까? 조개 형님은 의를 중시하고

1_ 제19장 양산박 임충이 조개를 두령으로 추대하다梁山泊義士尊晁蓋. 유당이 달밤에 운성
현으로 송강을 찾아가다鄆城縣月夜走劉唐.

재물을 소홀하게 여기며 용기와 지략을 갖추었습니다. 지금 천하의 영웅호걸이 그의 이름을 듣는다면 복종하지 않을 사람이 없을 것입니다. 내가 오늘 당연히 의에 따라 조개 형님을 받들어 산채의 주인으로 삼고자 합니다. 여러분, 어떻습니까?"

사람들은 말했다.

"두령의 말씀이 옳습니다."

조개가 말했다.

"안 됩니다. 예로부터 '남에게 의지하러 온 손님은 아무리 강해도 주인의 자리를 차지하지 않는다'고 했습니다. 조개가 아무리 대단해도 멀리서 새로 온 사람인데 어떻게 감히 두령의 자리에 앉겠습니까?"

임충이 손을 앞으로 뻗어 조개를 밀어 교의에 앉히고 말했다.

"오늘 일이 이렇게 되었으니 조개 형님은 사양할 필요 없습니다. 만일 따르지 않는 자가 있다면 왕륜의 뒤를 따르게 될 것이다!"

양보하는 조개를 서너 번 다시 교의에 앉히고 사람들을 불러 정자 앞에서 절하게 했다. 임충은 졸개를 불러 본채에 가서 연회를 준비시키고 왕륜의 시체를 치우도록 했으며 또한 다른 대소 두목들을 모두 불러 본채 안으로 모이도록 했다.

임충 등 일행은 조개를 가마에 태우고 본채로 갔다. 취의청 앞에서 내려 안으로 들어갔다. 무리는 조개를 정중앙 제1두령 교의에 앉히고 가운데에 향을 피웠다. 임충이 앞으로 나와서 말했다.

"소생 임충은 거친 필부라서 창봉을 조금 다룰 줄 알 뿐 배운 것도 재주도 없고 지혜와 지략도 없습니다. 오늘 산채에 하늘의 도움으로 여러 호걸이 모여 대의를 밝혔으니 지난날의 구차함과는 비교가 되지 않을 것입니다. 여기 계신 오용 선생을 군사로 청합니다. 오 선생이 병권을 장악하고 장교를 부리려면 반드시 두 번째 두령이 되어야 합니다."

"나 오용은 시골 훈장으로 도량과 경륜이 세상을 구할 만한 재주에 미치지 못할 뿐만 아니라 비록 손자, 오자병법을 읽은 적은 있지만 조그마한 공도 세운 적이 없는데 어떻게 상좌를 차지하겠습니까!"

임충이 말했다.

"일이 이미 이 지경에 이르렀으니 사양할 필요 없습니다."

오용은 할 수 없이 두 번째 자리에 앉았다.

"공손 선생은 세 번째 자리에 앉으시지요."

조개가 공손승 대신 말했다.

"이러면 안 됩니다. 만일 임 두령이 이렇게 양보만 한다면 차라리 나 조개가 물러나겠소."

"조개 형님의 말씀은 틀렸습니다. 공손 선생의 명성은 이미 강호에 자자합니다. 용병술에 능통하고 귀신도 예측할 수 없는 재주가 있으며 비와 바람을 마음대로 부르니 누가 따를 수 있겠습니까!"

공손승이 말했다.

"비록 작은 법술을 부리는 재주가 있으나 세상을 경영할 만한 재주는 없는데 어떻게 감히 상좌를 차지하겠습니까? 이 자리에는 오히려 임 두령께서 앉으셔야 합니다."

"이번 관군과의 싸움에서 승리하는 데 선생의 술법이 커다란 작용을 일으켰습니다. 솥鼎의 세 다리 중에 하나라도 부족하다면 균형이 맞지 않아 쓰러집니다. 선생께서는 사양하지 마십시오."

공손승은 할 수 없이 세 번째 자리에 앉았다.

임충이 다시 양보하려 할 적에 조개, 오용, 공손승이 모두 나서서 반대하며 한소리로 말했다.

"방금 두령이 '솥의 세 다리가 균형을 이루어야 한다'고 말해서 명을 어길 수 없었습니다. 우리 세 사람만 상위를 차지하고 임 두령이 또다시 다른 사람에게 양보한다면 우리는 자리에서 물러나겠습니다."

세 사람이 임충을 강제로 부축하니 할 수 없이 네 번째 자리에 앉았다. 임충이 자리에 앉자 조개가 일어나서 말했다.

"다음 자리는 당연히 송 두령과 두 두령이 앉아야 하오."

두천과 송만이 어찌 감히 앉으려 하겠는가? 간곡하게 청하여 유당을 다섯 번째에 앉히고 완소이, 완소오, 완소칠, 두천, 송만, 주귀의 순서로 서열이 정해졌다. 양산박의 서열은 여기에서 이렇게 11명의 자리가 정해졌다. 700~800명이나 되는 산채의 모든 사람이 나와 참배하고 좌우 두 줄로 나누어 섰다.

조개가 말했다.

"지금 여기에 산채의 모든 사람이 모였다. 오늘 임 두령이 나를 산채의 주인으로 세우고 오용은 군사가 되었으며 공손승은 병권을 통제하고 임 두령 등은 산채를 공동으로 관리하게 되었다. 여러분은 각자 전부터 맡았던 직위에 따라 산채 앞뒤의 일을 관리하고 산채 통나무 울타리와 모래 사장을 잘 지켜 실수가 없도록 하라. 모든 사람이 한마음으로 힘을 합쳐서 대의를 이루도록 힘써라."

다시 양쪽의 가옥들을 수습하여 완가의 식구를 머물게 배정하고 도적질해서 얻은 생신강 보물과 자기 집에서 가져온 금은재보를 꺼내 여러 소두령과 졸개에게 나누어주었다. 즉시 소와 말을 잡아 천지신명께 제사를 지내고 다시 정의를 위해 한데 모인 것을 경축했다. 두령들은 함께 술을 먹고 마시다 밤늦게 흩어졌고 다음 날 또 축하 연회를 열었으며 며칠 동안 먹고 마시며 잔치를 열었다. 조개와 오용 등 두령은 산채의 일을 상의했다. 창고를 정리 점검하고 산채 울타리를 수리했으며 창칼, 활과 화살, 갑옷과 투구 등 군수품을 만들고 관군과의 싸움을 준비했다. 또 크고 작은 배를 배치하여 병사들이 배에 올라 싸우는 훈련을 시키며 철저하게 준비했다.

어느 날 임충은 조개가 아량이 넓고 의를 중시하며 재물을 아끼지 않고 각 집안의 가족을 산채에 안착시키는 것을 보고 문득 도성에 있는 생사를 모르는 부인 생각이 났다. 결국 마음에 담아둔 것을 조개에게 자세하게 이야기했다.

"소인은 원래 산채에 올라온 후 처를 데려오고 싶었으나 왕륜의 마음 씀씀이가 바르지 못하여 입을 열지 못하고 내내 세월을 허비했습니다. 지금 동경에 홀로 떨어진 부인이 살아 있는지도 알 수가 없습니다."

"동생 가족이 동경에 있다면 왜 가서 데려와 다시 만나지 않는가? 자네가 빨리 편지를 쓰게 사람을 시켜 산을 내려가 전하고 밤낮을 가리지 않고 서둘러 데려오면 얼마나 좋겠는가?"

임충은 즉시 편지를 써서 신변의 심복 둘을 시켜 산을 내려가게 했다. 두 달이 지나지 않아서 졸개가 산채로 돌아와서 말했다.

"가자마자 동경 성내 전수부 앞에서 탐문하여 장 교두 집을 찾았습니다. 소문에 부인은 고 태위에게 아들과 혼인할 것을 강요받고 목을 매어 죽은 지 이미 반년이 지났다고 했습니다. 장 교두도 이 일 때문에 상심하다가 반달 전에 병에 걸려 돌아가셨다고 하더군요. 혼자 남은 하녀 금아는 데릴사위를 들여 살고 있다고 했습니다. 이웃에게 물어보니 소문대로라고 했습니다. 이 일이 모두 사실임을 확인하여 돌아와 두령께 아룁니다."

임충은 소식을 듣고 한참 동안 눈물을 줄줄 흘렸으며 이때부터 마음에 맺혀 있던 감정의 끈을 모두 끊어버렸다. 조개 등 두령들이 듣고 크게 낙담하며 탄식했다. 산채는 이때부터 다른 일은 없고 매일 병사를 훈련시키고 관군에게 대항할 준비만 했다.

어느 날 갑자기 두령들이 취의청에서 일을 상의하고 있는데 졸개 하나가 산으로 올라와서 보고했다.

"제주부에서 군관을 파견하여 대략 관군 2000명이 크고 작은 배 400~500척을 타고 석갈촌 호수에 머물고 있는 것을 보았습니다. 이에 특별히 보고드립니다."

조개가 놀라서 바로 군사 오용을 불러 상의하며 말했다.

"관군이 곧 몰려올 텐데 어떻게 싸워야 하겠소?"

오용이 웃으며 말했다.

"형님은 걱정하지 마십시오. 오용이 이미 준비해두었습니다. '물이 넘치면 흙으로 막고 병사가 몰려오면 장수를 보내라'고 했습니다."

즉시 완씨 삼웅을 불러 귀에 대고 계책을 일러주었다. 다시 임충과 유당을 불러서 계책을 말했다.

"너희 둘은 이렇게 저렇게 하여라."

다시 두천과 송만을 불러 분부했다.

한편 제주 부윤은 단련사團練使2 황안黃安과 제주부 포도관 한 명을 파견하여 1000여 명을 거느리고 배를 징집하여 석갈촌 호수에 배정하고 둘로 나누어 두 길로 양산박을 향했다.

단련사 황안은 군사를 배에 태워 깃발을 흔들고 함성을 지르며 금사탄으로 돌격했다. 모래사장이 점차 가까워지자 수면 위에서 흐느껴 우는 소리가 들렸다. 황안이 말했다.

"이것은 화각畫角 부는 소리가 아니냐? 배를 멈추어라!"

배를 멈추고 바라보니 수면 멀리서 3척의 배가 다가오고 있었다. 배 한 척마다 5명이 있었는데 4명은 노를 두 개씩 젓고 뱃머리에 한 사람이 서 있었다. 3척의 뱃전에 선 사람들이 모두 같은 옷차림이었는데 머리에 진홍색 두건을 두르고 몸에는 붉은색 실로 짠 도포를 입고 손에는 유객주를 들었다. 군사들 중에 아는 사람이 있어서 황안에게 말했다.

2_ 단련사團練使: 한 방 혹은 한 주의 군사를 담당하는 관직. 당대에 설치되었고 송대에는 무장의 겸칭이며 자사보다 높고 방어사보다 낮았다.

"뱃머리에 선 사람은 완소이, 완소오, 완소칠 삼형제입니다."

황안이 말했다.

"우리 다 같이 전진하여 세 놈을 잡자!"

양쪽의 40~50척이 한꺼번에 소리를 지르며 돌격했다. 그러자 맞은 편 배 3척에서 휘파람 소리가 들리더니 함께 방향을 틀어 돌아갔다. 황 단련이 손에 잡은 창을 들어올리며 소리쳤다.

"저 도적을 죽인 자에게 내가 큰 상을 내릴 것이다!"

배 3척은 앞을 향해 달아나고 뒤쫓는 관군의 배에서는 활을 쏘아댔다. 삼완 형제는 선창 안에서 검은 여우가죽을 꺼내 화살을 막았다. 뒤쪽에서 관군의 배들이 삼완 형제를 잡으려고 혈안이 되어 줄줄이 쫓아 왔다.

지류를 따라 2~3리 길을 쫓았으나 잡지 못했는데 황안 뒤에서 작은 배 한 척이 날듯이 저어와서 보고했다.

"더 이상 쫓아서는 안 됩니다! 한 척씩 쫓아갔던 우리 배는 그들에게 빼앗기고 병사는 물속에 빠져 죽었습니다."

"어떻게 저놈들의 수법을 알았느냐?"

작은 배의 병사가 말했다.

"저희가 배를 저어 쫓을 때 저 멀리 배 2척에 5명씩 타고 있었습니다. 힘을 다해 물길 4~5리를 쫓아갔을 때, 사방 지류에서 배가 7~8척 나타나서 쇠뇌를 쏘았는데 마치 메뚜기 떼처럼 날아왔습니다. 우리가 급하게 방향을 돌려서 돌아 나와 좁은 지류 입구에 이르렀을 때 물가에 20~30명이 나타났습니다. 양쪽에서 대쪽으로 엮어 만든 밧줄을 당겨서 뱃길을 가로로 막았습니다. 앞으로 가서 밧줄을 끊으려고 하는데 육지에서 석회를 넣은 병과 돌이 비처럼 쏟아졌습니다. 관군들은 배를 버리고 물속에 뛰어들어 도망쳤습니다. 저희는 도망쳐 나와 육지에 도착했는데 사람과 말이 모두 보이지 않았습니다. 말들은 끌려가고 말을 지키던 군사는 모두 물에 빠져 죽어 있었습니다. 저희는 갈대밭 늪에서 이 작은 배를 찾아 단련에게 보고하러 달려온 것입니다."

황안은 그 말을 듣고 끊임없이 죽는 소리를 했다. 바로 백기를 흔들어 쫓아가는 배를 멈추고 돌아오도록 했다. 배들이 방향을 돌려 움직이기도 전에 뒤에 있던 배 3척이 또 3~5명이 탄 배 10여 척을 이끌고 붉은 깃발을 흔들며 휘파람을 불고 쏜살같이 달려왔다. 황안이 진영을 갖추어 싸우려고 하자 갈대숲 속에서 포성이 들려왔다. 사방에 붉은 깃발이 가득하자 황안은 어쩔 줄 몰라 했다. 뒤에서 다가오는 배에서 누군가 소리를 질렀다.

"황안, 머리를 내놓고 돌아가거라!"

황안이 있는 힘을 다해 배를 갈대숲 뭍으로 저어갔으나 양쪽 지류에서 40~50척의 작은 배가 튀어나와서 화살을 비처럼 쏘아댔다. 황안이 화살숲 안에서 길을 찾고 있을 때 남은 배는 고작 3~4척에 불과했다. 황안이 작고 빠른 배 안으로 뛰어들어 뒤를 돌아보니 병사들은 모두 '풍덩' 하고 물속으로 뛰어들었고, 배와 함께 끌려간 병사들은 대부분 죽임을 당했다.

황안이 작고 빠른 배를 몰아 달아나려는데 갈대숲 늪 안의 배 한 척에 유당이 서서 갈고리로 황안의 배를 걸어놓고 바닥을 차고 풀쩍 뛰어와 한 손으로 허리춤을 잡고 말했다.

"꼼짝 마라!"

수영을 할 줄 아는 병사는 물속에 뛰어들었다가 화살에 맞아 죽고 감히 물에 뛰어들지 못한 병사는 배 안에서 산채로 잡혔다. 황안은 유당에게 뭍으로 끌려 올라갔다. 멀리 산 아래에서 조개와 공손승은 말을 탄 채 칼을 들고 졸개 50~60명과 말 20~30필을 이끌고 일제히 지원하러 왔다. 일행은 100~200명을 붙잡아 산채로 끌어갔고 빼앗은 배는 모두 산 남쪽 수채 안에 거두었다. 크고 작은 두령들이 모두 산채로 돌아왔고 조개는 말에서 내려 취의청에 와서 앉았다. 여러 두령이 군장과 무기를 풀고 둥글게 앉았다. 잡혀온 황안을 대청 앞 큰 기둥에 묶고 금은과 비단을 꺼내 졸개들에게 상으로 주었다. 빼앗은 말을 점검해 보니 600여 필인데 모두 임충의 공이었다. 동쪽 지류는 모두 두천 송만의 공로였고 서쪽은 완씨 삼웅의 공로였다. 황안을 사로잡은 것은 당연히 유당의 공로였다.

두령들은 모두 기뻐하며 소와 말을 잡고 산채에서 연회를 열었다. 산채에서 빚은 술과 호수에서 나는 싱싱한 연뿌리와 생선, 산 남쪽 나무에서 딴 신선한 복숭아, 살구, 매실, 자두, 비파, 산대추, 감, 밤 등 과일, 산채에서 기른 닭, 돼지, 거위, 오리 등을 골고루 차린 것은 자세히 말할 필요도 없었다. 여러 두령이 서로에게 축하했는데 산채에 와서 처음 승리를 거둔 것이라 평상시처럼 지나갈 수 없었다. 술자리가 한창일 때 졸개가 들어와서 보고했다.

"산 아래에서 주 두령이 산채에 사람을 보냈습니다."

조개가 불러서 무슨 일인가 물으니 졸개가 대답했다.

"수십 명으로 이루어진 상단이 오늘 밤 육로로 지나간다는 정보를 주 두령이 알아내서 보고하러 온 것입니다."

조개가 말했다.

"마침 금은 비단이 부족하던 차인데 잘됐군. 누가 가겠는가?"

삼완이 말했다.

"우리 형제가 가겠습니다."

"그렇게 하자. 조심하고 빨리 가서 일찍 돌아오게."

삼완이 취의청에서 내려가 옷을 갈아입고 요도를 차고 박도, 삼지창, 유객주를 들고 졸개 100여 명을 불러 모았다. 다시 취의청에 와서 두령과 이별하고 산을 내려가 금사탄에서 배를 타고 주귀의 주점으로 갔다. 조개는 삼완이 혹시 실수라도 할까 걱정되어 유당에게 100여 명을 데리고 산에서 내려가 지원하게 했다. 유당에게 분부했다.

"금은 비단을 빼앗고 절대 상인들의 목숨을 상하지 않도록 하게."

유당이 가고 삼경이 되었는데 소식이 없자 두천과 송만에게 50명을 데리고 내려가서 돕도록 했다.

조개가 오용, 공손승, 임충과 날이 밝을 때까지 술을 마시고 있는데 졸개가 와서 보고했다.

"주 두령 덕에 금은재보가 실린 수레 20여 양과 버새[3]도 40~50두

3_ 버새: 수말과 암나귀를 교배한 잡종.

를 얻었습니다.”

“사람을 죽였느냐?”

“상인들이 우리의 사나운 기세를 보고 수레, 버새, 짐을 모두 버리고 도망가서 한 사람도 상하지 않았습니다.”

조개가 그 말을 듣고 크게 기뻐하며 말했다.

“우리는 오늘부터 사람을 해쳐서는 안 된다.”

은 한 덩이를 꺼내서 졸개에게 상으로 주고 술과 과일을 준비시켜 산에서 내려가 금사탄에 도착했다. 여러 두령이 모두 수레를 어깨에 메고 뭍에 내린 다음 다시 버새와 말을 실으러 배를 보냈다. 두령들은 기뻐하며 잔을 들어 마시고 사람을 시켜 주귀에게 산에 올라와 연회에 참석하도록 했다. 조개 등 모든 두령이 산채 취의청에 올라와 둥글게 자리를 잡고 앉았다. 졸개를 시켜서 메고 온 재물들을 하나하나 풀고 비단과 의류는 한쪽에 쌓고 물품은 또 따로 한쪽에 쌓게 하고 금은보석은 정면에 쌓았다. 창고를 관리하는 소두목은 각 물건을 절반씩 나누어 창고에 넣어 보관했다. 나머지 절반은 두 몫으로 나누어 취의청 11명 두령이 한 몫을 11등분 하여 나누어 갖고 또 다른 한 몫은 나머지 산 위아래 사람들이 나누어 가졌다. 새로 잡아온 관군들은 얼굴에 번호를 새기고 건장한 사람은 각 산채로 보내 말을 먹이거나 장작을 패게 하고 연약한 군졸은 수레를 지키거나 풀을 베게 했다. 황안은 산채 뒤 감옥에 가두었다.

조개가 말했다.

“우리가 처음 산채에 왔을 때는 피난처로 삼아 왕륜의 휘하에 기탁하여 소두목이나 되려고 했는데 동생 임 두령 덕분에 나는 산채의 두령이 되었네. 게다가 생각지도 못하게 두 번의 좋은 일이 생겼으니, 하나는 관군을 이기고 수많은 인마와 선박을 얻었으며 황안을 사로잡은 것이고, 또 다른 하나는 약간의 재물과 금은을 얻은 것이네. 이는 모두 여러 형제의 재주 덕분이 아니겠는가?"

두령들이 말했다.

"모두 큰 형님의 음덕에 힘입어 얻은 것입니다."

조개가 다시 오용에게 말했다.

"우리 형제 7명의 생명은 모두 송강과 주 도두 두 사람이 구해준 것이네. 옛사람이 말하기를 '은혜를 입고 갚지 않으면 사람이 아니'라고 했네. 오늘의 부귀와 안락함은 어디에서 온 것인가? 조만간에 금은을 가지고 사람을 시켜 운성현에 가는 것이 가장 중요한 일이네. 또 백승이 제주 감옥에 갇혀 있으니 우리가 반드시 구출해야 하네."

오용이 말했다.

"형님은 걱정하지 마시오! 소생에게 생각해둔 계책이 있습니다. 송강은 인의를 지키는 사람이므로 우리가 답례하기를 바라지 않을 것입니다. 그렇다고 하더라도 예를 어길 수 없으니 산채가 대강 안정이 되면 반드시 형제 한 명을 보내야 합니다. 백승의 일은 모르는 사람을 시켜 윗사람은 돈으로 매수하고 아랫사람은 달래서 감시에 소홀히 하도록 한다면 빼오기 쉬울 것입니다. 우리는 양식을 저장하고, 배를 건조하며, 병장기를 만들고, 울타리와 담을 튼튼하게 하며, 가옥을 더 짓고, 군포와 갑옷을 정돈하며, 창칼·궁과 살을 만들어 관군과 싸울 준비를 해야 합니다."

"그러면 모든 일은 군사의 계책대로 따르겠소."

오용은 당장 두령들을 배정하여 각자 맡을 일들을 할당했다.

양산박은 조개가 입산한 이후 매우 왕성해졌다. 한편 황안의 부하들 중 도망쳐 돌아온 군사들은 양산박 강도들이 관군을 죽이고 황안을 사로잡은 일을 제주부 태수에게 아뢰었다. 또 양산박 사내들은 매우 대단한 영웅들로 누구도 가까이할 수 없어서 사로잡기 어려울 뿐만 아니라 물길을 알 수 없고 지류도 많고 복잡하여 도저히 이길 수 없었다고 했다. 부윤이 듣고 죽는 소리를 하며 태사부에서 파견 나온 간판에게 말했다.

"하도가 먼저 군사를 이끌고 나가 싸움에서 지고 두 귀까지 잘린 채 혼자 살아 돌아와서 지금 집에서 치료하고 있는데 아직도 다 낫지 않았습니다. 500명이 가서 한 사람도 돌아오지 못했습니다. 이에 또 단련사 황안과 본부 포도관을 보내 군졸을 이끌고 잡아오게 했으나 역시 실패했습니다. 황안은 이미 산채에 사로잡혔고 죽은 관군도 셀 수 없이 많습니다. 싸워도 이길 수가 없으니 어떻게 해야 하겠습니까?"

태수는 속으로 울분이 가득 찼으나 달리 방법이 없었다. 그때 승국이 들어와서 보고했다.

"동문 접객 정자에 새로 부임한 관리가 도착했으므로 이렇게 알리러 달려왔습니다."

태수는 서둘러 말에 올라타고 동문 밖 접객 정자로 달려갔다. 멀리 먼지가 일어나는 곳을 바라보니 신관은 이미 정자 앞에 도착하여 말에서 내렸다. 부윤이 안내하여 정자에 올라 서로 인사를 마치고, 새로 온 관리는 중서성에서 준 인사이동 문서를 내놓았다. 태수가 보고 신관과 관아로 가서 영패슈牌4와 인신印信5을 넘겨주고 제주부 창고의 돈과 양식을 대조했다. 즉시 연회를 준비하여 신관을 접대했다. 구 태수는 양산박 도적의 규모가 거대하고 관군을 죽인 일을 자세히 설명했다. 말이 끝나자 새로 부임한 부윤은 얼굴이 흙빛이 되어 속으로 생각했다.

'채 태사가 나를 추천한 자리가 이런 지역에 이 따위 부府라니. 강한 군대나 용맹한 장수도 없는데 그런 강도들을 무슨 재주로 잡는단 말이냐! 만일 이놈들이 성안으로 양식이라도 빌리러 온다면 어떻게 하나!'

구관 태수는 다음 날 옷과 짐을 싸서 처벌을 받으러 동경으로 돌아갔다. 새로 부임한 부윤은 제주를 관할하는 새로운 군관과 상의하여 군마를 준비하고 식량과 마초를 모으며 용감한 백성과 지혜로운 사람을 모집하여 양산박 강도를 잡을 준비를 했다. 한편 중서성에 요청하여 부근 주현에 공문을 돌리고 도적을 토벌하는 데 협조하도록 했다. 또 스스로 부속 주현에 공문을 내려 도적 토벌을 알리고 자기 경내를 잘 지키도록 명했다.

제주 공목은 운성현에도 사람을 보내 경내를 잘 지키고 양산박 도적에 대비하라는 공문을 보냈다. 운성현 지현은 공문을 읽고 송강에게 보내 문서를 다시 베껴서 각 향촌에도 통지하여 공동으로 방비하도록

4_ 영패슈牌: 중국 고대 군사 행동 중에 상관에게 받는 일종의 증서.

5_ 인신印信: 정부 기관의 각종 인장.

했다. 송강은 공문을 보고 속으로 생각했다.

'조개와 그 일행이 일을 이렇게 크게 벌일 줄은 생각도 못했군. 생신강을 강탈하고 공인을 죽이며 하 관찰을 상하게 하다니. 또 그 많은 관군을 죽이고 황안까지 산 위에 잡아놓다니. 이런 죄는 구족九族6을 멸할 대죄인데. 비록 궁지에 몰려 부득이해서 했다지만 법도로는 용서가 안 되니 만일 잘못된다면 어떻게 해야 하나?'

송강은 혼자 속으로 답답해서 조수 장문원張文遠을 시켜 문서를 각 향과 보에 보내도록 했다. 스스로 문건을 처리하고 천천히 관아에서 걸어 나왔다.

송강이 20~30보를 못 가서 누군가 등 뒤에서 "압사님!" 하고 부르는 소리를 들었다. 머리를 돌려 바라보니 매파 왕 씨였는데 같이 온 노파에게 말했다.

"할멈이 인연이 있어서 좋은 일 하는 압사를 만났네!"

송강이 몸을 돌려서 말했다.

"무슨 할 말이 있소?"

왕 노파가 송강의 앞길을 막고 염 노파를 가리키며 말했다.

"압사님은 잘 모르실 겁니다. 여기 이 사람 일가는 여기 사람이 아니고 동경에서 남편 염공閻公, 딸 파석婆惜 세 식구가 같이 왔습니다. 염공은 옛날에 노래를 잘 불렀던 사람으로 딸 파석에게 어려서부터 여러 노

6_ 구족九族: 자기를 중심으로 위로 부친, 조부, 증조부, 고조부, 아래로 자식, 손자, 증손, 현손까지를 구족이라 한다. 일설에는 부계 4, 모계 3, 처가 2족을 구족이라고 한다.

래와 춤을 가르쳤습니다. 나이는 18세이고 미색도 제법입니다. 세 사람은 산동에 어떤 남자를 찾아왔는데 만나지 못하고 운성현까지 흘러들어 왔습니다. 그런데 생각했던 것과 달리 이곳 사람들이 풍류와 음악을 즐기지 않아 생활하기가 어려워서 현 뒤 외딴 골목에서 임시로 거주하고 있었습니다. 어제 가장이 돌림병으로 죽었는데 염 노파는 돈이 없어 장사를 지내지 못했습니다. 도저히 방법이 없어 제게 매파가 되어주길 간청했습니다. '이런 시절에 어디에 적당한 혼처가 있겠는가?' 하고 말했습니다. 돈을 빌릴 곳조차도 없어 어디로도 갈 데가 없는데 압사께서 여기로 지나가셔서 제가 염 노파와 달려온 것입니다. 압사께서는 그들을 불쌍하게 여기어 관이라도 하나 구하게 해주십시오."

"원래 그렇게 된 일이군. 두 사람은 나를 따라오시오. 골목 입구 주점에서 필묵을 빌려 몇 자 써줄 테니 현 동쪽 진 삼랑陳三郞한테 가서 관을 받아오시게."

송강이 다시 물었다.

"장사지낼 비용은 있소?"

염 노파가 말했다.

"솔직히 말씀드리면 관도 없는 마당에 무슨 비용이 있겠습니까?"

"내가 은자 10냥을 더 줄 테니 비용으로 쓰시오."

"아이고! 나리는 저희에게 다시 살아 돌아오신 양친이고 다시 태어나신 부모입니다. 다음에 우리 모녀가 당나귀와 말이 되어서라도 압사님에게 보답하겠습니다."

"됐소! 그런 말 그만하시오."

즉시 은자를 꺼내서 염 노파에게 건네주고 돌아갔다. 노파는 쪽지를 가지고 현 동쪽 진 삼랑 집에 가서 관을 집으로 가져다가 염공의 상사를 치르고도 은자 5~6냥이 남아 모녀가 비용으로 사용했다. 어느 날 염 노파가 송강에게 감사 인사를 하러 왔다가 집 안에 여자가 없는 것을 보고 돌아오는 길에 옆집 왕 노파에게 물었다.

"송 압사 사는 집에 부인 얼굴이 안 보이던데 아직 결혼 안 했습니까?"

"송 압사 집이 송가촌이라는 말은 들었어도 부인이 있다는 말은 듣지 못했다오. 현에서 압사를 하면서 다른 사람 집에서 머물고 있어요. 압사는 가난한데도 어려운 사람에게 관도 구해주고 약도 사서 주며 기꺼이 돈을 쓰는 걸 보니 어쩌면 부인이 없을 수도 있겠구려."

"내 딸은 생긴 것도 예쁘고 노래도 잘 부르며 여러 재미있는 재주도 많아요. 동경에 있을 때 어려서부터 내 딸은 항상 기방에서 사람들과 잘 어울려서 사랑을 받았어요. 몇몇 상청행수7가 내게 딸을 양녀로 들이려고 했는데 팔지 않았어요. 우리 부부를 공양할 사람이 없어서 들이지 않았는데 지금 딸을 이렇게 고생시킬 줄은 몰랐어요. 내가 그제 송 압사에게 감사 인사를 드리러 갔는데 거처에 부인이 없는 것을 보았습니다. 왕 노파가 송 압사에게 가서 내 딸을 첩으로라도 들일 마음이 있는지 물어보시구려. 만일 그렇다고 하면 나도 기꺼이 보내겠소. 전날에 당신이 일이 잘되도록 도와줘서 송 압사의 도움을 받았는데 아무것도 보

7_ 상행수上行首: 즉 상청행수다. 관기의 우두머리를 가리킨다. 널리 명기名妓라 이른다.

답할 것이 없으니 그와 친척이라도 되어 왕래하고 싶구려."

왕 노파가 염 노파의 말을 듣고 다음 날 송강에게 찾아와 이 일을 자세하게 말했다. 송강은 처음에 거절했으나 매파의 교묘한 꼬임을 당해내지 못하고 허락하여 현 서쪽 골목에 이층 방을 구하여 세간 살림살이와 가구를 들여 염파석 모녀를 안주시켰다. 반달도 지나지 않아 염파석은 머리를 온갖 진주와 비취로 장식하고 온몸은 비단으로 감쌌다. 다시 며칠이 지나자 염 노파도 머리와 몸을 장식하며 의식에 아무런 부족함이 없었다. 처음에 송강은 매일 밤 파석과 함께 잠을 잤으나 나중에는 점점 가지 않게 되었다. 그 이유는 무엇인가? 원래 송강은 창봉 쓰는 것을 배우기 좋아하는 남자라서 여색은 그다지 중요하게 여기지 않았다. 염파석도 이제 한창인 18~19세 젊은 나이라 송강이 마음에 들 리가 없었다.

하루는 송강이 데려와서는 안 될 조수 장문원을 데리고 함께 염파석의 집에서 술을 마셨다. 이 장문원은 송강과 같은 방을 쓰는 압사로 소장삼小張三이라고 불렸는데, 이목이 뚜렷했으며 이는 희고 입술은 붉었다. 평소에 기방이나 도박장 같은 곳에 다니기를 좋아했고 경박하며 방탕했으나 풍류도 있고 용모가 빼어났으며 각종 관현악기를 다루지 못하는 것이 없었다. 파석은 술 따르던 기생 출신이라 장삼을 보자마자 이미 마음에 들어 어떻게 해보려는 생각이 있었다. 장삼도 주색에 능한 사람인데 어떻게 이런 일을 알아채지 못하겠는가? 파석과 주고받는 눈길 속에서 이미 서로 마음이 있는 것을 알아챘다. 나중에 송강이 없을 때 장삼은 파석의 집에 찾아가 거짓으로 송강을 찾으러 왔다고 했다. 파석은 그를 들어오게 하여 같이 차를 마시며 이런저런 이야기를 나누다 그만 일이 벌어졌다. 누구도 예상치 못하게 이때부터 파석은 장삼과 관계를 맺어 뜨겁게 달구어졌고 송강에게는 약간의 정분조차 남지 않았다. 송강이 찾아오면 말로 상처를 주어 잠시라도 집에 붙어 있지 못하게 했다. 송강은 여색을 탐하는 남자가 아니라 반달이나 10일에 한 번 정도 찾아왔다. 장삼은 파석과 정이 붙을 대로 붙어서 밤에 찾아와 아침에 돌아가다보니 이웃들이 모두 알게 되었고 이런 소문은 결국 송강의 귀에도 들어갔다. 송강은 반신반의하면서 속으로 생각했다.

'부모가 맺어준 부부가 아니니 네가 나를 사랑할 마음이 없으면 화를 내서 무엇하겠어? 내가 안 찾아가면 그만이지.'

이때부터 몇 달 동안 가지 않았다. 염 노파가 여러 번 사람을 보내 청했으나 송강은 일을 핑계로 가지 않았다.

어느 날 송강이 현 관아에서 늦게 나와 맞은편 찻집에 앉아서 차를 마시고 있었다. 그때 머리에 하얀 범양 삿갓을 쓰고 몸에는 진녹색 비단 저고리를 입었으며 발에는 마로 짠 신발을 신고 허리에는 요도를 가로로 찼으며 등에는 커다란 짐을 진 사내를 보았다. 온통 땀으로 범벅된 채 호흡을 가쁘게 하며 고개를 돌려 현 관아 안을 여기저기 살펴보고 있었다. 송강은 그 사람의 행동이 수상쩍어 서둘러 일어나 찻집을 나와 쫓아갔다. 20~30보 가서 사내는 고개를 돌려 송강을 바라보는데 모르는 사람이었다. 송강은 그 사람을 보고 조금 얼굴이 익은 것 같기도 했으나 속으로 생각해보아도 알 수가 없었다.

'어디선가 서로 본 적이 있는 것도 같은데?'

그 사람도 송강을 한번 보더니 조금 아는 것 같기도 하여 발을 멈추고 송강을 바라보다가 감히 묻지 못했다. 송강이 속으로 생각했다.

'이 사람 참 이상하네. 어째 나만 쳐다보나?'

송강도 감히 묻지 못했다. 그 사내는 길가 이발소로 들어가서 물었다.

"형씨, 앞에 저 압사는 누구요?"

머리를 다듬는 사람이 대답했다.

"저분은 송 압사입니다."

그 사람이 박도를 들고 앞으로 걸어와 인사하고 말했다.

"압사께서는 저를 알아보시겠습니까?"

"당신을 어디서 본 것 같소."

"잠시 자리를 옮겨서 말씀 좀 나누었으면 합니다."

송강은 그 사람과 외진 골목으로 들어갔다. 그 사람이 말했다.

"이 주점이 이야기하기 좋을 것 같습니다."

두 사람은 주루로 올라가 조용한 방을 잡아 앉았다. 그 사내는 박도를 벽에 기대 세우고 짐을 풀어 탁자 밑에 내려놓고 갑자기 풀썩 엎드려서 절을 했다. 송강은 당황하여 답례하며 말했다.

"그대의 성함이 어떻게 되는지 모르겠소."

"은인께서는 어찌 동생을 잊으셨습니까?"

"형장은 누구시오? 정말 낯이 조금은 익은데 소인이 기억을 못하겠소."

"저는 조 보정의 장원에서 얼굴을 뵈었고 형님의 은혜로 목숨을 구한 적발귀 유당입니다."

송강은 듣고 깜짝 놀라 말했다.

"동생, 자네 정말 대담하구먼! 만일 공인들이 알아보았다면 정말 큰일날 뻔했네!"

"형님의 크신 은혜로 목숨을 구하여 특별히 감사 인사를 드리러 왔습니다."

"조 보정 형제들은 요즘 어떻게 지내는가? 동생, 누가 자네를 보냈나?"

"조 두령 형님은 거듭 은인께 감사를 드리라고 했습니다. 형님 덕택으로 목숨을 건지고 지금은 양산박 주인 두령이 되었습니다. 오 선생은 군사가 되었고 공손승은 병권을 장악했습니다. 온 힘을 다하여 왕륜을 죽인 임충과 산채 안은 원래 있던 두천, 송만, 주귀에 우리 형제 7명을 더하여 모두 11명 두령이 있습니다. 지금 산채에 졸개가 700~800명 모였고 양식은 어마어마합니다. 이 모든 것이 형님의 덕택인데 갚을 방법이 없어서 특별히 제 편에 편지와 황금 100냥을 보냈습니다. 먼저 형님에게 감사하고 주 도두에게도 가서 감사할 생각입니다."

유당이 짐을 풀고 서신을 꺼내 송강에게 주었다. 송강이 다 읽고 두루마기 앞섶을 열어 문서 주머니를 꺼내 열 때 유당은 금을 꺼내 탁자 위에 놓았다. 송강이 금 한 개를 집어 편지로 싸서 문서 주머니에 꽂고 옷섶 안에 다시 넣으며 옷을 수습하고 말했다.

"동생, 나머지 금은 다시 싸서 넣게."

다시 술 파는 사람을 불러 술과 고기 한 판을 큼직하게 잘라 가져오게 하고 야채와 과일을 내오게 하며 유당에게 술을 따라주도록 했다. 날은 점점 저물었다.

유당은 탁자 위 금 보따리를 풀어서 꺼내려고 했다. 송강은 서둘러 만류하며 말했다.

"동생, 내 말을 잘 듣게. 자네 7형제가 산채에 막 올라갔으니 돈이 필요할 때이네. 나 송강 집안은 그냥 지낼 만하니 자네 산채에 놓아두고 내가 노자가 필요하면 가지러 가겠네. 지금 내가 남으로 생각해서 이러는 것이 아니며 이미 금 한 쪽을 받았네. 주동도 집에 나름의 재산이 있으니 보낼 필요 없네. 내가 알아서 자네 일을 잘 설명하겠네. 동생, 내가 감히 집에 데려가지 못하겠다네. 만일 사람들이 알아본다면 빠져나갈 구멍이 없으니 말일세. 오늘 밤은 달빛이 아주 밝으니 밤사이 산채로 돌아가고 여기 머물지 말게. 송강이 다시 여러 두령에게 축하하러 갈 수 없어서 정말 미안하다고 전해주게."

"형님의 은혜에 보답할 방법이 없어서 저를 압사께 보내 선물로 진실된 마음을 조금이나마 표하려 한 것입니다. 보정 형님은 지금 두령이 되었고 군사 오 선생의 호령은 옛날과 다른데 제가 어떻게 감히 도로 가져가겠습니까? 산채에 돌아가면 반드시 질책을 받을 것입니다."

"이미 명령이 엄격하니 내가 답신을 써서 주면 이것을 가지고 가면 될 것일세."

유당은 간절하게 받기를 부탁했으나 송강이 어찌 쉽게 받아들이겠는가? 즉시 주점에서 종이와 필묵을 빌려 편지를 자세하게 쓰고 유당에게 주머니에 넣도록 했다. 유당은 성격이 딱 부러지는 사람이라 송강이 이렇게 사양하자, 받지 않겠다고 생각한 뒤 다시 금을 가져왔을 때처럼 쌌다.

날이 차츰 저물자 유당이 말했다.

"형님께서 편지도 써주셨으니 저는 이만 밤사이에 돌아가겠습니다."

"동생, 붙잡지 못하는 내 마음을 이해해주게나."

유당은 또 사배를 했다. 송강은 술집 주인을 불러서 말했다.

"이 손님이 은 1냥을 주었는데 내가 내일 다시 와서 술값을 계산하겠네."

유당은 등에 짐을 지고 박도를 들고 송강을 따라 내려왔다. 주루를 떠나 골목 입구를 나오니 이미 날은 저물고 8월 보름이라 달이 둥글게 떠올랐다. 송강은 유당의 손을 잡고 당부했다.

"동생, 몸조심하고 다시는 오지 말게. 여기는 공인이 많아서 위험한 곳이라네. 나는 멀리 배웅 못하니 여기서 헤어지세."

유당은 달빛이 밝음을 보고 발걸음을 서둘러 서쪽으로 향해 밤새도록 걸어 양산박으로 돌아갔다.

송강은 유당과 헤어지고 천천히 걸어 돌아오면서 속으로 중얼거렸다.

'다행히 공인이 못 보았으니 망정이지 큰일날 뻔했네!'

다시 생각하며 속으로 말했다.

'저 조개가 도적이 되더니 이렇게 크게 일을 벌였단 말이지.'

두 모퉁이를 지나지 않아서 누군가 등 뒤에서 소리를 질렀다.

"압사님! 어디 가시오? 한참이나 보지 못했소."

송강은 뒤돌아보고 소스라치듯 놀랐다.

제20회

염파석[1]

송강은 유당과 헤어지고 밝은 달빛이 가득한 거리를 천천히 걸어 집으로 돌아가고 있었다. 마침 염 노파가 보고 앞으로 달려와 말했다.

"압사님, 여러 번 사람을 시켜 청했는데 귀인이라 얼굴 한번 뵙기가 쉽지 않습니다! 딸년이 무슨 말을 잘못해서 심기를 상하게 해드렸는지 모르지만 제가 사과하라고 혼 좀 냈으니 늙은이 얼굴을 봐서 용서하십시오. 오늘 밤 이렇게 만났으니 함께 가시지요."

"내가 오늘 현 안에 일이 많아서 빠져 나오기 어려우니 다음에 다시 가리다."

1_ 제20장 건파가 취하여 당우아를 때리다虔婆醉打唐牛兒. 송강이 분노하여 염파석을 죽이다宋江怒殺閻婆惜.

"이러시면 안 됩니다. 제 딸이 지금 집에서 압사님만 기다리고 있으니 자상하게 달래주시기만 하면 됩니다. 정말 이렇게 버려두시면 안 됩니다."

"내가 정말 바쁘니 내일 틀림없이 다시 오리다."

"내가 오늘은 반드시 모시고 가야겠소."

송강의 옷소매를 잡아당기며 말했다.

"도대체 누가 충동질했기에 그러십니까? 우리 두 모녀 남은 인생은 모두 압사님에게 달려 있습니다. 남들이 아무리 이러쿵저러쿵하더라도 그 말을 믿으시면 안 됩니다. 압사님 스스로 주관대로 하셔야지요. 우리 딸이 무슨 잘못을 저지르면 모두 제게 맡기십시오. 그냥 저와 같이 가십시오."

"그만 귀찮게 하시오. 내가 일이 바빠서 정말 갈 수가 없소."

"압사님이 일 조금 잘못했다고 지현께서 꼭 질책하시는 것은 아니지 않습니까? 이번에 놓치면 다음에 다시 만나기 어렵습니다. 압사님, 꼭 이 늙은이와 가셔야 합니다. 집에 가면 아뢸 말씀도 있습니다."

송강은 호쾌한 성격이라 노파가 달라붙는 것을 견디지 못하고 말했다.

"이 손 놓으시오. 내가 가면 되지 않소."

"너무 그렇게 빨리 가지 마시구려. 제가 따라 갈 수가 없습니다."

"그러면 이러면 되겠소!"

두 사람은 앞서거니 뒤서거니 문 앞에 도착했으나 송강은 발걸음을 멈추고 서서 망설였다. 염 노파가 손을 벌려 막으며 말했다.

"압사께서 여기까지 오셔놓고 안 들어가려는 것은 아니겠지요?"

송강은 들어가서 의자에 앉았다. 노파는 눈치가 빨라서 송강이 달아날까 두려워 옆에 앉아서 소리쳤다.

"애야, 네기 사랑하는 삼랑이 여기 오셨다."

염파석은 침상에 뒤집혀져 혼자 외로운 등불을 마주 대하고 아무 생각 없이 장 삼랑만을 기다리고 있었다. '네가 사랑하는 삼랑이 여기 오셨다'는 어미의 말을 듣고 장 삼랑이 온 줄 알고 서둘러 일어나 손으로 우뚝 솟은 쪽을 다듬으며 중얼중얼 욕하며 말했다.

"죽일 놈의 인간이 하루 종일 기다리게 하다니. 귀뺨이라도 두어 대 올려붙여야지!"

나는 듯이 아래층으로 내려가 창호 사이로 바라보니 방 안에 유리등이 환하게 빛나는데 엉뚱하게 송강을 비추고 있었다. 파석은 다시 몸을 돌려 이층으로 올라가 도로 침상 위에 누워버렸다. 염 노파는 딸이 내려오는 발 소리를 들었는데 다시 올라가는 소리를 듣고 소리쳤다.

"애야, 너의 삼랑이 여기 계신데 어째서 다시 올라가니?"

파석은 침상에 누워 대답했다.

"이 집이 얼마나 멀다고 누구는 올라오지 못한단 말이야! 장님도 아닌데 어째서 자기는 올라오지 못하고 내가 가서 데려와야 한단 말이야!"

끊임없이 시끄럽게 주절거렸다. 염 노파가 말했다.

"저년이 압사님을 보지 못해서 정말로 화가 났나봅니다. 말은 저렇게 해도 압사님이 잔소리 한두 마디만 참으면 아무 일 없을 겁니다."

노파가 웃으면서 말했다.

"압사님, 제가 함께 올라가겠습니다."

송강은 그 말을 듣고 마음이 더욱 불편해졌다. 노파에게 이끌려 마지못해 이층에 올라갔다. 이 건물은 본래 서까래가 6개인 이층 건물이었다. 앞칸에는 전망대로 의자가 있었고 뒷칸은 침실로 삼면 모서리에 꽃을 새긴 침상을 놓았다. 침상 양쪽은 난간이고 위에 붉은 비단 휘장을 쳤다. 곁에는 옷장을 두고 수건을 걸어놓았으며 그 앞에 대야를 놓고 솔이 놓여 있었다. 금칠을 한 탁자 위에는 주석으로 만든 등잔 받침대가 있었고 옆에 등받이 없는 의자 두 개가 있었다. 정면 벽에는 한 폭의 미인도가 걸려 있고 침상 맞은편에 팔걸이의자 4개가 나란히 펼쳐져 있었다.

　　송강이 이층에 올라가자 노파가 끌고 방 안으로 들어갔다. 송강은 사각형의 등받이 없는 의자에 침상을 향하여 앉았다. 염파는 딸을 끌어 일으키며 말했다.

　　"압사님 오셨다. 애야, 네가 성질이 나빠 심한 말로 마음을 상하게 해서 압사님이 한동안 찾아오지 않게 해놓고 너는 오히려 집 안에서 압사님 생각하고 있지 않았느냐? 지금 내가 어렵게 모시고 왔는데 너는 일어나서 말도 좀 하지 않고 거꾸로 성질만 부리느냐!"

　　파석이 손을 뿌리치며 노파에게 말했다.

　　"엄마는 이게 무슨 지랄이야! 내가 무슨 나쁜 일을 한 것도 아닌데 자기가 스스로 찾아오지 않으면 내가 어떻게 이야기를 하냔 말이야!"

　　송강이 듣고 아무 말도 하지 않았다. 노파는 의자를 송강 옆에 놓고 딸을 밀면서 말했다.

　　"삼랑과 같이 앉아 있거라. 말하고 싶지 않으면 그만이지 초조할 것 없다.”

파석은 가려 하지 않고 송강 맞은편에 앉았다. 송강은 고개를 숙이고 아무 말도 하지 않았다. 노파가 보니 딸 역시 얼굴을 돌리고 바라보지 않자 말했다.

“술도 없이 무슨 일이 되겠니? 여기 좋은 술이 한 병 있으니 과일 사올 때까지 압사랑 말씀 나누고 있거라. 얘야, 부끄러워할 것 없이 압사님 모시고 앉아 있거라. 금방 돌아올 테니.”

송강은 혼자 앉아서 생각했다.

‘저 노인네가 지키고 있어서 도망갈 수 없었는데 나가면 나도 가야겠다.’

노파는 송강에게 달아나려는 생각이 있음을 눈치채고 방문을 나와 문을 세게 잡아당겨 문고리를 걸어버렸다. 송강은 속으로 생각했다.

‘늙은 포주한테 내가 도리어 당했군.’

염 노파는 내려와 먼저 부뚜막 앞에 등불을 켰다. 부뚜막에 발 씻을 물이 끓고 있는 것을 보고 장작을 더 넣었다. 은자 부스러기를 들고 골목을 나와 신선한 과일, 생선, 연한 닭고기, 통통한 절인 생선 등을 사서 집으로 돌아와 접시에 담았다. 술을 가져다 국자로 떠서 술을 데우는 솥에 반쯤 따르고 가마에 넣어 뜨겁게 데워 술병에 따랐다. 여러 가지 채소를 잘 담아 술잔 3개, 젓가락 3개를 놓고 쟁반을 들고 이층에 올라가 전망대에 놓고 문을 열었다. 다시 쟁반을 들고 금칠 된 탁자에 펼쳐 차려놓았다. 송강을 보니 고개를 숙이고 있었고 딸은 다른 곳을 보고 있었다. 염 노파가 말했다.

"애야, 일어나 술잔 올려라."

"둘이 알아서 먹든지 말든지 하고 나는 귀찮게 하지 말아요!"

"애야, 네가 엄마 아빠 손에서 자라 어렸을 때부터 성질부리는 것이 습관이 되었지만 다른 사람에게는 그러면 안 된단다."

"잔을 올려 바치지 않으면 어쩐단 말이에요? 설마 칼로 내 머리라도 자르겠다는 말이에요?"

노파는 어이가 없어서 웃으며 말했다.

"그래, 다 내 잘못이다. 압사님은 풍류를 아시는 분이니 너를 나무라지 않을 게다. 네가 잔을 올리지 않겠다면 그만이지만 고개는 돌려 술은 마시겠지."

파석은 고개도 돌리지 않았다. 노파는 자기가 술잔을 주고 술을 권했다. 송강은 어쩔 수 없이 한 잔 마셨다. 노파가 웃으며 말했다.

"압사님, 너무 나무라지 마십시오. 뒷말은 다 집어치우고 내일 천천히 말씀드리지요. 압사님이 여기 계신 걸 보면 몇몇 샘 많은 것이 겁 없이 나서서 허튼소리를 마구 지껄이고 말도 안 되는 소리를 할 것입니다. 압사님은 그런 말 듣지 마시고 술이나 드십시오."

탁자 위에 술 세 잔을 따르며 말했다.

"애야, 어린애처럼 성질부리지 말고 술 한잔 마셔라."

"나는 상관하지 말아요! 배불러서 마실 수 없어요."

"애야, 너도 네가 모시는 삼랑이랑 술 몇 잔 마셔야지."

파석은 삼랑이란 말을 듣자마자 머리에 다른 생각으로 가득 찼다.

'내 마음은 벌써 장 삼랑한테 가 있는데 누가 짜증나게 저런 놈이랑

놀아. 만일 술에 곯아떨어지게 만들지 않으면 분명 성가시게 굴 거야!'

파석은 억지로 술을 들고 반 잔을 마셨다. 딸이 술잔을 들자 노파가 좋아서 웃으며 말했다.

"애야, 초조해하지 말고 기분 좋게 두어 잔 마시고 자거라. 압사님도 술을 가득 따라 몇 잔 더 드십시오."

송강은 권유에 못 이겨 연이어 3~5잔을 마셨다. 노파도 연달아 몇 잔을 마시고 다시 내려가 술을 데웠다. 노파는 딸이 술을 마시지 않는 것을 보고 속으로 화가 났으나 방금 마음을 돌려 술을 마시는 것을 보고 좋아서 혼잣말을 했다.

'만일 오늘 밤에 다시 마음을 붙들 수만 있다면, 저 사람은 그동안의 미움쯤이야 모두 잊겠지! 일단 한동안 붙들기만 할 수 있다면 나중에 다시 상의하는 것은 식은 죽 먹기지.'

노파가 이런 생각을 하며 부뚜막 앞에서 큰 잔 셋을 마시고 조금 간지러운 느낌이 들어서 술 한 사발을 더 따라 마셨다. 술을 국자에 잔뜩 퍼서 주전자에 넣고 이층으로 올라갔다. 안을 보니 송강은 고개를 숙이고 아무 말도 하지 않고 있었고 딸은 고개를 돌린 채 치마를 만지작거리고 있었다. 노파는 호호 하고 웃으며 말했다.

"두 사람은 진흙으로 빚은 인형도 아닌데 어째서 아무 소리 없으신가? 압사님, 압사님은 남자 아니오! 부드럽게 우스갯소리도 좀 하시구려."

송강은 어찌할 방법이 없어서 아무 말도 하지 않고 있었는데 속으로는 정말 이러지도 저러지도 못하고 있었다. 염파석은 혼자서 생각했다.

'네가 와서 거들떠보지도 않는데 나더러 평소처럼 비위를 맞추며 너하고 함께 웃으라고? 이제는 그렇게 못하지!'

노파는 술을 몹시 많이 마셔서 횡설수설 끊임없이 주절거리며 누가 잘하니 못하니 떠벌리고 있었다.

운성현에 장아찌를 파는 당이唐二라는 사람이 있었는데 사람들은 그를 당우아唐牛兒라고 불렀다. 길거리의 방한으로 늘 송강의 도움을 받았다. 무슨 일이 있으면 송강에게 아부하여 돈 몇 푼이나마 얻어 쓰곤 했다. 송강이 그를 필요로 하면 목숨마저 걸곤 했다. 이날 밤 도박을 하다 돈을 잃고 아무 방법이 없자 현 앞으로 송강을 찾아갔다. 여기저기 찾아다녀도 찾지 못했다. 이웃 사람이 물었다.

"당우아, 누굴 찾느라 그리 바쁘게 돌아다니나?"

"정말 급해서 물주를 찾고 있는데 아무리 찾아도 보이지 않네."

"네 물주가 누구냐?"

"현 관아의 송 압사 나리지."

"내가 방금 염 노파랑 같이 지나가는 것을 봤는데."

"이 염파석 천한 도둑년, 자기는 장삼과 눈 맞아 짝짜꿍하면서 둘이서 한 사람을 속이다니. 송 압사도 눈치채고 한동안 가지 않더니만, 오늘 밤 늙은 포주 년이 거짓말로 눌어붙었을 거야. 내가 지금 돈은 없고 마음은 급하니 찾아가 도와주고 돈푼이나 얻어 술이나 한잔 해야겠다."

한달음에 염 노파의 집으로 달려가 안을 들여다보니 등불이 켜져 있고 문은 닫혀 있지 않았다. 들어가 계단 옆에 서니 염 노파가 이층에서 하하 하고 웃는 소리가 들렸다. 당우아가 살금살금 이층에 올라가 판자벽 틈으로 바라보니 송강과 파석은 고개를 숙이고 있었고 노파는 탁자 옆 맞은편에 앉아 끊임없이 떠벌리고 있었다. 당우아가 갑자기 문을 열고 들어가 염 노파, 송강, 파석에게 각기 인사를 하고 옆에 섰다. 송강은 구세주를 만난 것같이 재빠르게 생각했다.

'이놈이 정말 제때에 나타났구나.'

입을 아래로 향해 삐쭉 내밀었다. 당우아는 눈치가 빠른 사람이라 재빨리 알아채고 송강을 보고 말했다.

"소인이 아무리 찾아도 안 보이시더니 원래 여기서 술 드시고 계셨군요. 지금 한가하게 술이나 드실 때가 아닙니다."

"관아에 무슨 큰일이라도 생겼느냐?"

"압사님, 잊으셨습니까? 아침에 그 일 말입니다. 지현 상공께서 벌컥 화를 내시고 벌써 네다섯 차례나 공인을 보내서 여기저기 찾았으나 찾지 못했습니다. 지금 상공께서 난리이십니다. 빨리 가시지요."

"그렇게 급하다면 가야지."

일어서서 아래층으로 내려가려고 하니 노파가 가로막으며 말했다.

"압사님, 그런 어설픈 신호 보내지 마십시오! 저 당우아가 잔꾀를 부리는데 너 이 교활한 놈아. 나를 속일 수 있을지 아느냐! 이게 바로 '노반魯般2 앞에서 도끼질하는 것'이 아니고 뭐냐. 지금 이 시각이라면 지

2_ 노반魯般: 성은 공수公輸이고 이름은 반班이다. 중국 고대의 걸출한 건축가다. 춘추 시대 노나라 사람으로 공성용 사다리, 대패, 끌 등 많은 것을 발명했고 건축가의 시조가 되었다.

현이 일 끝내고 집에 돌아가 부인과 술 마시며 놀고 있을 텐데 무슨 사무로 난리가 났단 말이냐? 그런 수작으로는 귀신이나 속일 일이지 나한테 통할 것 같으냐!"

"정말 지현이 급한 공무로 기다리고 계시오. 거짓이 아니오."

"네 어미 방귀 뀌는 개소리 작작해라! 내 두 눈은 아직 유리 호리병처럼 맑고 투명해. 방금 분명히 송 압사가 네게 입을 삐죽거려 신호를 보낸 것 아니냐. 네가 송 압사를 꾀어 우리 집에 데려오지는 못할망정 도리어 빼돌리려 하다니! 속담에 '사람을 죽인 죄는 용서해도 인정과 도리로는 용서할 수 없다'고 했다."

노파는 몸을 날려 당우아의 목을 잡고 비틀거리며 방에서 아래층으로 끌고 내려왔다. 당우아가 말했다.

"왜 내 목을 조르는 것이냐!"

"너는 '남의 장사를 망치게 하여 입고 먹지 못하게 하는 것은 그의 부모와 처자식을 죽이는 것과 같다'는 말을 모르느냐? 네가 큰 소리를 질렀다간 너 이 도적 같은 거지 놈, 흠씬 두드려 패주마!"

당우아가 몸을 앞으로 내밀며 말했다.

"쳐봐, 쳐보라고!"

노파가 술김에 다섯 손가락을 펴서 얼굴을 한 대 치니 당우아는 주렴 바깥으로 쓰러졌다. 노파는 주렴을 문 안으로 당겨서 넣고 두 문짝을 닫아 빗장을 걸어 잠그며 욕을 퍼부었다. 당우아가 뺨을 한 대 맞고 억울한 마음에 문 앞에 서서 소리를 질렀다.

"늙은 포주 년아, 거짓말하지 말아라! 내가 송 압사 체면만 아니면 이놈의 집구석을 박살내버렸을 거다! '짝수 날에 만나지 못하면 홀수 날에 만난다'고 하는데 내가 너를 가만 놔두면 당씨가 아니다!"

손바닥으로 가슴을 두드리고 욕을 하며 떠났다.

노파는 다시 이층에 올라가 송강을 보고 말했다.

"압사님, 쓸데없이 저 거지랑 상대해서 뭣하겠습니까? 저놈은 여기 저기 술이나 얻어먹으러 다니면서 남의 욕이나 해대는 놈입니다. 저런 길거리에서 쳐질러 자다가 객사할 놈이 여기저기 다니면서 사람을 괴롭히다니."

송강은 진실한 사람이라 노파의 말에 정곡을 찔리자 빼도 박도 못하게 되어버렸다. 노파가 말했다.

"압사님, 속으로 노파를 책망하지 마십시오. 다 나리를 중요하게 여겨서 그런 것입니다. 얘야, 빨리 압사님과 이 잔만 마셔라. 둘이 한동안 못 보아서 꼭 일찌감치 잠자리에 들어야 한다. 치워줄 테니 어서 자거라."

노파는 다시 두 잔을 권하고 술잔을 정리하여 아래층으로 내려가 부뚜막으로 갔다.

송강은 이층에서 속으로 이런저런 생각을 했다.

'노파 딸과 장삼이 관계가 있다는 것을 내가 직접 본 것이 아니라 반신반의했는데. 게다가 밤이 늦어서 여기서 하룻밤 머물지 않을 수 없으니 이 계집이 오늘 밤 나와 정분이 어떨지 한번 살펴보자.'

노파가 다시 올라와 참견하며 말했다.

"밤이 늦었습니다. 압사님, 둘이 일찍 주무시오."

파석이 화가 치밀어올라서 말했다.

"엄마랑 상관없는 일이니 빨리 가서 잠이나 자."

노파가 웃고 아래층으로 내려오며 말했다.

"압사님 편히 주무시오. 오늘 밤 많이 즐기시고 내일은 천천히 일어나십시오."

노파가 내려와 부뚜막을 정리하고 손발을 씻었다. 그리고 등불을 불어 끄고 잠자리에 들었다.

송강은 의자에 앉아 파석을 흘겨보고 한숨을 내쉬었다. 시간은 이미 이경인데 파석은 옷도 벗지 않고 침상으로 가서 수놓은 베개를 베고 몸을 구부린 채 안쪽 벽을 보고 잤다. 송강은 파석의 모습을 바라보고 나서 잠시 생각에 잠겼다.

'짜증나게 저것이 나한테는 신경도 쓰지 않고 혼자 자는구나! 내가 오늘 노파와 이런저런 말을 하느라 술을 주는 대로 받아 마셔서 견딜 수가 없고 밤도 깊었으니 자는 수밖에 없구나.'

머리에 썼던 두건을 벗어 탁자 위에 놓았다. 상의는 옷걸이에 걸어놓고 허리에서 요대를 풀어 작은 칼과 문서 주머니를 침대 난간에 걸었다. 비단 신발과 버선을 벗고 침대에 올라가 파석의 발 뒤에 누워 잠들었다. 반 시진 정도 지나자 발 뒤에서 파석이 비웃는 소리가 들렸다. 화도 나고 마음이 답답하여 잠을 잘 수가 없었다. 자고로 '환락의 밤은 짧아서 아쉽고, 고독한 밤은 몹시 길어서 한스럽다'라고 했다. 삼경, 사경 무렵이 되어 술이 조금 깨었다. 오경이 거의 다 되어 일어나 대야의 찬물로 세수하고 상의를 입고 두건을 쓰고 욕을 한마디 했다.

"너, 천한 년이 정말 무례하구나!"

파석이 깨어 있다가 송강이 욕하는 소리를 듣고 몸을 돌려 욕하며 말했다.

"그러는 넌 부끄러운지도 모르지!"

송강이 화를 참고 아래층으로 내려왔다.

염 노파는 발소리를 듣고 침상 위에서 말했다.

"압사님, 더 주무시고 날이 밝거든 가시지요. 아무 이유 없이 오경에 일어나 뭐하십니까?"

송강은 대답하지 않고 문을 열었다. 노파가 다시 말했다.

"압사님, 나가시거든 문 좀 잘 닫아주세요."

송강이 나와 문을 닫았다. 화가 났으나 풀 방법이 없어서 다른 곳으로 가려고 했다. 막 관아를 지나는데 밝은 등이 하나 지나기에 보니 원래 탕약을 파는 왕공王公이 새벽시장을 가려고 현 앞을 지나가고 있었다. 그 노인이 송강이 오는 것을 보고 황망하게 말했다.

"압사님, 오늘 어째서 이렇게 일찍 나오셨습니까?"

"밤새 술에 취해 북소리를 잘못 들었네."

"압사님, 분명히 술이 아직 깨지 않았을 테니 성주이진탕醒酒二陳湯3 한잔 드시지요."

"그거 좋지."

바로 의자에 앉았다. 노인이 진한 이진탕을 가져다 송강에게 주었다.

3_ 성주이진탕醒酒二陳湯: 오래된 반하半夏, 진피陳皮에 복령과 감초를 더하여 생강으로 달여 만든다. 담과 해소를 멈추게 하고 술을 깨게 하며 소화를 돕는 작용을 한다.

송강이 다 마시고 갑자기 생각이 났다.

'평상시 탕약을 먹을 때 돈을 준 적이 없었는데. 옛날에 관을 하나 마련해주겠다고 말만 하고 준 적이 없구나.'

어제 조개가 보낸 금붙이 중에 한 개를 받아 문서 주머니에 두었던 게 생각났다.

'저 노인에게 관 값으로 주면 좋아하겠구나.'

송강은 말했다.

"왕공, 내가 일전에 관 살 돈을 주겠다고 말하고 지금까지 준 적이 없었네. 오늘 여기 금을 줄 테니 진 삼랑에게 가서 관을 사다 집에 놓으시게. 100년 후 돌아갈 때 내가 다시 돌보아줌세."

왕공이 말했다.

"은공께서 항상 늙은이를 보살펴주시는데 또 장사 때 쓸 관까지 주신다니 이 은혜 이번 생에 갚을 수 없다면 다음 생애에 당나귀, 말이 되어서라도 갚겠습니다."

"그런 말 마시게."

앞섶을 열고 공문 주머니를 꺼내다가 깜짝 놀라서 말했다.

'큰일났다! 어젯밤에 그년 침상 난간에 두고 깜빡했네. 너무 화가 나서 뛰쳐나오느라 허리에 매지 못했네. 금이야 별거 아니지만 조개가 보내온 편지로 싸두었으니 이것이 큰일이다. 원래는 주루에 있을 때 유당 앞에서 불살라야 했지만 같이 가며 얘기할 때는 생각할 겨를이 없었다. 다른 곳에 가서 사르려고 했는데 염 노파에게 끌려가고 말았지. 어젯밤에 등불에 사르려고 했을 때는 그년이 눈치챌까봐 겁나서 사르지 못했구나. 오늘 아침 서둘러 나오느라 깜빡했네. 그 계집이 항상 희극 대본을 읽던 걸 보니 틀림없이 글자를 알 터인데 만일 그년 손에 들어가면 정말 큰일이겠구나!'

바로 몸을 일으키며 말했다.

"왕공, 욕하지 말게. 거짓말이 아니라 금을 공문 주머니에 넣어두었는데 급히 나오느라 집에 놓고 나왔네. 가서 찾아가지고 와서 줌세."

"그럴 필요 없습니다. 내일 천천히 주셔도 늦지 않습니다."

"왕공, 모르는 소리네. 다른 물건을 같이 두어서 찾아와야겠네."

송강이 허둥지둥 염 노파 집으로 달려갔다.

한편 파석은 송강이 나가는 소리를 듣고 일어나 중얼거렸다.

"저 자식이 밤새 방해해서 잠도 못 잤네. 저렇게 인상을 잔뜩 쓰는 작자와 참고 같이 자라고? 남자가 너밖에 없니? 너 아니라도 장삼과 잘 지내고 있는데 누가 쳐다보기나 한데? 안 찾아오면 오히려 좋지!"

입으로 투덜대며 이불을 펼쳐 깐 다음 도포를 벗고 치마를 풀고 가슴을 풀어헤치고 아래 속옷을 벗었다. 침상 앞 밝은 등불이 침대 머리맡 난간에 늘어진 자주색 비단으로 만든 요대를 비추었다. 파석이 보고 웃으며 말했다.

"흑 삼랑아! 제 것도 못 챙기고 여기 요대를 놓고 갔구나. 이 언니가 숨겨두었다가 장 삼랑이 오면 줘야겠다."

손을 뻗어 요대를 들고 문서 주머니와 칼을 집었다. 문서 주머니가 묵직하기에 열어 거꾸로 들고 탁자 위에 흔들어 털어내니 금과 편지가 떨어졌다. 계집이 들어보니 누런 금쪽 하나가 등불 아래서 빛났다. 파석이 웃으며 말했다.

"하늘이 내게 장 삼랑과 같이 쓰라고 주셨구나. 요즘 삼랑이 많이 수척해 보이기에 뭣 좀 사서 보양해주려고 했더니 잘됐다!"

금을 놓고 편지를 펴서 등불 아래에서 보니 조개와 많은 일이 쓰여 있었다.

"경사났네! '우물에 두레박이 빠진다'는데 원래 '우물이 두레박에 떨어지기'도 하는구나. 내가 장 삼랑과 부부로 살고 싶어도 네놈 하나가 걸리더니 오늘 내 손에 걸렸구나. 네놈이 원래 양산박 도적들과 결탁하여 내왕하면서 금 100냥을 받았구나. 당황하지 말아야지. 언니가 천천히 가지고 놀아주마!"

원래대로 편지로 금을 싸고 공문 주머니에 쑤셔넣었다.

"이젠 오성五聖4을 데려와도 겁날 것 없다!"

이층에서 혼자 중얼거리고 있는데 아래층에서 '끼이익' 하는 문 소리가 들려왔다. 염 노파가 침상 위에서 물었다.

"누구요?"

문 앞에서 말했다.

"나요."

노파는 나오지 않고 침상 위에 그대로 누워 말했다.

"내가 말해도 믿지 않고 가시더니 너무 일러서 돌아오셨구려. 다시

4_오성五聖: 옛날 중국 강남 일대에서 모시던 악신. 주로 산속 도깨비나 귀신.

올라가 주무시고 내일 날이 밝으면 돌아가세요."

아무 대답도 하지 않고 바로 이층으로 올라갔다.

파석은 송강이 온 것을 알고 서둘러 요대, 칼, 공문 주머니를 한데 뭉쳐 이불 속에 숨겼다. 몸을 돌려 침상 안쪽 벽에 기대어 거짓으로 쿨쿨 자는 척했다. 송강은 몸으로 문을 밀고 들어와 침상 머리맡 난간으로 가서 찾았으나 보이지 않았다. 마음속으로 당황한 그는 할 수 없이 어젯밤의 분을 참고 손으로 파석을 흔들어 깨우며 말했다.

"그동안의 얼굴을 봐서 공문 주머니를 돌려주게나."

파석은 자는 척하고 대꾸하지 않았다. 다시 흔들며 말했다.

"사람 조급하게 하지 말고 내가 내일 정식으로 사과할게."

"언니가 지금 자고 있는데 누가 깨우는 거야!"

"나인 줄 알면서 무슨 내숭을 떠느냐?"

파석은 몸을 돌리며 말했다.

"흑 삼랑, 무슨 소리야?"

"내 문서 주머니를 돌려주게나."

"언제 나한테 맡겼어? 맡기지도 않은 것을 나한테 달라고 해?"

"네 다리 뒤 난간에 걸어놓은 것을 잊었다네. 여기 아무도 들어온 사람이 없는데 너 말고 누가 가져갔겠니."

"흥, 별꼴 다 보겠네!"

"밤늦게 찾아온 건 내 잘못이니 내가 내일 사과함세. 그저 돌려만 주게. 장난치지 말고."

"누가 당신과 장난쳐? 나는 감춘 적 없어."

"먼저는 옷도 안 벗고 자더니 지금 요까지 깔고 자는 것을 보니 분명히 일어나 이불을 펼 때 주웠구나."

파석은 눈초리가 치켜 올라가고 두 눈을 동그랗게 뜬 채 말했다.

"언니가 가져가긴 가져갔는데 못 돌려주니 관가 사람을 불러 도적이라고 잡아가든 말든 맘대로 해!"

"나는 자네더러 도적이라고 한 적 없네."

"언니가 도적이 아닌 건 아네!"

송강은 이 말을 듣고 마음이 갈수록 당황스러웠다.

"내가 모름지기 자네 모녀에게 섭섭하게 대한 적 없으니 제발 돌려주게. 가서 일해야 한다네."

"전에 나와 장 삼랑이 그렇고 그런 사이라고 화냈잖아. 장 삼랑이 조금 잘못했지만 그 일이 한칼에 죽을죄는 아니잖아! 강도들과 내통한 너만 하겠어?"

"아이고, 언니. 조용히 말하시오! 이웃이 들었다간 큰일이오!"

"남들이 듣는 건 두려워하면서 그런 일을 할 수 있어? 이 편지 언니가 잘 간수할게. 세 가지를 내 말대로 따른다면 용서해주지!"

"세 가지는 말할 것도 없고 30가지라도 네 말대로 해주마!"

"안 될 것 같은데."

"당장에 해주겠네. 어떤 세 가지인가?"

"첫째, 오늘부터 나를 첩으로 산 문서를 돌려줄 것, 그리고 내가 장 삼랑에게 개가할 수 있도록 풀어주고 다시는 소유권을 주장하지 않겠다는 문서를 써줄 것."[5]

"그건 문제없네."

"둘째, 내가 머리에 장식하고 몸에 입는 것과 집에서 쓰는 것들은 비록 모두 당신이 준 것이지만 나중에 돌려달라고 하지 말 것."

"이것도 문제없네."

"셋째는 아마 어려울 것 같은데."

"내가 이미 두 가지를 자네 말대로 하기로 했는데 마지막이라고 안 될 것이 있겠나?"

"그 양산박 조개가 당신한테 보낸 금 100냥을 빨리 가져와 내게 준다면 이 세상에 둘도 없는 송사를 면하게 공문 주머니에 있는 증거물을 돌려주지."

송강은 이 말을 듣고 당황하며 말했다.

"두 가지는 모두 따르겠네. 하지만 금 100냥은 내가 받을 수 없어서 도로 들고 가게 했다네. 만일 정말로 가지고 있다면 두 손으로 자네한테 바치겠네."

"아시려나 모르겠네! 속담에 '아전이 돈을 본 것은 모기가 피를 본 것과 같다'고 말이지. 너한테 금을 보냈는데 사양하고 돌려주었다고? 무슨 말도 안 되는 소리를 해. 생선 싫어하는 고양이 봤어? 염라대왕 앞에 갔다가 돌아온 귀신은 없는 법이야! 나를 속이겠다고? 금 100냥

5_ '전典'은 송대에 첩을 들일 때 일반적으로 은자銀子를 사용하여 사들였고 팔 때를 위한 계약서를 썼는데 시간제한은 없었다. 시간제한이 있는 것은 '전신제典身制'라 했다. 문맥으로 보아 송강과 염파석은 '전'의 관계임.

을 주는 게 뭐 그리 아깝단 말이야! 이 장물이 무섭다면 당장 만들어서라도 내놔."

"자네도 내가 착실한 사람이라 거짓말할 줄 모른다는 것을 잘 알고 있잖은가. 못 믿겠다면 내게 3일만 시간을 주게. 내가 가산을 팔아서라도 금 100냥을 마련해서 줄 테니 주머니는 돌려주게!"

파석이 차갑게 웃으며 말했다.

"너 흑 삼랑, 내말 안 듣고 나를 어린아이처럼 가지고 놀려는 거야? 주머니와 편지를 돌려주고 3일 지나 금을 달라고 하라고? 장례식 다 끝난 다음에 상두꾼이 돈 달란다고 주겠어?6 이미 늦었는데. 돈 주면 물건 줄 테니 빨리 서로 교환하자고."

"정말 금을 받지 않았다네."

"그럼 내일 아침 관아에 가서 금이 없다고 말해봐."

송강은 관아라는 말을 듣고 분노가 끓어올라 참을 수가 없어서 눈을 둥그렇게 뜨고 말했다.

"돌려줄래, 안 돌려줄래?"

"네가 이렇게 화를 내는데 내가 돌려주겠어?"

"정말 안 돌려줄래?"

"못 돌려줘! 네가 100개를 더 준다 해도 못 돌려줘! 돌려받고 싶거든

6_ 송대의 속담으로 '늦었다'라는 의미임. 당시 민속은 출상할 때 사람을 고용해 장송곡을 부르게 했는데 이것을 '만가랑挽歌郞'이라 했고, 당연히 선급을 지불해야 했다.

운성현에서 돌려줄게!"

송강은 파석이 덮은 이불을 잡아당겼다. 바로 파석 옆에 물건이 있었으므로 파석은 이불은 전혀 신경 쓰지 않고 두 손으로 가슴 안에 꼭 끌어안았다. 송강은 이불을 잡아당기고 파석의 앞가슴에서 요대를 끌어당겼다.

"원래 여기 있었군!"

이왕 시작한 마당에 송강은 두 손으로 빼앗으려고 했다. 파석은 절대 놓으려 하지 않았다. 송강은 죽을힘을 다해 빼앗으려 했고 파석도 젖 먹던 힘을 짜내 놓지 않았다. 송강이 있는 힘을 다하여 당기니 칼만 침상 위에 떨어지자 얼른 손에 집어들었다. 파석은 송강이 칼을 손에 잡은 모습을 보고 소리쳤다.

"흑 삼랑이 사람 죽인다!"

이 고함소리를 듣자마자 살의가 고개를 들기 시작했다. 분노를 억누르지 못하던 차에 두 번째로 고함을 지르자 왼손으로 파석을 누르고 오른손에 든 칼로 목을 찌르니 선혈이 터져나왔다. 파석이 여전히 꽥꽥거리자 송강은 죽지 않을까 두려워 다시 한번 찔렀고 이에 머리가 맥없이 베개 위로 떨구어졌다. 서둘러 문서 주머니를 집고 편지를 꺼내 가물가물 꺼져가는 등불에 태웠다. 요대를 매고 아래층으로 내려왔다.

노파는 아래층에서 자면서 둘이 다투는 소리를 듣고 전혀 신경쓰지 않았다. '흑 삼랑이 사람 죽인다'라는 딸의 고함을 듣고 어쩔 줄 몰라 서둘러 일어나 옷을 입고 이층에 올라가다가 내려오던 송강과 가슴을 부딪쳤다. 염 노파가 물었다.

"둘이 무슨 일로 그렇게 싸우셨소?"

"당신 딸이 하도 무례하게 굴기에 내가 죽여버렸소!"

노파는 어이가 없고 귀를 의심하며 믿기도 어려웠다.

"무슨 말도 안 되는 소리를! 압사님의 눈이 매섭게 생기고 술버릇이 안 좋다고 설마 사람을 죽이기까지야 하겠소? 늙은이한테 농담이 너무 심하십니다."

"믿지 못하겠거든 방에 들어가서 보시오. 정말로 죽였소!"

"나는 믿을 수가 없소."

문을 열고 보니 흥건한 핏속에 시신이 쓰러져 있었다.

"아이고, 이게 무슨 일이냐!"

"나는 사내대장부로 평생 도망간 적이 없소. 당신이 하자는 대로 따르겠소."

"저년은 정말 나쁜 년인데 잘 죽였소. 다만 이제 이 늙은이는 누가 먹여 살린단 말이오!"

"그건 아무런 문제가 아니오. 기왕 이렇게 되었으니 걱정 마시오. 내게 재산이 조금 있으니 나머지 인생은 풍족하게 입고 먹으며 살도록 해주겠소."

"그러면 다행이오. 압사님, 감사합니다! 다만 딸이 침상에서 죽었는데 어떻게 장사지내야 쓸까요?"

"그건 어렵지 않소. 내가 진 삼랑 집에 가서 관을 보내게 하겠소. 오작인이 와서 검시할 때 미리 분부해놓겠소. 다시 10냥을 더 줄 테니 장사를 지내도록 하시오."

노파가 감사하며 말했다.

"압사님, 어두워서 이웃들이 보기 전에 관을 구해다가 담는 것이 좋겠습니다."

"그렇게 합시다. 종이랑 붓을 가져오면 편지를 써줄 테니 가서 가져오시오."

"종이쪽지 가지고 일이 제대로 되지 않을 테니 압사님이 친히 가셔야 재빨리 가져올 수 있습니다."

"그 말이 맞소."

두 사람이 아래층으로 내려왔으며 노파는 방에서 열쇠를 찾아 나와 문을 잠갔다. 송강은 노파와 현 앞으로 걸어갔다.

이때 아직 시간이 일러서 날이 완전히 밝지 않았고 현 관아는 문을 막 연 참이었다. 노파가 관아 앞 왼편에서 송강을 붙들고 고함을 질렀다.

"살인범이 여기 있다!"

송강은 놀라 어쩔 줄 몰라 서둘러 노파의 입을 막으며 말했다.

"조용히 하시오!"

어떻게 막을 수 있겠는가? 현 안의 공인 몇 명이 몰려나와 보니 송강이었다. 노파를 말리며 말했다.

"이 할망구가 주둥이를 닥치지 못하겠느냐. 압사님은 그런 사람이 아니다. 뭔 일이 있으면 천천히 말해보거라!"

"이 사람이 범인이니 잡아 함께 관아 안에 끌고 들어가 얘기하시오."

원래 송강은 처세에 뛰어난 사람이라 위아래 사람들에게 존경을 받았으므로 현에서는 그를 싫어하는 사람이 한 명도 없었다. 그래서 아역들은 아무도 노파의 말을 믿지 않았고 송강을 잡으려 하지 않았다.

　다들 어쩔 줄 몰라 당황하고 있을 때 마침 당우아가 깨끗하게 씻은 생강장아찌를 쟁반에 담아 들고 현 앞에서 팔려고 오다가 염 노파가 송강을 붙잡고 억울함을 호소하는 것을 보았다. 당우아는 어젯밤 일을 생각하니 공연한 화가 치밀어 약 파는 왕공의 의자 위에 쟁반을 올려놓고 끼어들어 말했다.

　"늙은 포주 년이 압사님을 붙들고 무슨 지랄이냐?"

　"당우아야! 괜히 끼어들어 사람을 놓아주었다간 네놈이 죽을 줄 알아라!"

　당우아가 노파의 말을 듣고 크게 화가 나서 다음 말은 들릴 리가 없었다. 노파의 손을 떼어내려다 안 되자 이유를 불문하고 손바닥으로 노파의 뺨을 갈겼다. 노파가 눈앞에 별이 번쩍 하니 정신이 혼미하여 송강을 놓치고 말았다. 송강은 노파가 손을 놓치자 혼란을 틈타 달아났다. 노파는 당우아를 붙들고 고래고래 소리를 지르며 말했다.

　"송 압사가 내 딸을 죽였는데 네가 도망가게 놓아주는 거냐!"

　당우아가 당황하여 말했다.

　"뭐라고? 내가 그걸 어떻게 알아!"

　"여러분 살인범 좀 잡아주시오. 안 그러면 너희 다 연루될 줄 알아라!"

　공인들은 송강의 얼굴 때문에 아무도 나서지 않았지만 당우아를 붙잡는 일에는 조금도 망설이지 않았다. 다들 나서서 한 사람은 노파를 붙들고 서너 명은 당우아를 완력으로 제압하여 붙들어 운성현 관아로 끌고 들어갔다.

도망[1]

당시 공인은 당우아를 끌고 관아 안으로 들어갔다. 지현은 살인사건에 대한 말을 듣고 서둘러 관아 대청으로 나왔다. 공인들이 당우아를 대청 앞에서 겹겹으로 둘러쌌다. 지현이 보니 노파 한 명이 왼쪽에 꿇어앉아 있고 오른쪽에는 원숭이 같은 놈이 꿇어앉아 있었다. 지현이 물었다.

"어떤 살인사건이냐?"

노파가 말했다.

"저는 염가이고 여식이 하나 있었는데 파석이라고 하며 딸을 전당

1_ 제21장 염 노파가 운성현 관아에서 소란을 피우다闊婆大閙鄆城縣. 주동이 인정을 베풀어 송강을 풀어주다朱仝義釋宋公明.

잡혀 송 압사의 첩이 되었습니다. 어젯밤에 제 딸과 송 압사가 같이 술을 마시는데 여기 당우아가 갑자기 찾아와 소란을 부려서 욕을 해 쫓아냈습니다. 이 일은 이웃들도 모두 알 것입니다. 오늘 아침 송 압사가 나갔다가 다시 돌아와 제 딸을 살해했습니다. 제가 현 관아 앞에서 송 압사를 붙들고 늘어졌는데 당우아가 저를 때리고 송강을 풀어주었으므로 상공에게 고발하게 되었습니다. 굽어 살펴주십시오!"

지현이 당우아에게 물었다.

"너 이놈 어째서 감히 범인을 풀어주었느냐?"

"소인은 전후 사정은 모르겠습니다. 다만 어젯밤에 송강에게 술이라도 한잔 얻어먹으려고 찾아갔으나 노파가 소인을 끌어냈습니다. 오늘 아침 소인이 생강장아찌를 팔러 나왔는데 염 노파가 관아 앞에서 압사님을 붙들고 있었습니다. 소인이 그래서는 안 된다고 말리는 사이에 그가 도망갔습니다. 소인은 압사가 염 노파의 딸을 죽인 이유는 모르겠습니다."

지현이 고함을 질렀다.

"헛소리 말아라! 송강은 군자로 지극히 성실한 사람인데 왜 갑자기 사람을 죽이겠느냐? 사람을 죽인 것은 분명 네가 아니냐! 여봐라, 게 있느냐?"

즉시 관아 관리를 불렀다. 압사 장문원은 당장에 불려 나와 염 노파에게 송강이 자신과 내연의 관계에 있는 염파석를 죽였다는 말을 들었다. 즉시 진술을 적어 염 노파 대신 소장을 작성하여 제출했다. 다시 현지 오작인(검시관)과 해당 거리 이장 및 이웃 몇 사람 불러 염 노파의 집에 보내 문을 열고 현장 검증을 하게 하여 시신 옆에서 흉기인 칼을 찾아냈다. 당일에 다시 여러 번 검시를 거쳐 칼로 목을 찔러 죽인 것으로 확정되었다. 사람들이 현장에서 결론을 내리고 시신은 관에 담아 절로 보내고 몇 사람은 관아로 갔다.

지현은 송강과 사이가 가장 좋은 사람이라 일부러 빠져나가게 해주려고 수차례에 걸쳐 당우아만 심문했다. 당우아가 진술했다.

"소인은 전후 사정을 전혀 알지 못합니다."

"너 이놈, 왜 어젯밤에 찾아가 난동을 부렸느냐? 너도 연관이 있음이 틀림없다!"

"소인은 단지 술이라도 한잔 얻어먹을 수 있을까 해서 찾아간 것입니다."

지현이 호통을 쳤다.

"닥쳐라! 저놈을 매우 쳐라!"

좌우에 늘어서 있던 이리와 호랑이 같은 공인들이 당우아를 밧줄로 묶고 30~50대를 때리자 지현이 말한 대로 불기 시작했다. 지현은 아무것도 모른다는 것을 알면서도 송강을 구하려고 당우아만 심문했다. 다시 칼을 씌우고 옥에 가두었다. 지켜보던 장문원이 어이가 없어서 대청에 나와 아뢰었다.

"아무리 그렇더라도 칼은 송강의 칼이므로 반드시 송강을 잡아 심문해보아야 사실을 밝힐 수 있을 것입니다."

장문원이 3~5차례에 걸쳐 계속해서 아뢰자 지현은 할 수 없이 송강을 잡으러 사람을 보내야 했다. 송강은 이미 도망갔으므로 이웃 몇 명을 잡아와 말했다.

"살인범 송강은 이미 도망가서 어디에 있는지 알 수 없습니다."

장문원이 또 아뢰었다.

"범인 송강은 도망갔지만 부친 송 태공과 동생은 아직 송가촌에 살고 있습니다. 관아로 체포해와서 기한 내에 범인을 잡도록 하고 잡으면 심문해야 합니다."

지현은 본래 문서를 작성하지 않고 대강 당우아에게 얼버무리고 나중에 천천히 풀어주려고 했다. 그러나 장문원이 염 노파를 사주하여 상급 관아에 가서 고발하겠다고 했기에 결국 문서를 작성하도록 했다. 지현이 막을 수 없음을 알고 공문을 작성했으며 공인을 송가장으로 보내 송 태공과 동생 송청을 체포하도록 했다.

공인들이 문서를 가지고 송가장 송 태공의 집으로 왔다. 송 태공이 나와 초당으로 안내하여 앉았다. 공인이 문서를 꺼내 태공에게 보였다. 태공이 말했다.

"여러분 앉으셔서 제 말 좀 들어보십시오. 이 늙은이는 조상 대대로 농사를 지어 여기 전원을 지키며 살고 있습니다. 불효자식 송강은 어려서부터 부모를 따라 본분을 지켜 농사일에 종사하지 않고 아전이 되려고 하여 별별 방법으로 설득해도 따르지 않았습니다. 그래서 늙은이는 몇 년 전에 본현 담당 관리에게 불효로 고발하여 호적을 파내서 제 호구에 속하지 않습니다. 그는 혼자 현에서 거주하고 늙은이와 아들 송청은 이 깡촌에서 논밭을 지키고 있습니다. 그는 나와 아무것도 주고받지 않고 아무 관계도 없습니다. 저도 그가 사고를 일으켜 일에 연루될 것을 두려워하여 전관에게 아뢰어 증빙문서를 보관했습니다. 제가 가져다드릴 테니 여러분께서 확인하십시오."

공인들이 모두 송강과 관계가 좋았고 억울하게 죽는 일을 방지하기 위하여 미리 준비해놓은 문서라는 것을 알았으나 무리해서 원수가 되는 것을 원치도 않았다. 공인들이 말했다.

"태공께서 이미 증거를 가지고 계시니 가져와서 보여주시면 베껴 현으로 가지고 가서 보고하겠습니다."

태공이 즉시 닭과 거위를 잡고 술을 내와 대접하며 은자 10여 냥을 나누어주고 증빙 문서를 가져다 베끼도록 했다. 공인들이 송 태공의 집을 나와 현으로 돌아가 지현에게 아뢰었다.

"송 태공이 3년 전에 송강을 호적에서 빼내버렸고 확인 문서도 가지고 있었습니다. 지금 여기 증빙서류를 베껴서 가져왔습니다."

지현은 본래 송강을 빼주려고 했으므로 망설이지 않고 바로 대답했다.

"증빙문서도 있고 다른 친척도 없으니 현상금 1000관을 걸고 각처에 체포문서를 보내 잡으면 되겠구나."

장문원이 그대로 물러서지 않고 다시 노파를 시켜 산발하고 관아에 나가 아뢰도록 했다.

"송강은 송청의 집에 숨어서 나오지 않음이 틀림없습니다. 상공은 왜 이 불쌍한 노파를 위하여 송강을 잡지 않으십니까?"

지현이 역정을 내며 소리쳤다.

"그의 부친이 이미 3년 전에 불효자라고 관아에 고발하여 호적에서 빼고 증빙문서를 보관해두었는데 어떻게 부모 형제를 잡아오겠느냐?"

"상공, 송강이 효의孝義 혹 삼랑이라는 것을 모르는 사람이 어디 있습니까? 이 문서는 가짜입니다. 상공 제발 굽어 살펴주시옵소서!"

"무슨 헛소리냐! 전임 지현의 인신이 찍힌 공문서인데 어떻게 가짜란 말이냐?"

염 노파는 대청 아래에 엎드려 억울하다고 울고불고하며 말했다.

"상공, 목숨은 무엇보다 중요한 것입니다. 만일 이 노파를 보살펴주지 않는다면 주 관아에 가서 송사를 벌일 수밖에 없습니다. 제 딸이 이렇게 젊은 나이에 죽은 것이 몹시 억울합니다!"

장문원이 다시 대청 앞으로 나와 노파를 대신하여 말했다.

"성공께서 문서를 작성하여 범인을 잡으시지 않는다면 저 노파가 상급 관아에 가서 송사를 일으킬 텐데 그러면 문제는 심각해질 것입니다. 만일 주 관아에서 사람을 보내 묻는다면 저도 대답하기가 어렵습니다."

지현이 이유가 정당하기 때문에 마지못해 공문을 작성하고 주동과 뇌횡 두 도두를 불러 즉시 명령했다.

"너희는 사람들을 데리고 송가촌 송 태공 장원에 가서 범인 송강을 잡아오너라."

주동과 뇌횡이 공문을 가지고 향병 40여 명을 이끌어 송가장으로 달려갔다. 송 태공이 알고 서둘러 나와 마중했다. 두 도두가 정중하게 말했다.

"태공, 우리를 나무라지 마십시오. 상사의 명령이라 우리도 어쩔 수 없습니다. 압사 송강은 어디에 있습니까?"

"두 분 도두님께 아룁니다. 저는 불효자식 송강과 아무런 상관이 없습니다. 전관 지현이 있을 때 이미 호적에서 **빼냈고**, 그 사실을 인정한 문서는 여기에 있습니다. 이미 송강은 3년 전에 따로 호적을 마련하여 같이 살지 않고 집에도 돌아오지 않습니다."

주동이 말했다.

"그렇더라도 우리는 초청장대로 사람을 청하고 문서대로 사람을 잡으므로 집에 없다는 말을 그대로 받아들이기 어렵습니다. 우리가 뒤져 보아야 돌아가서도 대답하기에 문제가 없을 것입니다."

향병 30~40명에게 장원을 포위하도록 하고 말했다.

"내가 앞문을 지킬 테니 뇌 도두가 먼저 들어가서 뒤지시오."

뇌횡이 안으로 들어가 장원 앞뒤를 뒤지고 나와 주동에게 말했다.

"정말 장원 안에 없다네."

주동이 말했다.

"내가 조금 꺼림칙하네. 뇌 도두, 자네는 형제들과 문을 지키게. 내가 직접 자세하게 한번 돌아보겠네."

송 태공이 말했다.

"저도 법도를 아는 사람입니다. 어떻게 감히 장원 안에 감추겠습니까?"

주동이 말했다.

"이 일은 사람의 목숨이 연관된 일이니 어르신께서는 저희에게 노여워하지 마십시오."

"도두 마음대로 하십시오. 자세히 뒤져보십시오."

"뇌 도두, 자네는 여기서 태공을 감시하고 다른 곳에 가지 못하도록 하게."

주동은 장원 안으로 들어가 박도를 벽에 기대어놓고 문을 잠갔으며 불당 안으로 들어가 공양 탁자를 한쪽으로 치우고 바닥에 깔린 판자를 들어냈다. 판자 밑에 있는 밧줄 끝을 잡아당기니 동방울이 딸랑딸랑 울렸다. 송강이 방울 소리를 듣고 토굴 속에서 나오다가 앞에 서 있는 주동을 보고 깜짝 놀랐다.

"송강 형님, 제가 잡으러 왔다고 놀라지 마십시오. 평소 저와 사이가 좋아 무슨 일이 있으면 속이지 않았습니다. 언젠가 술 마시다가 형님이 말씀했지요. '우리 집 불당 밑에 토굴이 있고 위에 삼세불을 모시고 있다네. 불상 받침 아래 판자로 가리고 바닥에 공양하는 탁자를 올려놓았다네. 자네가 긴급한 일이 있거든 여기에 와서 숨게나.' 제가 그 말을 듣고 기억해두었습니다. 오늘 본 지현이 도저히 어쩔 수 없어서 나와 뇌횡을 여기로 보내 남들의 눈을 속이려고 했습니다. 상공은 형님을 풀어주려는 마음을 가지고 있지만 장문원과 염 노파가 공당에서 가만히 있지 않고 이런저런 말을 해대는데 지현이 무시한다면 분명히 제주부에 가서 고발할 것입니다. 그러므로 우리 둘을 보내 장원을 뒤지게 한 것입니다. 제 생각에 뇌횡은 집착도 있고 주도면밀한 사람이 아니라 만일 함께 들어와 형님을 보았다면 원활하지 않을 것입니다. 그래서 제가 속여 장원 앞을 지키도록 하고 혼자 형님과 얘기하러 온 것입니다. 여기는 잠시 숨어 있기에 좋지만 오랫동안 숨기에 적당한 곳은 아닙니다. 만일 남들이 알고 여기에 찾아와 뒤진다면 어떻게 하겠습니까?"

"저도 그렇게 생각합니다. 만일 주형이 이렇게 주도면밀하게 말해주지 않았다면 송강은 분명히 사로잡혀 감옥에서 고통을 당할 것입니다."

"그런 말씀 마십시오. 형장은 어디로 가시는 것이 좋겠습니까?"

"소생은 몸 피할 곳으로 세 군데를 생각하고 있습니다. 첫째는 창주滄州 횡해군橫海郡 소선풍 시진의 장원이고, 둘째는 청주靑州 청풍채靑風寨 소이광小李光 화영花榮의 거처이고, 셋째는 백호산白虎山 공 태공孔太公의 장원입니다. 공 태공에게는 아들이 둘 있습니다. 장남은 모두성毛頭星 공명孔明이고, 차남은 독화성獨火星 공량孔亮으로 현 안에서 여러 번 만났습니다. 이 세 곳 중에서 어디로 가야 할지 결정하지 못했습니다."

"형님은 서둘러 생각하고 바로 떠나야 합니다. 오늘 밤에 즉시 출발하시고 절대 늦추어서는 안 됩니다."

"여러 소송에 대한 일은 주형이 처리해주시기 바랍니다. 재물이 필요하면 와서 얼마든지 가져가십시오."

"이 일은 안심하고 저에게 맡기십시오. 형님은 길 떠날 준비만 하십시오."

송강은 주동에게 감사하고 다시 토굴로 들어갔다. 주동은 마룻바닥을 이전과 같이 해놓고 탁자로 입구를 덮은 다음 문을 열고 박도를 들며 나와 말했다.

"정말로 여기에는 없소. 뇌 도두, 우리가 송 태공을 잡아가는 것이 어떻소?"

뇌횡이 송 태공을 잡아가자는 주동의 말을 듣고 생각했다.

'주동이 송강과 사이가 가장 좋은 사람인데 왜 송 태공을 잡아가자고 한단 말이냐? 이 말은 분명 거꾸로 말하는 것이니 다시 이 이야기를 꺼낸다면 내가 인정을 베풀어야겠다!'

주동과 뇌횡이 향병을 불러 모두 초당 안으로 들어갔다. 송 태공이 서둘러 술을 내와 대접하니 주동이 말했다.

"술은 필요 없습니다. 태공과 동생은 함께 관아로 가셔야겠습니다."

뇌횡이 말했다.

"넷째는 왜 안 보입니까?"

"제가 근처 마을에 농기구를 만들러 보내 집에 없습니다. 송강 이 불효자 놈은 3년 전에 이미 호적에서 빼버렸고 증빙서류는 여기에 보관하고 있습니다."

주동이 말했다.

"그것은 말도 안 되는 소리입니다. 우리 둘은 지현의 명령을 받고 태공 부자 두 사람을 잡으러 왔으니 현 안에 같이 가셔서 말씀하시지요!"

"주 도두, 내 말 좀 들어보게. 송 압사가 죄를 지은 것은 반드시 이유가 있고 또 반드시 죽을죄도 아닐 걸세. 태공께서 이미 증빙서류를 가지고 계시고 문서에 관인 낙관도 있으니 가짜가 아니라네. 전에 압사와 왕래하던 체면을 봐서라도 우리가 책임지고 증빙문서를 베껴가지고 돌아가서 보고하세."

주동이 속으로 반대로 얘기하면 의심하지 않을 것이라고 생각했다.

"자네가 그렇게 생각한다면 나도 악인이 되고 싶지 않다네."

송 태공이 감사 인사를 했다.

"두 도두의 보살핌에 감사드립니다."

즉시 술과 안주를 준비하여 향병들을 대접하고 20냥을 꺼내 두 도두에게 주었다. 주동과 뇌횡은 극력 사양하며 받지 않고 향병 40명에게 나누어주었다. 증빙문서를 베끼고 송 태공과 이별한 뒤 송가장을 떠났다. 두 도두는 향병을 이끌고 현으로 돌아왔다.

지현이 마침 정당에 올라와 주동과 뇌횡이 그냥 돌아오는 것을 보고 연유를 물었다. 둘이 아뢰었다.

"장원 앞뒤와 마을 사방을 두 번이나 뒤졌으나 사람을 찾지 못했습니다. 송 태공은 병에 걸려 침상에 누워 거동을 하지 못하고 매우 위태롭습니다. 송청은 이미 지난달에 밖에 나가 돌아오지 않았습니다. 그래서 증빙서류를 베껴 여기 가져왔습니다."

"그렇다면……"

한편으로는 제주부에 알리고 다시 체포문서를 작성했다. 현 안에서 일하는 사람들은 모두 송강과 사이가 좋아서 장문원을 설득했다. 장문원은 많은 사람의 체면을 무시할 수 없었고 파석도 이미 죽었으며 평상시 송강에게 많은 도움을 받았던 터라 그만할 수밖에 없었다. 주동은 스스로 돈을 가져다가 염 노파에게 주어 제주부에 가서 고발하지 말도록 했다. 이 노파도 재물을 얻고 어찌할 방도도 없어서 따를 수밖에 없었다. 주동은 또 약간의 돈으로 사람을 시켜 제주부 안에 써서 거절하여 문서가 다시 운성현으로 돌아오지 않도록 손을 썼다. 또 지현의 주장에 따라 현상금 1000관을 걸고 체포문서를 돌렸다. 다만 당우아는 '고의로 범인을 놓아준 죄'를 물어 척장 20대를 치고 500리 밖으로 유배를 보냈다. 나머지 관련된 이웃은 모두 풀어서 돌려보냈다.

한편 송강은 대대로 농사짓던 집안인데 왜 이런 토굴이 있었던가? 원래 송나라 시대에는 관리가 되기는 쉽고 서리 노릇 하는 것은 매우 어려웠다. 관리가 되기 쉽다는 것은 무슨 뜻인가? 당시 조정에는 간신과 아첨꾼이 권세를 장악해서 친인척이 아니면 임용하지 않았고 재물이 없으면 출세할 수 없었다. 서리 노릇 하기가 어렵다는 것은 무슨 말인가? 당시 압사가 가벼운 범죄를 저지르고 벌을 받으면 자자를 새기고 멀리 군주로 귀양을 가야 했고, 큰 죄라면 가산을 몰수하고 남은 생을 마감해야 했다. 그래서 미리 이런 피난처를 준비해둔 것이다. 또 부모를 연루시킬까 두려워서 불효죄로 호적에서 빼고 각기 따로 살면서 관에서 발급한 공문서를 준비해두고 서로 왕래하지 않았으나 재산은 집 안에 두었다. 송대에 대부분의 서리는 이러했다.

송강은 토굴에서 나와 부친, 동생과 상의했다.

"이번에 주동이 돌보아주지 않았다면 분명히 송사가 벌어졌을 겁니다. 이 은혜를 잊을 수 없습니다. 지금 나와 동생은 도망가야 합니다. 하늘이 불쌍하게 여겨 대사면을 만난다면 그때 부자가 서로 만나게 될 것입니다. 부친께서는 몰래 주동에게 금은을 보내 위아래로 뇌물로 쓰게 하고 염 노파에게도 재물을 나누어주어 상급 관아에 고발하지 않도록 하십시오."

"이 일은 네가 근심할 필요 없다. 너는 동생 청이와 가는 길에 조심하거라. 만약 거처에 도착하거든 믿을 만한 사람을 시켜 편지를 보내도록 하여라."

그날 밤 두 형제는 짐을 쌌다. 사경에 일어나 씻고 아침밥을 먹고 준비하여 출발했다. 송강은 흰색 범양 삿갓을 쓰고 흰색 단자 저고리를 입었으며 짙은 보라색 끈을 허리에 묶고 다리에 행전을 찬 다음 구멍이 숭숭 뚫린 마로 짠 미투리를 신었다. 송청은 하인 복장을 하고 짐을 짊어졌다. 집을 나와 부친과 이별했다. 송태공이 눈물을 멈추지 못하고 당부했다.

"너희 둘은 앞길이 구만 리이니 너무 걱정하지 말거라."

송강과 송청이 여러 장객에게 분부했다.

"아침저녁으로 정성껏 태공을 모시고 음식을 빠뜨리지 않도록 하여라."

형제가 각자 요도를 하나씩 차고 박도를 들고 송가촌을 떠났다.

두 사람이 출발한 계절은 가을이 다 지나고 초겨울이었다. 둘이 한참 길을 가다 서로 상의했다.

"우리는 누구에게 가는 것이 좋을까?"

송청이 말했다.

"제가 강호에서 창주 횡해군 시 대관인의 이름을 많이 들었습니다. 대주 황제의 적통 자손이라 하던데 만난 적은 없습니다. 어째서 그에게 가려 하지 않으십니까? 의를 중하게 여기고 재물을 아끼지 않으며 천하의 호걸과 교류하기를 좋아하고 유배가는 사람들을 도와주는 살아 있는 맹상군이라고 들었습니다. 우리 그에게 가서 의지하는 것이 좋겠습니다."

"나도 그렇게 생각하고 있었다. 그와 편지는 항상 왕래하고 있었지만 인연이 없어서 아직 만나지 못했다."

두 사람은 상의를 끝내고 창주 가는 길로 향했다. 도중에 산을 넘고

물을 건넜으며 여러 주와 부를 지났다. 장사꾼이 여행 중에 아침저녁으로 쉴 때마다 두 가지 좋지 않은 일이 있기 마련이다. 나병 걸린 사람이 사용했던 그릇으로 밥을 먹기도 하고 사람이 죽어나간 침상에서 잠을 자는 것이다. 한가한 말을 집어치우고 본론으로 들어가자.

송강 형제는 며칠을 걸은 끝에 창주 경계에 도착하여 사람에게 물었다.

"시 대관인의 집이 어디입니까?"

지명을 물어 길을 찾아 장원으로 가서 장객에게 물었다.

"시 대관인은 댁에 계십니까?"

장객이 대답했다.

"대관인은 동쪽 장원에서 추수를 하셔서 안에 계시지 않습니다."

"여기서 동쪽 장원까지 거리가 얼마나 됩니까?"

"40여 리입니다."

"어느 길로 가야 합니까?"

"두 분은 누구십니까?"

"나는 운성현 송강이라 합니다."

"바로 급시우 송 압사 아니십니까?"

"그렇습니다."

"대관인께서 항상 크신 이름을 말씀하시고 만나 뵙지 못하는 것을 안타까워하셨습니다. 송 압사님이라면 소인이 안내하겠습니다."

장객은 황급하게 송강과 송청을 데리고 동쪽 장원으로 갔다. 세 시진이 안 되어 장원에 도착했다. 장객이 말했다.

"두 분은 잠시 여기 정자에 앉아 계시면 소인이 대관인에게 통보하여 모시게 하겠습니다."

"좋습니다."

정자에서 박도를 기대어 세워놓고 요도를 풀고 짐을 내려놓은 다음 앉았다. 장객이 들어간 지 얼마 안 되어 장원 문이 활짝 열리고 시 대관인이 하인 3~5명을 거느리고 황급하게 뛰어나와 정자에서 송강과 대면했다. 시 대관인은 송강을 보고 땅에 엎드려 절하며 말했다.

"정말 시진을 죽이려 하는 것이오! 오늘 무슨 바람이 여기에 불었기에 평생 바라던 꿈이 이렇게 이루어지다니, 천만다행이오. 천만다행이야!"

송강도 땅에 엎드려 대답했다.

"어리석은 아전 송강이 오늘 특별히 의지하러 찾아왔습니다."

시진이 송강을 부축하며 말했다.

"어젯밤 촛불에 꽃이 피고 오늘 아침 까치가 울더니 귀형께서 찾아왔구려."

얼굴에 온통 웃음꽃이 피었다. 송강은 시진이 정성껏 맞이하는 것을 보고 매우 기뻤다. 동생 송청을 불러 인사하게 했다. 시진이 하인을 불러 송강의 짐을 후당 서쪽 서재에 가져가도록 했다. 시진이 송강의 손을 잡고 장원 안의 대청으로 데려가 주인과 손님의 자리에 나누어 앉았다.

"형장이 운성현의 일로 바쁠 텐데 어떻게 틈을 내서 이처럼 외진 곳까지 찾아오셨습니까?"

"천하에 가득한 대관인의 명성을 들은 지 이미 오랜 세월이 지났습니다. 비록 절기마다 귀한 서신을 받았으나 하찮은 일로 겨를이 없어서 만나 뵐 수 없었습니다. 오늘 송강이 재주가 없어서 벗어날 수 없는 일을 저질렀습니다. 형제 둘이 아무리 생각하여도 몸을 기탁할 곳이 없었는데 대관인이 의를 중요하게 여기고 재물을 아끼지 않으시므로 일부러 의지하고자 찾아왔습니다."

시진이 듣고 웃으며 말했다.

"형장은 안심하시오. 용서받을 수 없는 십악대죄十惡大罪2를 지었더라도 우리 장원에 들어오면 걱정할 필요가 없습니다. 시진이 허풍 떠는 것이 아니라 포도관군이라도 우리 장원을 감히 똑바로 쳐다보지 못할 것입니다."

송강이 염파석을 죽인 일을 일일이 얘기했다. 시진이 웃으며 말했다.

"형장은 안심하시오. 조정에서 임명한 관리를 죽이고 조정 창고의 재물을 약탈했을지라도 시진은 감히 장원 안에 숨길 수 있습니다."

말을 마치고 송강 형제에게 목욕을 하도록 했다. 즉시 옷, 두건, 신발, 버선을 두 벌씩 내와 목욕하고 벗어놓은 옷과 바꿔 입도록 했다. 둘은 목욕을 마치고 새 옷을 입었다. 장객이 송강 형제의 헌 옷을 거처에 가져다놓았다. 시진은 송강을 후당 깊숙한 곳으로 불러 준비한 음식을 내오고 송강을 정면에 앉히고 시진은 맞은편에 앉았으며 송청은

2_ 십악대죄十惡大罪: 10악 대죄는 봉건 통치질서를 어지럽히는 엄중한 범죄행위를 말한다. 수나라 「개황률開皇律」에서 정식으로 제도화했고 당나라가 그대로 계승했다.

송강의 측면에 앉았다. 세 사람이 자리를 잡자 귀한 손님을 시중하는 10여 명의 장객과 몇 명의 집사가 돌아가며 잔을 따르고 술을 권했다. 시진은 여러 차례 송강 형제에게 편안하게 술 마시도록 했고, 송강도 감사의 인사를 잊지 않았다. 한창 술이 올라 3명은 서로 가슴속으로 영웅을 흠모하던 정을 토로했다. 점차 날이 저물자 촛불을 켰다. 송강이 정중하게 사양하며 말했다.

"술은 많이 마셨습니다. 오늘은 그만 마시지요."

시진이 어찌 그만 놓아주겠는가? 초경 무렵까지 쉬지 않고 마셨다. 송강이 일어나 측간에 가려고 했다. 시진이 장객을 불러 등불을 들고 송강을 동쪽 복도 끝 측간에 가도록 했다. 송강은 볼일을 보고 말했다.

"너무 많이 마셨으니 잠시 자리를 피해야겠다."

일부러 곧바로 돌아가지 않고 복도를 크게 우회하여 동쪽 복도 앞의 길로 나갔다.

송강이 이미 상당히 취하여 발걸음을 똑바로 걷지 못하면서도 앞으로 걸어나갔다. 그 복도에 한 남자가 있었는데 학질에 걸려 추위를 참지 못해서 삽에 불을 지펴 쬐고 있었다. 송강은 고개를 들어올리고 걷기만 하다가 삽자루를 건드려서 불꽃이 사내의 얼굴에 엎어졌다. 그 남자는 놀라 한바탕 진땀을 흘렸다. 화가 잔뜩 나서 벌떡 일어나 송강의 멱살을 잡고 큰 소리를 지르며 말했다.

"너는 뭐하는 개놈이기에 감히 나에게 장난을 거느냐!"

송강이 깜짝 놀라서 잘못했다고 사과하려 하는데 아까 등을 들고 길을 안내하던 장객이 서둘러 소리를 지르며 말렸다.

"무례를 범하지 마시오! 이분은 대관인이 가장 중요하게 여기는 손님입니다."

그 사내가 말했다.

"'손님!' '손님!' 나도 처음 왔을 때는 '손님'이었고 가장 큰 대접을 받았지. 그런데 오늘 장객에게 이런 말을 듣다니 나를 무시하는 것 아니냐! 아무리 깊은 우애도 3년 가기 어렵다더니!"

오히려 송강을 치려고 했다. 장객이 등불을 던지고 앞으로 와서 말렸다. 그러나 거의 말릴 수 없을 지경에 이르렀을 때 등불 두세 개가 번개같이 달려왔다. 시 대관인이 직접 달려오며 말했다.

"내가 압사를 기다려도 오지 않더니 여기서 도대체 무슨 소동이 일어난 것이오?"

장객은 송강이 불삽을 걷어찬 이야기를 했다. 시진이 웃으며 말했다.

"장사, 이 대단한 압사를 모른단 말이오?"

"개뿔 아무리 대단하다 한들 운성현 송 압사보다 대단하겠소? 이 사람이 그럴 리가 있소?"

시진은 큰 소리로 유쾌하게 웃으며 말했다.

"장사, 송 압사를 아시오?"

"내가 비록 알지 못하지만 강호에서 급시우 송 공명은 천하에 이름난 호걸이라고 들었소."

"어째서 그가 천하에 이름난 호걸이라고 생각하시오?"

"내가 방금 말하지 않았소. 그는 시작과 끝이 일치하는 진정한 사내요. 내가 만일 병이 다 나으면 그를 찾아가 의탁할 생각이오."

"그를 보고 싶소?"

"그를 보고 싶지 않다면 이런 말은 뭐하러 하겠소!"

시진이 송강을 가리키며 말했다.

"장사, 멀면 10만8000리이고 가까우면 눈앞이라고 했소. 이 사람이 급시우 송 공명이오."

"정말이오! 에이 설마?"

"소생이 송강입니다."

장사는 눈을 멀뚱멀뚱 뜨고 자세히 바라보더니 풀썩 엎드려 절하며 말했다.

"오늘 이렇게 일찍이 형장과 만나다니 믿을 수가 없습니다!"

"어찌 이리 과분한 사랑을 받는지 몸 둘 바를 모르겠습니다!"

"방금 커다란 실례를 범했습니다. 용서해주시기 바랍니다. 눈을 달고도 태산을 알아보지 못했습니다!"

땅에 엎드려 일어나지 않았다. 송강이 서둘러 부축하며 말했다.

"그대는 존함이 어떻게 되십니까?"

시진이 대신 그의 성명과 본적을 말했다.

수호전 2

ⓒ 방영학 송도진

1판 1쇄	2012년 10월 22일
1판 2쇄	2012년 11월 5일

지은이	시내암
옮긴이	방영학 송도진
펴낸이	강성민
편집	이은혜 박민수 김신식
독자모니터링	황치영
마케팅	최현수
온라인마케팅	김희숙 김상만 이원주

펴낸곳 (주)글항아리 | 출판등록 2009년 1월 19일 제406-2009-000002호

주소	413-756 경기도 파주시 문발동 파주출판도시 513-8
전자우편	bookpot@hanmail.net
전화번호	031-955-8891(마케팅) 031-955-2670(편집부)
팩스	031-955-2557

ISBN	978-89-6735-020-8	04900
	978-89-6735-018-5	(세트)

이 책의 판권은 옮긴이와 글항아리에 있습니다.
이 책 내용의 전부 또는 일부를 재사용하려면 반드시 양측의 서면 동의를 받아야 합니다.

이 도서의 국립중앙도서관 출판시도서목록(CIP)은 e-CIP홈페이지(http://www.nl.go.kr/ecip)와 국가자료공동목록시스템(http://www.nl.go.kr/kolisnet)에서 이용하실 수 있습니다.(CIP제어번호: CIP2012004467)